D0499264

送你一颗子弹

SEND YOU A BULLET

刘瑜 著

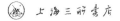 上海三联书店

论他人即地狱

渊博的人

我认识一些渊博的人。他们是另一种生物。

这些人一般对罗马史都很有研究，对每一种农作物的起源也如数家珍，经常探讨的问题包括"郑和下西洋的时候船只到底有多大"，以及"下一场科技革命究竟会发生在什么领域"，对三国水浒红楼梦里面的谁跟谁通奸，那搞得简直是一清二楚。

这些都是我不懂的，所以跟他们在一起，我总是感到很惊恐。

问题是，作为一个文科博士，我似乎有渊博的义务。人们指望我了解澳大利亚选举制度和加拿大选举制度的不同，指望我说清中亚地区在人种进化过程中起的作用，还指望我对 1492 年这一年的历史意义侃侃而谈。但是，我哪知道这么多啊，我只是人类而已。

其实我也企图渊博来着，也时不时挑灯夜战抱着厚厚的历史地理科普书啃啊啃，指望第二天在某场对话中"不经意地"引经据典。后来发现，一般来说，当我看到 100 页的时候，就会忘了前 50 页的内容，等我回头去复习前 50 页的内容，又忘了第 100 页的内容，于是我转来转去，气喘吁吁，最后好不容易把所有 100 页大致都记住了，过了一个月，却连这本书的作者都忘记。

渊博的人是多么神奇啊，他们的大脑像蜘蛛网，粘住所有知识的小昆虫。而我的大脑是一块西瓜皮，所有的知识一脚踩上，就滑得无影无踪。

认识到这一点后，出于嫉妒，我就开始四处散布"知识智慧无关论"。我的观点是这样的：知识只是信息而已，智慧却是洞察力。一个大字不识的农村老太太可能看问题很深刻，一个读书万卷的人可能分析问题狗屁不通。我甚至发明了一个更邪恶的"知识智慧负相关论"，在目睹一些知识渊博但逻辑比较混乱的人之后，我非常以偏概全地认为：渊博的人往往不需要很讲逻辑就可以赢得一场辩论，因为他们可以不断地通过例证来论证其观点，而大多数不那么渊博的人都因为无法举出相反的例子而哑口无言，以至于渊博的人的逻辑能力得不到磨练，但事实上，例证并不是一种严密的科学论证方法。

得出这个结论后我非常振奋，获得了极大的心理安慰。

可问题是，由于这些都是歪理，没有博得任何人的同情。人们还是指望我，一个文科博士，了解澳大利亚选举制度和加拿大选举制度的不同，指望我说清中亚地区在人种进化过程中起的作用，以及 1492 年的历史意义。

我于是看见有一天，自己也像那个说出"小隶"来的某校领导一样，站在讲台上，因为缺乏某种常识，遭到全世界人民的耻笑。

看来只有指望芯片了。报纸上说，总有一天，人类会发明一种芯片，把大百科全书插到大脑里，你可以用脑子 Google 芯片，想多渊博就多渊博。对此我多么期待！我希望有一天，我可以走进文具商店，说：小姐，我买一个大脑硬盘。

小姐说：您要什么样的，我们这有外挂式的，内置式的，40G 的，100G 的……

我打断她：最大号的，外挂式！

积极的人

到现在基本上已经可以肯定，我之所以没法和 Miriam 成为好朋友，就是因为她太积极向上了。

Miriam，一个德国女生，身材高挑，举止优雅。长相嘛，这么说吧，大家说起她的时候，都不叫名字，直接说"我们系那个德国美女"。

她比我低一级。2003 年夏天，参加我们系的"过关考试"，听说我前一年考了优，就跑来找我"取经"，我们就这么认识了。那个时候，我到美国之后的新鲜劲还没有完全过去，对于交朋友，还有一种收藏癖，就是各个国家的朋友，都想收藏一枚。看着坐在对面笑眯眯的美女，又在脑子里走了一遍我的朋友地图，于是决定，要在我的地图上插上她这面美丽的德国小旗。

那个周末正好请朋友吃饭，就把她叫上了。

过了一段时间，她去听歌剧，也叫上了我。

然后我又叫了她喝过一次咖啡。

然后她又叫了我去她家开一个 party。

多好的开端啊，接下来，本来应该是一个德国女孩，和一个中国女孩，在纽约这个世界都市，谱写一曲世界人民心连心的新篇章。可是，全不是这么回事。我们俩好不容易把中德友谊加温到 30 度以后，温度就再也上不去了。扔再多的柴好像也不管用了，就是眼泪给火熏出来，也不管用了。

究其原因，就是她这个人太积极，而我太消极。如果说到我们系某个教授，我刚想说他的坏话，她就说：啊，他太棒了……说到某个学术会议，我刚想说太无聊了，她就说：那个会让我真是受益匪浅……说到写论文，我刚想哭诉，她却说：我真的特别享受写论文……

而我觉得，检验友谊的唯一标准，就是两个人是否能凑在一起说别人坏话。

跟她在一起，我越来越惭愧。生活对于她，光明、灿烂，好比一件量身定做的小旗袍，穿得到处服服帖帖，穿在我身上，却是要胸没胸，要屁股没屁股，真是糟蹋了好布料。

就算我努力用历史唯物主义的观点来解释说，中国，这样一个第三世界国家，和德国，这样一个发达资本主义国家，生产出非常不同的性格，有它的历史必然性，可还是，看她穿着有前有后的小旗袍，羞愧难当。

于是，我不太跟她玩了。

昨天，在系里碰见她。她刚从印尼做调查回来，照例是满面春风。

我问：你调查做得怎么样啊？

很好！她说。

去那样一个人生地不熟的国家，会不会孤单啊？

不会，怎么会呢?！

这个学期忙吗?

嗯,我有两个会,三个论文,一个助教的职位……她振奋的声音,劈劈啪啪在我眼前开放。在她振奋的声音里,我又看见自己变成一只小虫子,怀着自己那点焦虑,就像揣着万贯家产,贴着墙角,灰溜溜地往自己虚构的、安全的阴影里爬。

另一个高度

你肯定有这样一个朋友吧：在银行工作，长得一般，业务凑合，有老婆孩子，勤勤恳恳养家糊口，不爱说话，但如果开口说话，说的话也多半无趣无味——总之形象非常白开水，在任何一个社交场合都是角落里不大起眼的人。事实上你肯定有不止一个这样的朋友，事实上你自己没准就是这样的人。

你能想象这个朋友突然有一天离家出走了吗？然后等你再听说他的消息时，据说他已经到了巴黎，正从头开始学画画，要做一个画家。

你很难想象，环顾我四周所有具有上述特征的朋友，我也不能。但是毛姆却写了这样一个人。他的名字叫查尔斯。在留下一张内容为"晚饭准备好了"的纸条之后，他离开了自己17年的妻子和两个孩子，去了巴黎。那一年他40岁，住在全巴黎最破旧的旅馆，身上只有100块钱。

但，这并不是一个追梦人如何历经艰险实现辉煌的励志故事。如果是这样一个故事，这个男主角应该20出头，英俊潇洒，在书中碰上一个有钱人的漂亮女儿，当然肯定也会碰上一个嫉妒他才华的小人，该小人势必要跟他争夺那位小姐,但正义必将战胜邪恶,男主角成为大亨,有情人也终成眷属。

《月亮和六便士》却不是这样一个故事。它是一个怎样的故事呢?全世界都在追逐着梦想,查尔斯却在追逐他的噩运。好吧,这两件事其实没那么不同,被梦想俘虏的人就是在追逐自己的噩运。当然这里所说的梦想,是真的梦想,不是"爸爸妈妈说"、"老师说"、"电视报纸说"里被说出来的那个蓝图,不是蓝领白领之上的那个金领,不是猎人给麻雀设的圈套里的那点米粒。

查尔斯疾步如飞,如愿以偿地追上了他的噩运。5 年之后,他在巴黎贫病交加,躺在小阁楼里奄奄一息,若不是朋友相救,几乎一命呜呼。后来,他沦落街头成了码头工人。又过了几年,他自我流放到太平洋的一个小岛上,身患麻风病,双目失明,临死之前叫人把他的巅峰之作付之一炬。15 年之内,这个伦敦的股票交易员风驰电掣,越过城市、越过文明、越过中产阶级、越过太平洋,越过人性,终于追上了命运这匹烈马。

"He lives at another level"。电影《Big Night》有这样一句台词,查尔斯让我想起这句台词。别人的人生是在不断做加法,他却在做减法。人的每一种身份都是一种自我绑架,唯有失去是通向自由之途。所以查尔斯拒绝再做"丈夫"、"爸爸"、"朋友"、"同事"、"英国人",他甩掉一个一个身份,如同脱去一层一层衣服,最后一抬脚,赤身裸体踏进内心召唤的冰窟窿里去。小说里的那个"我"问他:"难道你不爱你的孩子们吗?"他说:"我对他们没有特殊感情。";"我"再问他:"难道你连爱情都不需要吗?"他说:"爱情只会干扰我画画。"别人也许会同情他的穷困潦倒,他拿起画笔时,却觉得自己是一个君王。

这样的人当然可恶。他的眼里只有自己，没有别人，自私，没有责任心，不屑和"社会"发生任何关系。但他又很无辜，因为他的眼里岂止没有别人，甚至没有自己。他不是选择了梦想，而是被梦想击中。用他自己的话来说，"我必须画画，就像溺水的人必须挣扎"。如果说他与别人有什么不同，就是他比别人更服从宿命。梦想多么妖冶，多么锋利，人们在惊慌中四处逃窜，逃向功名，或者利禄，或者求功名利禄而不得的怨恨。但是查尔斯拒绝成为"人们"里面的那个"们"。满地都是六便士，他却抬头看见了月亮。

　　读完这本书，我的脑子定格在查尔斯的最后时光。一个太平洋孤岛的丛林深处，一间简陋土屋里，那位因麻风病而毁容的老人，坐在自己描画的满墙壁画中，聆听波涛汹涌的颜色——对，那时他已经失明，只能聆听颜色，金色是高音，黑色是低音，白色是微风，红色是尖叫。我承认，此情此景不能唤起我丝毫的怜悯，因为心中唯有敬畏——骇然与敬畏。我想这就是传说中的宁静。我想这就是传说中的胜利。虽不信神，我想这就是那个人们应当在胸前划一个十字架说"阿门"的情景。

What Is He Building There?

在星巴克迅速占领了常坐的那个座位。

旁边坐了一个老头儿,酷似马克思,尤其那一把貌似充满了智慧的大胡子。他面前摆着一杯咖啡,一叠报纸。

但马克思先生没在读报纸或者写资本论。他在晃,一直在晃。开始是上半身前后呈 30 度地晃,然后上半身停下来,右腿开始晃。这样晃了一个小时之后,他消失了。我大喜过望。结果过了 5 分钟,他又回来了。这次,他非常有针对性地面对我,弯着腰,两个胳膊肘撑在大腿上,低着头,开始晃,先左腿,后右腿,先左腿,后右腿,如同上了发条的机器人,摆动幅度、方向、频率非常机械均匀。

我在备课。我,一个人民教师在从事神圣的备课事业,但是两尺之外的马克思先生在不停地机械地晃动。当然我可以换一个座位,但是我对不断晃动的马克思先生的体力和毅力产生了好奇心,这种好奇心甚至超过了我被烦扰的程度。于是一个有晃动强迫症的人,和一个有好奇心强迫症的人,僵持在了那里。

What is he building there?

这是 Tom Waits 的一首歌。虽然这是他的歌里我比较不喜欢的一首,但是当老头儿在我左边做机械摇摆运动时,我脑子里不停地冒出这句歌词。他在建造什么呢?这个老头子到底在建造什么呢?

百老汇大街上 100 街到 110 街处,每天出没着一个黑人。穿黑色西装,打领带,戴着黑沿帽子,背着一个大黑包,手里举着一本圣经。大喊:Lord,I love you! I love you! Hallelujah! Hallelujah! Hallelujah! ……日复一日,年复一年。有一天深夜,外面下雨,我还透过雨声听到他在大街上喊 Lord,I love you! I love you!

你想想,深夜的大街,雨中,路灯下,一个带帽子的黑人举着圣经高喊哈里路亚,这个诗意的疯子,他在建造什么呢?

大一那年,我去教二四楼上自习。那是一个中午,教室里只有我一个人,我低着头看书。这时候走进来一个人,我并没有抬头,因为觉得是另一个上自习的人。那个人走到了窗口,站在那里眺望窗外。我看书看着看着,觉得不对劲,因为这个人站在窗口的时候已经长得有些蹊跷了,于是我抬头,看见那个年轻男孩,在对着我手淫。

那是我第一次看见一个成年男子的性器官,以至于我都没有认出来那是一个性器官,因为它与我小时候见过的小男孩的是多么不同啊。它竟然是红色的!但是理智告诉我,长在男人那个部位的只能是性器官,理智还告诉我,在中午的教室里面对这样一个青年行为艺术家,作为一个洁身自好的女大学生应该夺门而逃。于是我就夺门而逃了。

我记得自己和他擦肩那一刹那,他的眼神特别特别……哀怨。

这个哀怨的疯子,他在建造什么呢?

好吧,疯子并不是一个政治正确的词汇,政治正确的说法应该是:那些在另一个层次实现均衡的人。

均衡,我喜欢这个词,它表明一切上升或者坠落或者旋转或者破碎都有一个优雅的终点。

我有一个奇怪的理论,就是相信所有的疯子,都是因为尴尬而疯的。他们不能承受自己说过的蠢话、做过的蠢事、交过的蠢朋友,羞愧难当,所以一疯了之。出于从记忆中解放自己的美好愿望,他们乘坐着秘密飞船,飞到了另一个均衡里。

当然也许这不是什么理论,表达的仅仅是我对自己前景的恐惧。也或者,在我看来,羞愧比愤怒、比悲哀、比伤心、比颓废更本质地反映人的处境,因此更具有杀伤力。

到我离开星巴克的时候,老头终于停止了晃动。

他晃累了,晃累了的马克思先生安安静静地坐在他的椅子上,和咖啡馆里所有其他老头一样,读纽约时报。

那么,他建成了什么呢?

自　然

　　我的邻居里,有一个美国老头儿,叫斯蒂夫。七十多岁了,却挤在学生宿舍里,原因大约是学校买这栋楼的时候,他作为"原住民",选择了不搬走。学校无可奈何,也不可能赶他走,于是他一鼓作气,在这里住了几十年。斯蒂夫先生曾经告诉我,他早没有了亲人,也从没看到过一个朋友拜访。不难想象,这样的老头儿,有逢人就拽住不放喋喋不休的习惯。他每天晚上,把花白的胡子染黑,背着一个重重的双肩背包出门,不知所去。早上回来,白天睡觉,下午洗澡梳洗打扮。一日三餐吃放香蕉片的麦片。活得也算是兴致勃勃,但我总觉得——

　　他其实已经疯了。

　　他的房门永远关着,说是不想让别人看见屋里有多乱。但有一回找我帮忙,让我看看他那么大的屋子,需要买多少功率的空调。让我进他的屋子之前,他大约还是仔细收拾了一番的,然而我进去之后,却还是吓一跳:一个大约50平方米的套间,全是报纸。别的几乎什么都没有,满地都是报纸。延绵不绝的报纸,见缝插针的报纸,从1960年代开始收藏的报纸，布满灰尘的报纸。说实话，当时站在那里，我感到毛骨悚然。

他喜欢海报。厨房里、客厅里、走廊里，四处贴满了海报，并经常更换。这些海报里，大约有一半是美轮美奂的艺术照片，另一半则是恐怖画报。有血从一个眼眶里流出来的，有面如死灰的肖像的，有一根舌头吊在嘴边的。他对艺术和恐怖并驾齐驱的爱好，使我怀疑该老头很可能是个前诗人，或者前杀人犯。

老头儿神经质，典型的偏执症患者。时不时在客厅里或者大门背后贴条，条上往往字迹不辨，内容蜿蜒曲折。仔细研究，无非是"谁偷了我的海报上的一颗图钉，请还给我"，"谁把客厅桌上的植物搬到了桌子下面，请不要这样做了"等等。有一段时间，一个室友喜欢到客厅学习，而客厅的插座在沙发后面，把沙发向右移开三公分左右才能把电脑插上，结果发现第二天早上，沙发又给移了回去。第二天，如是重复。第三天，又是如此。直到有一天，她问老头儿，问能不能不要把沙发移回去。老头儿答，必须让沙发的中线，和墙上那幅画的中线在一条垂直线上，否则让人忍无可忍。

他爱讲话，偏偏又没人讲话。每次碰见我或者别的室友，就要如获至宝地截住，一讲就停不下来，语速密集到我连插一句"不好意思，我有急事要走了"的缝隙都没有，只有连连点头。便是你有一只脚已经迈进了卫生间，他也一定要讲完长篇大论，才让你把另一只脚迈进去。

今天在客厅碰到他，他告诉我，他心脏出了毛病。

Oh, I'm so sorry.

我站住，听他开始讲述他的心脏问题。这才注意到，在我住这个公寓的四年里，其实这个老头儿老多了。以前还健步如飞什么的，现在却开始表情迟滞、身形萎缩。刚来的时候，就有一个室友担忧地告诉我，她很担心他会暴毙在房间里，但是没人知道，直到尸味传出。四年过去了，这个担忧更加迫在眉睫了。

现在他还有了心脏病。

想安慰他，却不知从何说起。没有亲人，没有朋友，连楼下的保安都曾跟我说，他是个"pain in the ass"。

那么，我能怎样安慰斯蒂夫先生呢？亲爱的斯先生，请哪儿也别去了。请在你的房间里，耐心地，等死。

看着他的眼睛，和他噼噼啪啪的嘴巴，我想，他害怕吗？怕自己死在屋子里"没人知道直到尸味传出"吗？然而这几乎都已经是定局了。这个定局几乎是像高速列车一样向他驶过来，要把他铲进历史的垃圾堆了。他一转身差不多就能看见自己在一堆报纸上腐烂的情形了。事实上，他已经死了，已经在腐烂了，只是生活在以倒叙的方式回放而已。而我们还在这个贴满艺术海报和恐怖海报的客厅里谈论他的心脏问题。

晚上和朋友打电话，说到"自然"。我说，早九晚五的生活不自然！每天早上，挣扎着起床，衣冠楚楚地赶到一个格子间里，从事着和"意义"有着无限曲折因而无限微弱联系的工作，然后和一群群陌生人挤在罐头车厢里，汗流浃背地回家，回家之后累得只剩下力气吃饭睡觉了。这不自然！

然后电话那边问了，那你说吧，"自然的"生活应当是个什么样？

我傻了眼。

是啊，什么样的生活"自然"呢？除了上学考试工作结婚生小孩，似乎也没有别的出路。奋不顾身地制造一点热闹，守住这点热闹，也就是这点热闹而已。

嘴上说不出什么，心里还在嘟囔。想着什么样的生活自然。突然，想到了斯蒂夫。孤独，微渺，疯狂，无所事事，不被需要。青春的浓雾散尽以后，裸露出时间的荒原。人一辈子的奋斗，不就是为了挣脱这丧心病狂的自然。

心一紧，在电话这头，老老实实闭了嘴。

另一个博客

我喜欢冰岛。冰岛,这两个字组合在一起,多好听啊。

网上说,冰岛只有 30 万人,说一种只有这 30 万人听得懂的冰岛语,幸福指数全世界排名第四。

当然,我从来没有去过冰岛,我只是喜欢自己想象中的冰岛而已:荒无人烟,空气稀薄,伸手就能够着天空。其实我也可以因为同样的理由喜欢西藏,但是喜欢西藏的人太多了,而我本能地警惕一切跟人多有关的东西,所以我决定喜欢冰岛。

有一段时间我简直成了一个博客狂,同时开着四个博客。当然,其中有三个内容大同小异,只有另一个博客,内容完全不同,而且不为人知。

为什么要开另外一个博客呢? 事情是这样的,随着我的博客读者数量越来越多,我发现完全自由地、舒展地表达自己变得越来越困难了。首先,从内容上而言,我越来越觉得只能对公共或者半公共的话题发言,谈论自己隐私的内容变得越来越不妥当。其次,从形式上而言,由于一个逻辑纠察队的存在,我感到自己必须清晰、完整、有理有据地表达一个观点，而很多时候，我只想表达一个观点而已，并没有力气和兴趣去清晰、去完整、去有理有据。比如，有时候我只想说"fuck you"，并不想详细说明为什么要 fuck you，用什么姿势 fuck you 以及 fuck you 的历史意义。最后，从情绪上而言，我不能再随便暴露自己狂躁、抑郁的一面。在两千双眼睛面前凄凄惨惨切切，实在令人害臊。再真诚的忧郁或者狂躁，也因为这两千双眼睛，变成了一种表演，以至于你自己都忘记它是一种感受还是一种姿态。

总而言之，一个自我忧国忧民、结构工整、情绪稳健，而另一个自我鸡毛蒜皮、七零八落、丧心病狂。后一个自己不堪忍受前一个自己的霸权主义，只好离家出走。

它走啊走，从热闹纷呈的欧亚大陆走到荒无人烟的冰岛。

这件事情引发我对人性的深刻思考。人渴望被承认，也就是别人的目光，但是同时，当别人的目光围拢过来的时候，他又感到窒息，感到不自由。获得承认和追求自由之间，有一个多么辩证的关系。

我想这也是为什么我永远也成不了政治家。政治家得拿一个精确的小秤，仔细称量自己每一句话的重量，从此丧失随意指着别人鼻子说"fuck you"的权利，这是多么大的损失啊。

遗憾的是，在网络上，你可以一边在一个博客上安居乐业，一边在另一个博客上信马由缰。可是生活中呢？你不可能同时住在大陆和冰岛。

好吧，我承认，我其实并非真的喜欢冰岛。只是有时候觉得，漂浮着他人眼光的世界是多么的油腻啊，我所说的冰岛，就是指清净且清澈的生活而已。

你比你想象的更自由

读《源泉》纯属好奇。在作家圈子里,要历数左翼作家可以说信手拈来:格拉斯、马尔克斯、拉辛、冯内古特……而要找到一个右翼小说家却需绞尽脑汁。说到安·兰德,美国头号左翼知识分子乔姆斯基说:"她是20世纪最邪恶的人之一",而前美联储主席格林斯潘则称兰德曾是他的精神导师。能引起如此鲜明的爱憎,于是我拿起了《源泉》。

《源泉》是怎样一本书呢? 如果把尼采和米尔顿·弗里德曼放到绞肉机里搅拌搅拌,合成一个新人,让他来写小说,那将是《源泉》。就是说,这本书充满了对"个人意志"的极端信念,其中,"意志"那个部分属于尼采,而"个人"那个部分属于弗里德曼。

故事是这样的:1920 年代,建筑系大学生 Howard Roark 因为笃信现代建筑、鄙夷传统建筑而被学校开除,他来到纽约自己开业。由于对自己的设计原则不做一丝一毫的妥协,其事务所生意寥寥,最后沦落到不得不去做采石场工人的地步。与此同时,他的大学同学 Peter Keating 由于善于迎合既定规则而在建筑业平步青云。由于极少数几个"另类客户"的存在，Howard 得以重新开业，事业也终于有了起步。但这时，一个叫 Elsworth Tootey 的建筑业头号评论家，却开始实施摧毁 Roark 的计划，Howard 输掉官司之后再次失业。一个媒体大亨 Wynand 却在这时慧眼识珠，找到 Howard 去设计他的房子。由于 Toohey 的操作，项目落入 Peter 的手中，Peter 无力设计这样的项目，于是和 Howard 达成协议：Howard 幕后帮助他设计房子，但是 Peter 得到所有名分。房子设计出来之后，Howard 惊诧发现他的设计已经被改动——他可以容忍自己得不到名分，但是不能容忍自己的设计被改动，于是偷偷炸掉了该建筑。又一场官司降临到他头上，Wynand 试图用自己的报纸为他辩护，但是读者们纷纷弃他而去，工人们也开始罢工抗议，迫于压力 Wynand 不得不妥协转而谴责 Howard。Howard 在法庭上以一个精彩演讲扭转了陪审团意见，他被判无罪。Wynand 给了他一个摩天大楼的订单，让他建造一个"自我精神的纪念碑"。

　　兰德后来承认，她是把 Howard 作为一个"完美的人"来塑造的，他的完美不在于其外形品德——小说里 Howard 并不英俊，性情可以说是冷若冰霜。他的完美在于：在每一次他必须在自己的原则和他人的意见之间作出选择时，他都选择了自己的原则。他本可以不被学校开除，如果他……；他本可以不去做采石场工人，如果他……；他本可以拿到巨额订单，如果他……；他本可以不被起诉，如果他……；在校长、同行、客户、评论界、资本家、法庭面前，每次他都选择了自己。在兰德的观念里，成功与功成名就没有什么关系，成功就是一个人捍卫自己的完整性。在阐述自己的哲学观念时，兰德说：道德只能建立在个体理性的基础上，而不是任何宗教、情感、社会、国家、阶级以及任何形式的集体。

这不是一个在"传统"和"现代"之间的审美选择,这甚至不仅仅一个在勇气和懦弱之间的人格考验,这是在人的存在和虚无之间作出选择。在兰德看来,宗教、民主、福利国家、共产主义都是在试图埋葬个人的自由意志,从而捣毁人之为人的本质。而资本主义精神之所以值得颂扬,归根结底因为它就是人的精神。

Howard 让我想起电影《立春》里的王彩玲。这样两个貌似完全无关的人,是精神上的表亲。王彩玲,一个当代中国县城里的音乐老师,像 Howard 笃信自己的建筑才华那样笃信自己的演唱才华。她本可以像其他县城妇女那样结婚生子过"平平淡淡才是真"的生活的,但是不,她每天坐在自己的小破屋子里演唱意大利歌剧。王彩玲和 Howard 的结局却迥然不同:Howard 最后建成了摩天大楼,而王彩玲却只能在那个小县城里无声无息地老去。从这个意义上来说,王彩玲这个角色比 Howard 更有意义:如果对个体意志的赞叹并不依赖于它是否引向"成功",那么兰德分配给 Howard 的最后成功命运就是个多余的情节。不但多余,甚至是误导性的,它给人造成"功夫不负有心人"的错觉:不,功夫常常是会负有心人的;功夫负不负有心人本该没有那么重要的;"有心"的价值是不能用"负与不负"来衡量的。

又或者,是这样吗?

兰德为自己小说人物性格过于鲜明这一点辩护时说:我的写法是浪漫现实主义。世上真的有"浪漫现实主义"这种东西吗? Howard 这个"完美的人"之所以能坚持自我是因为兰德赋予了他两个秉性:绝对的才华和对他人意见的彻底绝缘。而这两个秉性几乎是反人性的,更不要说二者的结合。如果说 Howard 惊人的才华可以为其对自我意志辩护的话，那么，一个不那么有才华的人可不可以那么"坚信自我"呢？如果那个"自我"并不可信呢？如果是非信条只是一种相对的、主观的事物，那自我怀疑是不是比自我信念更能成为社会进步的力量呢？这大约也是为什么兰德坚持自己的哲学基石是"客观主义"，因为如果现实不是"客观"的，信念就不可能是绝对的。

更重要的是，一个对他人意见完全绝缘的人是可能的吗？在兰德笔下，Howard 无亲无故，十岁那年就知道自己要成为建筑师，而且清楚地知道自己喜欢什么样的建筑。一个人的意志可能这样从天上掉下来吗？难道一个人的自我不是在与他人的互动中形成的吗？难道人作为群居动物，真的丝毫不需要来自于他人的温暖吗？难道人的社会性不正如个体性，是人的本质之维度吗？

一个有趣的现象是，《源泉》一书与萨特的《苍蝇》同一年出版。这两本看似南辕北辙的书，在我看来，表达的东西惊人相似：都是在说不要让某种集体的意志或者情感蒙蔽自我，你比你所想象的更自由。两人的不同在于，萨特一生都在试图糅合存在主义和马克思主义，结果只是让马克思变得不再是马克思主义，而存在主义也不再是存在主义，而兰德却逆战后左翼知识分子的思潮而动，直截了当地将她的文学和哲学观念引向了对资本主义的歌颂。这从她后来出版的几本书名也可以看出：《自私的德行》、《资本主义：不为人知的理想》、《新左派：反工业的革命》。

这大约也是为什么兰德在经济学家当中比在文学界更有影响力——事实上大多文学评论家对兰德恨之入骨，其作品之所以 50 年长盛不衰完全靠的是普通读者的"口碑"而已。著名经济学家米塞斯却曾在阅读兰德的作品后,热情洋溢地给她写信说:"你的小说不仅仅是小说……它是对'道德食人'的无情揭露。"左翼们对她的痛恨也因此情有可原了。马克思说"人是一切社会关系的总和",兰德却说,人是把"一切社会关系的总和"给揉成一团,再扔到垃圾桶里去的骄傲而已。

词语洁癖

最早发现自己有词语洁癖,是很多年前,第一次听一个朋友说起"美金"这个词的时候。

"我这个表,是在友谊商店买的,500 美金。"他说。

"美金"这个词从他嘴边跳出来的时候,我的皮肤上迅雷不及掩耳地冒出一层鸡皮疙瘩。不就是个美元吗?为什么要说"美金"呢?难道一个国家有点钱,连个货币名称也要拽一点么?

其实不是愤恨,而是难为情,为这个词里包含的穷国对富国的、穷人对富人的谄媚之意。如果我有福柯那样上纲上线的本领,没准还能从"美金"这个词中分析出当今世界的国际阶级斗争局势。

我还厌恶"banker"这个词。Banker,听听这两个音节,它们组合在一起怎么就这么让人脸红呢,简直跟"胴体"有一拼。其实我对 Banker 这个职业本身一点意见也没有,只不过凡是我认识的自称 banker 的人,其实都只是在银行底层打工而已,却非要把自己说成 Banker,以至于 Banker 这个词在我脑子里直接跟"意淫"粘在了一起,就像"三里屯酒吧街"在我脑子里直接跟"装蒜"粘在一起,"共和国"直接跟"炮灰"粘在一起一样。就算有一天我认识了一个真的 banker,我也希望他不要用"banker"这个词,建议他用"圈钱的"。

跟 Banker 有一拼的,还有"高尚住宅"这个词。第一次在报纸上看到这个词的时候,我不禁惊呼:啊,难道还有"卑鄙住宅"不成?

以前有一个时尚杂志记者非常迫切地追问洪晃:请问,你们"上流社会"的生活是什么样的? 还好,洪晃毕竟是洪晃,她说:"什么上流社会,我属于下流社会!"看来,有钱人也不都像我们所期待的那样愚不可及。

我对"老百姓"、"民间"这样的词,也绕道而行。当然不是因为我对"老百姓"、"民间"本身有什么意见,而是我发现但凡笨蛋想给自己的弱智撑腰的时候,就开始稀里哗啦地倒这样的词汇。有一段时间,一帮诗人写不出好诗来,突发奇想,决定用把别人打成"学院派诗人"而自称"民间派诗人"的方式来治疗想象力上的阳痿。不过,话又说回来,不应该再给诗人落井下石了。如今"诗人"这个词也很潦倒,其落魄程度,跟"支书"、"女博士"、"老灵魂"、"紧"这些个词汇不相上下。

还有一些词汇,它们本身也许是很无辜的,但是由于它们被使用的频率太高了,被用旧了,用脏了,这样的词汇,也遭人烦,比如"残酷青春",比如"西藏旅游",比如"杜拉斯"或者"村上春树"。

哦,对了,还请不要跟我提起"乔姆斯基"。我真的很讨厌他,更讨厌精神上的狐假虎威。跟"乔姆斯基"一个系列的词汇,还有"现代性"、"权力装置"、"范式"……谁要拿这些来跟我吹牛,我特想派吴君如去扁他,并且叉着腰骂道:你学什么不好,学新左派干嘛!

红　唇

华氏六十多度，大家都穿着衬衣、T恤，最多夹克，但是老太太不。

黑色卷边帽，黑色呢子大衣，长统丝袜，黑皮鞋，老太太打扮得像是1950年代的少妇，一不小心，迷路走到了21世纪。她瘦瘦小小，站在超市的队伍里，我前面。

她已经跟售货员争论很久了，大约是为某种维生素的价格问题。虽然争论了很久，她也不着急。缓缓地抬起胳膊，缓缓地对着那堆药瓶子指指点点，缓缓地摇头晃脑，缓缓地回过头，看看后面越来越不耐烦的长队，再缓缓地回过头去。

她回过头的时候，我看见她惨白的脸上，层层叠叠的皱纹。脸上一点肉都没有，一点表情也没有。我觉得她看上去有80岁了。或者100岁了。或者200岁了。反正是那个年龄不再有意义的年龄。但是这80岁的脸上，那深深凹下去的、小小的嘴唇上，还抹着鲜艳的红色。

网上读到一篇文章，标题是"看老外如何评价《无极》"。评价大多是这样的："为什么它丝毫不能引起人的敬畏感，却只是让人想窃笑"，"采用了可笑的电脑技术和二流的功夫表演"，"感情更多的是强加于人而不是自然唤起的"，给的分也多是 C⁻,C 什么的。

然后又看到一篇文章，标题是"陈凯歌又发火:无极不是烂片,根本没有退货"。里面提到陈凯歌的声明:"如果退货真的成立的话,那么现在全世界最大的娱乐公司华纳为什么要接手呢? 而且如果《无极》真的是烂片的话,那么为什么要安排 66 个城市的上映呢?"

我想象陈凯歌说这话时候的样子:严肃的脸上泛起的正义表情,硕大眼袋上面愤怒的眼睛。我得承认,想到这里,我有点心酸呢,就像看到那个 80 岁老太太脸上的红唇。

事实上我想说的不是那个老太太,也不是陈凯歌,而是我自己。每天早上醒来,都像在一条陌生的大街上重新捡到一个孤儿。但与此同时,还做大力士,手里扛着理想的大旗,宣传自己改造社会的主张。

还有朋友 Y。他已经 33 岁,却几乎身无分文。在 n 次发财计划失败之后,决定开始炒股。最近开始不分昼夜地读公司报表。

还有朋友 X。已经和 H 暧昧了一年了,而他始终不能给她一个承诺。她越等心越冷,别人问起,只能说:结婚的事,我不着急。

还有萨达姆。萨达姆看上去已经很消瘦了,可是他在庭审中,还在义正词严地号召他不存在的听众赶走美帝国主义。

还有朋友 K。K 这个流亡者,多年来有国难回,却一不小心把自己折腾到了快 50 岁。在一起朋友聚餐中,他对着三个昏昏欲睡的人,滔滔不绝地政治布道。他讲了两个多小时,最后说:这,就是我为什么关注这个问题。

新的夏天到了,2006 年的夏天。走在灰而亮的天空下,我听见空气中到处是扇得啪啪作响的耳光,到处飘荡着鲜艳的、徒劳的红唇。

厨房政治

我是我所住的这个学生宿舍楼的"居住顾问"。这个职位，说好听点，叫楼长，说难听点，就是居委会大妈。我几乎是唯一的任务，就是给来自五湖四海的青年做各种"思想工作"。

我的工作一般是这样展开的：某个学生或者清洁工找上门来，痛诉他们宿舍有什么问题，让我出兵干预一下，然后我召集大家开会，语重心长地告诫大家世界和平的意义。群众经常反映的问题包括：厨房太脏了；有人偷冰箱的东西；有人太吵了；有人回来太晚；客厅里堆满了东西，等等等等。

在过去这三年里，我像一个政治辅导员那样，在我们这栋楼上下奔波，四处走访。其间，我成功化解了一个尼泊尔人和一个印度人的纠纷：据说那个尼泊尔人老是回家太晚，而那个印度人就用半夜起来大声朗诵课本来抗议；我还调解了一个台湾女孩和一个日本女孩的矛盾：那个台湾女孩老喜欢开着窗户，而那个日本女孩就用把她的内裤扔到窗台上抗议；还有一次，我成功解决了一个噪音问题，据说一个似乎是菲律宾也可能是柬埔寨的女孩，信仰一种奇怪的宗教，每天在房间里大声地祷告，以至于她的邻居告上门来……总之，此类事情，不胜枚举。我一边深入基层为群众排忧解难，一边领略世界各国人民具有民族特色的变态方式，可以说一举两得，获益匪浅。

但是，我面临的最严重考验，也就是我迄今没有克服的困难，是我自己的宿舍。确切地说，是我宿舍的厨房问题。

这里有必要介绍一下我们宿舍的格局。这是一个十人共享的宿舍，男女混住，每人有自己的房间，但是客厅、厨房、卫生间共享。别误会，卫生间有男女两个。一般来说，一个厨房的干净程度，是和这个宿舍里中国人的数量成反比的，原因很简单：中国人爱做饭。而且做起饭来，绝不似老外包一个三明治那么简单，而是声势浩大，每一场饭做下来，厨房里像发生过一场战争一样横尸遍野：到处是油腻、菜叶、饭粒、碗筷。

我们宿舍的厨房很不幸，十个人里面有六个中国人。其中又有四个中国男生。我原以为男生多，厨房应该清静一些。但是，事实证明，这四个男生，做起饭来，一个比一个激情澎湃，都把对祖国的思念之情化为了巨大的做饭热情，每天在厨房里将美国没有猪肉味的猪肉和中国人没有生活情趣的生活炒得乒乓作响。相比之下，倒是我们两个女生，一个星期也就做那么一两次饭。仿佛还嫌形势不够严峻似的，新搬来一个阿联酋的阶级兄弟，竟然也是个做饭爱好者。甚至连一个住在走廊尽头的美国女孩，一反美国人从来不动油锅做饭的常态，竟然也时不时地稀里哗啦地炒青椒鸡丁。于是，我们可怜的厨房，像是八国联军手下的中国，每天都水深火热，硝烟弥漫。

虽然如此，按理说也不是什么无法解决的问题。解决方法很简单：

打扫呗。虽然我们这栋楼有清洁工,但是清洁工只是一个星期来打扫一次,根本无法对付我们厨房越演越烈的做饭形势,所以每天的基本维持,还是要靠我们自己。我们的合同里,也明文规定了做饭以后要自己打扫,法理上来讲,这没有什么可争议的。打扫本来也挺简单,就是每天做完饭以后,擦一擦灶台,洗洗锅碗瓢盆,把池子里的残渣捞干净,仅此而已。

但是,这个看起来似乎很简单的目标,却始终无法实现。现在我带你去参观一下我的厨房,你就知道一个非常简单的事情,因为有了"社会",也就是有了两个以上的人,变得如何复杂起来。走进我们的厨房,首先映入你眼帘的是灶台,灶台上铺着一层深黄色的混合着油腻、菜汤、肉汁、饭粒及其他不明物。转身,你会看到一个白色的柜台,柜台的雪白,与躺在上面的几棵葱片的绿色、切肉板上流下的血水的红色及来路不明的肉汤的黄色相映成趣。其他的,水池子、垃圾篓、地面等等情况,我就不一一赘述了,反正大家可以顺着我描述的情形继续想象。

这种局势的形成,有一个慢慢恶化的过程。我在这个公寓住了5年,前三年,可以说是基本和平期。那时虽然也有过不少中国人出入做饭,但是大家都遵纪守法,和平共处。期间只有一个印度女孩捣乱,她也只住了一年就搬走了。后面一年半,由于几个老室友的搬走,两个酷爱做饭的中国男生 A 和 B 的加盟,厨房形势急转直下,可以说是厨房下滑期。最后这半年,由于又有两个中国男生 C 和 D 和那个阿拉伯兄弟 E 的加入,厨房的形势一落千丈,进入谷底。我和厨友之间的持久战,就是两年前开始的。这个过程,这么说吧,重新书写了我对人性的认识,彻底改造了我的政治观。

这两年里,无数次,我问苍天,问大地:为什么? 为什么? 为什么?!为什么人可以这么不讲理,以至于无论你用和风细雨的微笑外交,还是暴风骤雨的撕破脸皮外交,都无法使他们每天做饭之后花上几分钟打扫一下厨房。

苍天无语,大地叹息。

如果说两年前我是哈贝马斯"沟通理性"、"协商民主"的信徒,今天的我,由于这个厨房经历,更接近了"新保守主义"式的强力捍卫自由民主的信念。如果说两年前,我对"制度主义"有一种迷信,由于这个厨房经历,今天的我,对文化如何影响制度的实施、降低制度的成本,有了更深的认识。如果说两年前的我会随随便便轻轻松松把一个政治家说成恶棍白痴,今天的我,可能对他们抱有更多的同情和尊重。如果说两年前的我更倾向问的问题是,为什么拉美、非洲,甚至亚洲一些国家的宪政试验会一而再、再而三地失败? 今天的我,会反过来问:为什么宪政会在欧美国家成功? 因为现在我更多地意识到,民主宪政的失败几乎是"必然"的,而成功才是"偶然"的。

人的非理性、顽固、自私之地步,让我觉得匪夷所思。比大海更深不可测的,是天空。比天空更深不可测的,是人的心灵。

两年来,我们厨房的环境,一直在像中东局势那样稳步恶化,期间我经历了"以德服人"、"以德吓人"、"以德骂人"三个阶段,至今也没有扭转这种恶化的局势。我不得不承认,作为一个政治辅导员,这是我的工作中受到的最大挫折,是我在任期间的"厨房门"事件。

在以德服人阶段,也就是这两年的前半年里,我一直带着居委会大妈的亲切笑容,友好地、善意地解释宿舍的政策法规。有时候,说的我自己都不好意思说了,就在厨房里贴个条,写些"请做饭后打扫卫生"之类的提示,末了,还总是要加上一个毕恭毕敬的"非常感谢"和一个胖胖的感叹号。有一次,我甚至给 A 和 B 两个人写了一封晓之以理、动之以情的 e-mail,"请求"他们饭后打扫卫生。

但是,我的理性说服没有见效。事情不见好转。每每问及他们,总是说好好好,会打扫会打扫。但是第二天进到厨房,还是我在上面描述的壮观情形。

然后进入了愤怒声讨阶段,我不再跟他们正面交涉,贴的纸条上也没有了"非常感谢"。甚至有两次和当事人发生正面的冲突。还有一次,我一走进厨房看见灶台史无前例的油腻,柜台史无前例地混乱,忍无可忍发了一次 5.5 级的脾气。那次,我贴在橱柜上的纸条是小诗一首:

为什么就不能打扫一下呢?

为什么?

为什么呢?

热爱脏?

热爱激怒别人?

操你大爷。

当然,那首小诗很快被人扯了下来。事已至此,就更不可能好转了。这种情形,维持了一年。

顺便说一句,我并非洁癖。这一点,我妈可以提供罄竹难书的证明。事实上,其他几个室友,都跟我抱怨不断。以前我在博客里提到过的那个老头 Steve,告诉我这是他"30 年来碰到的最脏的一群同屋"。那个时不时炒炒鸡丁的美国女孩,也告诉我她已经"害怕走进厨房"。我也是从这个时期开始,做饭频率急剧下降,从一个星期四五次降到一个星期一两次——实在无法忍受每次走进厨房那种扑面而来的脏乱臭,仿佛是又挨了他们几个合起伙来扇的一记耳光。如果不是因为我做这个居住顾问,学校让我免费住房子,我恐怕也早就搬走了。

去年秋天,C、D、E搬进来。很快,他们融入了我们厨房的优良传统,用他们的实际行动向孤陋寡闻的 Steve 展示了没有最脏只有更脏。到这个阶段,说实话,我反而豁然开朗,出离愤怒了。我反正是很少做饭了,搞乱厨房的"黑手"同时也成了自己行为的"受害者"——劣币驱逐良币以后,他们自己用厨房最多啊。这跟红卫兵当年砸烂一切公检法之后没有了斗争对象、于是开始内讧一个道理。想到这里,想到 A 要去收拾 B 丢的垃圾,C 要把菜板放在 D 弄脏的柜台上面,我简直有点幸灾乐祸了。

两年来,无论在理性说服期,还是愤怒声讨期,出离愤怒期,面对这个厨房,作为一个政治学的博士生,我一直在思考一个问题:一个理性、和谐、正义的公共秩序是否可能? 如果可能,它的条件是什么? 如果不可能,它的障碍是什么?

这个问题,亚里士多德想过。孔子也想过。制度学派的诺斯想过。新儒家的政治家李光耀也想过。我相信那些刚从森林里跑出来的类人猿,为一块没撒盐的烤肉而掐作一团时,也想过。我觉得,不把这个厨房问题想清楚,不可能成为一个真正的政治哲学家。

因为人性里面有自私的成分,所以要建立一套奖罚机制,引导人们理性地趋利避害。这就是制度主义的观点。比如,如果我们规定,每打扫一次卫生,发奖金 100 块,估计大家都得抢着去打扫了。又比如,如果我们规定,凡是不打扫卫生的人,都要挨一个黑人肌肉男的暴打,估计大家也都硬着头皮去打扫了。这也就是为什么一个社会需要私有产权来实现责权利明晰,需要政府、警察和法院来强制实施法律。

如果相信人都是有强烈集体观念的,或至少能够被说服得有集体观念的,那就不需要奖罚制度了,有"思想改造"就行了。像我这个政治辅导员那样,与大家苦口婆心地畅谈人生理想,从马克思的无产阶级意识,谈到毛主席的学习雷锋好榜样,从以德治国讲到和谐社会,害得大家头痛欲裂精神恍惚,宁愿老老实实去打扫厨房,也不愿听我的哄嘛密嘛密哄,那当然也是解决问题的一种方式。

但是显然,我的"思想改造"行动失败了。这就要回归制度了。如果我能够慷慨地每天花 100 美元"悬赏打扫",或者雇用一个黑人肌肉男每天跑到我们厨房来举哑铃,制度当然就解决问题了。问题是,我没有,就是有也舍不得提供这个钱。如前所述,我们的合同里面明文规定了做饭以后必须打扫卫生,应该说是有相关制度的。但是问题是,这个制度实施的成本太高了。从道理上来说,如果我把这个案例提交给学校的住房办公室,闹到把他们扫地出门,这是一个对他们不打扫卫生的制度惩罚。但是,我要"立案",必须首先揪出在他们这群人当中到底哪一个或者哪几个是真正的、持续的"凶手",这就意味着我每天要在厨房里守着,看谁做了饭,谁没有打扫卫生,而我们这个厨房,大家做饭时间可以从早上 8 点蔓延到午夜 2 点,我没有时间精力,就是有也舍不得提供这个时间精力去站在厨房守株待兔。更不要说这其中可能牵涉到的正面冲突、死不认账、他们联合倒打一耙、与住房办公室的周旋、时间上的漫长周期。作为一个"理性人",对我来说,更"划算"的做法,是少做饭、少去厨房、狂吃沙拉和中国外卖而已。

这就是说，虽然"思想改造"失败了，但是"制度奖罚"的成本也太高。这个时候，还有什么力量能够维持一个"和谐厨房"呢？事实上，我住在这个宿舍前三年的经历，证明了一个"和谐厨房"不是不可能的呀。我想来想去，就想到一个最平庸的解释：自觉。而责任的自觉、公德心、对制度条文的尊重、对他人的体谅、对环境的爱护，说到底，是一个文化的问题。

这不是说制度不重要——事实上我比以前任何时候都更相信制度的力量，以及制度改造文化的力量，也就是更相信哑铃黑人肌肉男的力量。但是，由于制度涉及到一个实施成本的问题，我越来越接受的看法是，制度固然重要，而文化是降低制度实施成本最有效的因素。

前天晚上，我又一次以居委会大妈的身份，召集宿舍里几个经常做饭的人，开了一个会。开这个会，说实话，主要并不是因为愤怒。事实上，我早无所谓了，反正过几个月就搬走了，3月或4月还要回国一趟，现在也很少做饭，所以我还能在这个厨房做饭的次数，已经屈指可数，实在没有理由关心厨房的风景是否怡人。我开这个会，更主要的，是出于科学上的好奇心和政治上的实验感。就"科学"而言，无论从政治学、心理学、社会学、法学、伦理学哪个角度，我都想了解这种"宁可让自己痛苦也不能让别人快乐"的心理机制到底是如何形成的。从政治上来说，我不甘心自己带着这个失败的烙印"卸任"，我想说服自己，人的自私、狭隘、不负责任是有限度的，我想修复自己对人性的信心，在"退休"之前给自己最后一次机会。

如果我甚至无法通过理性的方式说服同宿舍的几个人做饭后打扫卫生，我怎么能去说服自己相信"沟通理性"理论呢？我怎么能相信自己推崇的"协商式民主"观念呢？我怎么能够承认公共领域、公民社会在中国文化里面的可能性呢？而沟通理论、协商民主，发达的公民社会，正是我无论从学理上还是情感上向往的东西。对理性的信念，说得严重一点，是像文字、音乐、辣椒酱那样支撑我活下去的理由。

应该说，这次会议还算是一个团结、胜利、圆满的大会。自然，每个人都声称自己从来都是打扫卫生的，每个人都认为打扫卫生是应该的，每个人都宣称以后一定会好好打扫卫生。

第二天晚上走进厨房，做饭已经偃旗息鼓的厨房……依然是横尸遍野。

我不愤怒，但是恐惧。

仿佛一部恐怖片定格在最后一个幸存者一转身时惊恐的眼神里。

Intimacy

那天跟佟佟穿梭在广州琳琅满目的小店之间,她问,以后你是要回来,还是要留在美国呢?

还是回国吧,我说,虽然很喜欢美国,但是大环境再好,你找不到自己的小圈子,尤其我这样的学文科的、愤青的、文艺的,呆在美国,实在是突兀,跟美国人永远隔着一个语言和文化的差异,在中国人当中也格格不入。

挤在小摊小贩之间,突然觉得找到了回国理由的最好表述方式:美国的大环境再好,没有自己的小圈子。因为接下来几天见到的朋友,都问我以后回不回国,于是我这几天一直很祥林嫂地重复这个观点。

如果要给美好人生一个定义,那就是惬意。如果要给惬意一个定义,那就是三五知己,谈笑风生。

后来跟小昭说起这个观点,她似乎很不屑。圈子不圈子的,有什么意思?你看看某某圈子和某某圈子,就是成天相互吹捧,相互抚摸而已,很无聊的呀。

说的也是。仔细想想,有一个小圈子,固然可以互相取暖,但是结果往往是大家集体"坐井观天",越暖和也就越觉得井口那块天空就是整个世界。圈子圈得太紧了,就不自由,总觉得"圈委会"的成员在虎视眈眈地审查你的言谈举止,温暖也就成了压迫。

可是再仔细想想,又觉得她是饱汉子不知饿汉子饥。小昭有两个知心的姐姐,有"五个可以在郁闷时随时打电话的朋友",她当然体会不到整个世界与她脱节的恐慌了。

那么我到底是要追求"集体的温暖"呢,还是逃避"集体的压力"呢?就是说,我们有没有可能得到"他人"天堂的那个部分而退还他们"地狱"的那个部分呢?

有一个心理学家叫 Asch,他在 1950 年代做过一个简单的心理实验:把一组人——比如八个放在一起,其中有七个是串通好的,只有一个是真正的实验品。Asch 拿出两段一模一样长的绳子,让这八个人比较它们的长短。前面那七个人因为串通好了,就异口同声地说一段比另一段长,第八个人在目睹了这一切之后,虽然有疑虑,往往都会也判断其中一段比另一段长。

这么一个著名的"集体压力"的心理实验(后来有学者在分析中国的"思想改造"时,还用到了这个理论)表明一个集体如何通过其"集体性"来损害个体的认知能力。从这个角度说,"集体"是一个权力机制。

但是另一方面,同样是 Asch 的实验。他做了一个小的技术处理:他让那七个人里面的一个改口,坚称那两条线一模一样长,然后轮到第八个人时,这时这个人认定两条线一模一样长的概率明显提高,越多的人改口,第八个人做出正确判断的概率越高。从这个角度来说,"集体",也就是第八个人和改口的那个人组成的集体，又是有效的"叛逆"机制。也就是说，小集体是反抗大集体的有效手段。这不是从组织能力上来说，而是从认知能力上来说。

这似乎就让我很为难了。一个小圈子，对外，无论对专制、还是犬儒社会，都是一个有效的抵御堡垒。圈子再小，只要其中有内部团结，就算不采取任何组织行动，在维系认知能力上，至少有益。这是"圈子"的"进步性"。但是另一方面，在小圈子的内部，它有可能通过长期演化出来的一些"文化共识"来压迫圈子内部的成员，它会用它的集体性来长期维系一个明显的错觉。

这真是一个巨大的悖论啊。

小时候，我有一个奇特的恐惧，总是担心有一天我被装进一个太空飞船里，然后被扔进太空里。"扔进太空里之后，我会变成什么样呢?"我不停地追问我哥，"我会立刻死吗? 是窒息死还是冷死? 还是爆炸死? 会不会风干? 眼睛会不会鼓出来? 头发呢? 太空是黑漆漆的，还是也有光?"我哥其实也不懂，他非常不耐烦地说:"你会变成一块太空石头，跟其他那些石头一样，绕着随便一颗星球转。"

这么多年过去了，一想起他说的这话，我还是感到惊恐。想想吧，像石头一样! 绕着随便一颗星球转! 我不知道自己受了什么刺激，为什么这么需要亲密关系，这么需要温暖，从地球的温暖开始。

有关的无关的人

收到三个老朋友的来信。一个是高中时代的旧友,说是崔健的新专辑给我寄来了。又说:如果办事的力气和流血的力气不成正比的话,你要相信,我给你办事还和 10 年一样卖力。瞪着这句话,看了半天,愣是没有看懂什么意思。是说 10 年前肯为我死而现在不肯了么? 似乎是这个意思吧。想起当年,刚上大学,我们每天通信,他告诉我他们计算机课学了什么程序,我告诉他我们军训的班长脸上有几颗痣。又想起当年他突然跑到北京,我们在人大门口排队给他买回去的车票的情形。冬天的午夜,一条长队里,冻得瑟瑟发抖,还彼此生着气。

另一个是大学时代的好朋友,发了一堆宝宝的照片,说是 14 个月了,又说,宝宝戴着帽子像赵本山,不戴帽子又像陈佩斯。我把照片一张张看过来,觉得既不像赵本山也不像陈佩斯。想起 13 年前第一次见到她的情形:梳着高到头顶的辫子,白衬衣牛仔裤,风风火火的,说话像放机关枪。有一个愚人节,我俩合伙起来给班里的男生写情书,我写到"因为冥冥中的缘分",她大喊,不不不,不是因为,是"因了"! 因了冥冥中的缘分！两个人笑得滚作一团。

再一个是小昭，问我有没有网页，在哪，又说申请美国的学校，给拒了，决定在广州呆下去。去看了她的新博客，仍然是那样恍恍惚惚、忽明忽暗的语言，一如既往地用手电筒探照情绪的蛛丝马迹。然而她小小的年纪，怎么可以这样放任自己的清醒。简直和纵欲一样糟糕，甚至比纵欲更加糟糕。

下午去住房办公室办事。等候的时候，闲来无事，决定清理自己手机里的联系人。一个一个往下看，D，D是谁？一点印象也没有。删。J，who is J? 想不起怎么认识的了，只记得他老给我打电话叫我出去玩。我总是礼貌地拒绝，拒绝到他不好意思再打了。删。R，啊，那个辽宁女孩，在一个餐馆认识的，对人莫名其妙地热情，总说"人在外面，朋友是最重要的，真的真的，朋友是最重要的"。给我打过几个电话，总是计划着一起出去玩，却从来没有成行。这几个月便是彻底不打电话了。删。G，交友 party 上认识的一个美女，不知道为什么，当时竟然互相留了电话，却从来没有打过她的电话。而且那次 party 之后，再也没有见过、听说过她。删。

一口气删了 10 多个人。边删边想，D，D 在干什么呢？这个我都想不起来的 D，此刻在干什么呢？还有 J，R，G……这些若有似无的人，在哪里汗流浃背地生活呢？认识更多的人，忘记更多的人。被更多的人记住，被更多的人遗忘，吹出更多的肥皂泡，然后看到更多肥皂泡的破裂。自己川流不息的生活，不过是别人手机里的两个音节而已。而过几个月，就连音节都不是了，仅仅是被消耗掉的无法追回的那段时间，躺在烟灰缸里的几截烟灰而已。

这样想想人生真的是有些可怕。那么短的时间,那么少的一笔抚恤金,可你还总是买一些自己并不需要并不想要并不喜好的东西,从来不穿或者很少穿的衣服,吃了两口就扔掉的食物,放到过期也没有喝完的牛奶。

那些与你毫无关系的人,就是毫无关系的,永远是毫无关系的。从认识的第一天开始,其实你就知道。就算是笑得甜甜蜜蜜,就算是有过无关痒痛的来往,就算你努力经营这段关系。而那些与你有关的,就是与你有关的,是逃也逃不掉的,就算你们只见过三次,就算你们三年彼此才搭理一次,就算是你简直想不起他或者她的样子,就算是你们隔着十万八千里。

有些人注定是你生命里的癌症,而有些人只是一个喷嚏而已。这一切,据说都是"因了冥冥中的缘分"。

他们学理工的

我住的公寓很大,是学校的房子,有 10 个房间,每个房间里住一个人,有男有女。我在这个公寓里已经住了三年了,长得让我都不好意思。其他的人来来往往,住半年的、一年的、最多两年的,来无影去无踪,像个传说中的纽约客的样子。只有我,死皮赖脸地,一住三年,而且还要住下去,简直是一棵树,种在了这里。

最近有一个中国人搬了进来。他住在靠门的一个房间。我是路过他房门口,听见他的中文电视声音,判断出来的。

有一天,我在走廊里碰见他。高高的个子,但脸庞还很稚气,大约是刚来的。我直视着他,脸上准备好了一个热气腾腾的笑容,但是他低着头,旁若无人地从我身边擦了过去。

这孩子,我有些气恼地想。肯定是学理工的。

认识我的人都知道,我这个人很爱笑,而且是一点也不偷工减料的那种笑。以前我有一个男同学,有一天给我打电话,说:我昨天碰见你,你对我笑了一下,我跟充了电似的,高兴了一天半。这句话被我广为传播,直到一天半被如愿以偿地传成一年半为止。在这种情形下,可想而知,碰上这么一个愣头青,我很有点怀才不遇的恼怒。

以后我经常在走廊里碰见他,他还是那副旁若无人的样子。我很想劝劝他,让他面对现实:哥们,其实我想对你笑,并不是想向你推销牙膏、电饭煲什么的,只是我们一不小心住到了一起。在这种情况下,我们之间的这个微笑,是迟早要发生的事。既然是迟早要发生的事,那就长痛不如短痛,早点把这个问题解决了。不就是牙一咬,心一横,笑一个嘛,有那么费劲吗。

但他还是看也不看我一眼,愣头愣脑地在公寓里走来走去。我也开始装糊涂,像走在大街上一样对他视而不见,虽然我们宿舍的走廊不是大街,事实上比大街窄了几十米,窄到一个人给另一个人让道时,都要侧过身去。但是我没办法,我总不能冲到他眼前,用我的老虎钳,在他理工科的脸上,钳出一个龇牙咧嘴的笑吧。

终于有一天,一个短兵相接的时机到了。

那天我们一不小心,同时撞到了厨房里做饭。众所周知,做饭是一件费时的事,这就造成了一个局面:我们必须同时在厨房里呆上至少一刻钟。

一刻钟啊。和一个陌生人呆在两米的距离以内,不说话,各自挥舞着一把菜刀,当然是一件恐怖的事。

第4分32秒的时候,我终于憋不住了,我决定投降。

"你刚搬来的?"

"嗯。"

"你是学什么的?"

"物理。"

哈，学理工的，我说了吧。

"你以前是哪个学校的？"

"科大的。"

我问一句，他答一句。我再问一句，他再答一句。然后呢？没有了。还是不看我，还是面无表情。我立刻觉得特没劲。他得学了多少物理，才能把自己学成这个样子。

我只好闭了嘴，继续做我的豆腐。爱说话不说话吧，爱笑不笑吧。不就是个冷若冰霜吗？世上无难事，只怕有心人。我也不是没人笑，你不稀罕，还有人高兴一年半呢。真是的。

"你，你，你做的是豆腐？"

我端起做好的豆腐，向厨房外面走时，突然听见这个学物理的小男孩结结巴巴地说。我一回头，看见这个高高的、胖胖的男孩，他有一张稚气的脸，脸上涌现出一个憨厚的、紧张的、但确实没有偷工减料的笑。

集体早操

从 1999 年夏天开始,我就失去了集体。

我,正如所有社会主义大家庭中的成员,从小在集体的怀抱里长大。小学的时候,小朋友们一起去包干区大扫除并且集体做早操。中学的时候,同学们一起彩排晚会节目并且集体做早操。大学的时候,大伙儿一起军训一起参加一二九合唱并且集体做早操。

从 1999 年夏天开始,我再也没有了集体早操可做。

先是在国内某大学做研究人员,不用坐班,不用教书,项目是各做各的。然后是出国读书,没有班级的概念,没有集体宿舍,没有一二九大合唱,更没有集体早操。后来开始写论文了,再后来又博士后了,更是成了一个学术的孤魂野鬼,自己看书,自己写东西,既没人搭理,也不用搭理谁。

对于一个口口声声热爱自由的学者来说,这难道不是梦寐以求的吗?

有时候,我的确对别人不得不过一种摩肩接踵的生活深感同情。那些不得不经常在领导面前点头称是的人,那些为了公司业务在客户面前强颜欢笑的人,那些要用精确到分钟的方式跟丈夫或者妻子汇报每日行踪的人。每当我可以连着几天几夜看自己想看的书或者上自己想上的网,没有孩子吵着让我带他去动物园,没有丈夫吵着让我给他做晚饭,没有领导吵着让我做某个报表,没有同屋的人在耳边叽叽喳喳,我的确有种捡个大便宜没事偷着乐的感觉。

可悲的是,凡事都是辩证的。

集体生活中的"强制性交往"迫使你想独处的时候不得不面对他人,而孤魂野鬼的生活使你在想跟人说话的时候,不得不拿起电话,一个一个往下扫名字,并且自言自语:这个人有空吗?他呢?她呢?他?她?他?上次是我主动约他吃饭的,这次再约人家会不会觉得很烦?而且,其实我们好像也没有什么可说的?

吃一餐饭,都要在心理上翻山越岭。哪像我们社会主义大家庭,不管他有没有空,不管他烦不烦,不管对他有没有什么可说的,都会稀里糊涂的聚到一起。辩证法这事,可真叫人伤脑筋。

我已经 31 岁,但是有时候,我希望有人突然敲我的门,大喊:起来了,起来了,做早操了!

然后我骂骂咧咧、睡眼惺忪地起床,去刷牙洗脸,走廊上碰见老大和老二,水房里碰见老三和老四,回到宿舍,看见在梳妆打扮的老五。然后朝阳下,混迹于成千上万人,我伸胳膊踢腿,从伸展运动做到整理运动。

就算我是厌烦这一切的,可是后来我发现凡是令你烦躁的,其实帮助你防止抑郁。当然抑郁和烦躁谁比谁更可恶,好比自杀与他杀谁比谁更可怕,这个仁者见仁智者见智。

今天路上碰见一个朋友，她行色匆匆，没说两句就要跑：哎呀，我得赶紧走了，我们有一个学习小组，每周一下午有一个聚会，轮流主持案例讨论，这么冷的天，烦死了，又不能不去！

　　我才不同情她呢。我嫉妒她还来不及呢。因为我的世界里，已经没有什么人群，没有什么聚会不能够不去。我站在广场上，人很多，声音很多，但是没有广播在播放："第一节，伸展运动——"

煽情的艺术

我的朋友 Micha，以色列人，在欧洲长大，现在住在美国，拍了一个关于中国的纪录片。

这样的人，大约也只能在纽约碰上。

几年前，他想拍一个纪录片，关于广东某个生产出口牛仔裤的血汗工厂的。通过朋友的朋友的朋友，他认识了我。我当时帮他翻译过一点东西，后来一直保持似有若无的 e-mail 联系。前一段，他突然 e-mail 我，说电影已经拍完了，周五在某某地方放映，让我一定要去看。之前他一直叮嘱我，让我一定要"honestly"告诉他，我怎么看这个电影。

我昨天去了。看了之后，很不喜欢。不喜欢的原因，就是因为太煽情了。从头到尾，每一个细节里，感觉他都在摇晃着观众的胳膊说：这些女工，多么可怜啊，真可怜啊，太可怜了……反而给人一种压迫感。让我想起以前在人大天桥上，几个要饭的小女孩冲过来，抱住我的腿大喊大叫。我可能本来想给钱的，经那么一抱一缠，反而失去了同情心。

他事先告诉过我，为了让这个电影的含义清晰强烈，他甚至"超越了纪录片和虚构片之间的界限"。比如,片中的女主角小丽本来是不写日记的,但是为了让她们生活中的某些信息传递出来,他安排小丽做"写日记状",然后,"日记"里的内容,从头到尾以画外音的形式出现,声声泪,字字血,感觉不像一个四川的小女孩写的,倒像是恩格斯写的。如此之假,仿佛海绵胸罩垫出来的高度,我看得难为情。

Micha 啊 Micha,我是多么支持你的事业,可是,面对这高耸的海绵胸罩,我实在是难为情。

最受不了的,是他选的音乐。凄凄惨惨切切,恨不得长出一只手来,从你眼里挤眼泪,还反反复复地响起。我真想告诉他,这样的音乐,在中国的电影里,一般只有在地主逼死了某个贫农,他的遗孀带着女孩坐在冬天的窗前,在如豆烛光里落泪时才会响起的。用在这里,实在是杀鸡用牛刀。

煽情这个东西,正如其他很多东西,遵循物极必反的道理。煽情过度,正如化妆过度,便是好看的一张脸,也因为过于自我强调而形成压迫感。这一点,n 万个网民签名让朱军下台,就是一个证明。另一个证明,就是至今很多人想起倪萍,还会有一种莫名的想哭而哭不出来的生理反应,可见当年她那闪烁着盈盈泪光的眼睛,给全国人民带来多么大的精神创伤。

其实聪明一点的电影,早就不煽情了。事实上,反煽情才是现在主流的意识形态。在反煽情的方式上,又有两个套路。一个是无厘头套路,看谁假正经,就跑过去撞它一下,看它摔得四脚朝天,然后逃之夭夭,像胡戈同学那样。另一个就是冷煽情法,比如那些艺术电影,人人都绷着一张苦大仇深的脸,半天不吱一声。该哭了是吧,我偏不哭。该笑了是吧，我也偏不笑。我不哭不笑不吵不闹，我让你们这些批评家一个批评的把柄都抓不到。

说实话，其实"反煽情"这个东西，走到一定程度，也很无聊。生活中的确没有那么多"倪萍时刻"，但是有时候被有些人、有些事感动或者打动，也是人之常情。什么东西都给解构了，下一步就是去解构"解构主义"了。更要不得的是，为了讨好主流的娱乐精神，愣是要成天做"一点正经也没有"状，也挺累的。不能因为"感动"这种情绪不太酷，就把它藏着掖着。就算它是农村来的二舅，土点，也是家庭一员吧。

以前看贾樟柯的《世界》，里面有一段，一个民工出了工伤，临死前把自己欠账的名字都记了下来，让自己家人去还。后来看完电影出来，我一个一向热爱贾樟柯的朋友就说：哎呀，太煽情了，贾樟柯不应该这样煽情啊。仿佛因为贾樟柯让观众哭了出来，所以他就堕落了。可是我觉得，这样的事情，也不是没可能啊，我的朋友 X 和 Y，还有那个 Z，都可能做得出来。既然可能，为什么一定要藏着掖着呢？仅仅因为观众看了可能会哭，而哭这件事不够酷，所以一定要扼杀掉？人类对自己的感情戒备到这个地步，似乎也不必要。

不过，话又说回来，像 Micha 这样使劲煽，我还是害怕。所以昨天出了电影院，赶紧逃之夭夭，甚至没有跟 Micha"honestly"交代我的感受，只支支吾吾地说：I like it ... Eh, I've got to go. Talk to you later.

Micha 一抬眉梢，看着我可疑的表情，说：Really?

诗坛风乍起

坦率地说，韩寒跟沈浩波吵架，比韩寒跟白烨吵架，好看多了。韩寒骂白烨，那纯粹是以强凌弱，我都不忍心看。韩寒跟沈浩波掐，这才是棋逢对手。我看得津津有味。

当然不能把粉丝的力量算进去，道理跟人数没关系。

韩寒说现代诗没有存在的必要，这我不同意。我觉得，写诗作为一种文字游戏，几乎是人类的本能，就像其他一切游戏一样，比如下棋，比如打牌，比如唱歌。人类的进化虽然分散在世界各地，但都各自独立地"进化"出了这些大同小异的游戏。饱暖思游戏，也算是人类的一个高级本能。

说诗歌是文字游戏，没有贬低它的意思。恰恰相反，做游戏，就像是制造工具，是人类区别于动物的标志之一。世界各地大约都有文以载道的美好追求，尤其是中国。但是诗歌在各种文体中，可能是"道"的成分最少的。它通过文字的排列组合，通过词语的衔接与错位，把文字变成魔术，而魔术是会给人带来惊喜的。就算是写诗机器写出来的诗（本质上还是人写出来的,因为套用了一些已有诗歌的格式),比如"请张三吃月亮"这样的诗句,还是会给人带来惊喜。就是说,相对而言,在各种文体中,诗歌最形式主义,最接近音乐,最少依赖"内容"、"情节"、"意义"、"道德"的力量——我们知道,"意义"、"道德"这些东西,总是被某个集体绑架,也就是很容易变成政治。

所以,在各种文体中,诗歌很可能最考验一个写作者的才华。

当然,诗歌能体现才华,并不等于写诗的人都有才华。这么简单的道理,沈同学似乎没有拎清。不认同赵丽华就是不认同诗人,不认同诗人就是不认同诗歌,不认同诗歌这个民族就没有希望。就这样,我们仅仅因为无法欣赏赵丽华老师在衣阿华制作的馅饼而被判定为一群无可救药的暴民。

本来,赵丽华写完全没有修辞的诗歌,作为一种诗歌试验,无可厚非。大家对她群起而攻之实在是吃饱了撑的,不喜欢不读呗,也没人逼你。但同样可气的是捍卫丽华体的人,非要说你们欣赏不了这种诗歌,是因为你们太蠢。这就有点耍赖的感觉了,你明明端了一个空盘子出来,还要别人做吃得"津津有味"状,如果不做津津有味状,就说你味觉有问题。据说,诗人的空洞,是一种有哲学功底的空洞,一种有深度的空洞,不同于普通网民的空洞,需要普通网民自备干粮、长途跋涉去探索。

这个这个……你负责空洞,我负责探索其中的哲学深度,这个买卖好像有点不大公平。再说了,下半身诗人不是最讨厌"哲学深度"这种提法吗?"哲学深度"这种东西,不是"学院派"货色的玩意儿吗?怎么下半身一急,就急成上半身了呢。

据说赵丽华老师的诗歌因为突破了修辞的条条框框而实现了语言

的重大突破。我不知道作为一个诗人，为什么要对修辞这么恨之入骨。我想诗人需要修辞，就像厨师需要把肉做成红烧肉、水煮肉、梅菜肉、回锅肉而不是把它端出来让人生吃一样，是人类味觉多样性的天然需要。抓起一块生羊腿血淋淋地就啃，这事很牛逼吗，也就是耸人听闻吧。没准只是因为她根本不会做红烧肉水煮肉梅菜肉回锅肉呢。把不会的说成不要的，幼儿园的小朋友都这样。

具有讽刺意味的是，沈同学似乎爱以民间派诗人自居，结果"网民"的表现，直接把他从"民间派"打成了"自作多情派"。当然，也可以说，网民不代表民间，不知道街上的菜农、民工、流氓地痞算不算民间，但我疑心，让大街上的民间们在赵丽华老师和汪国真老师之间二选一，汪老师很可能会占上风。

当然，我不觉得菜农、民工、流氓地痞是检验诗歌好坏的标准，就像我不觉得教授、文学批评家是检验诗歌好坏的标准一样。我只是觉得，扛着民间大旗狐假虎威的做法，实在没有必要。任贤齐老师说了，不是你的，就别再勉强。

其实学院派也好，民间派也好，作为诗人，大家都同是"天涯沦落人"，何必搞什么派系斗争。不如大家一起回到文字本身。至于群众接不接受，网民接不接受，都是鸡毛蒜皮的事。我想象一个真正的诗人，应该能够通过文字的奥妙，与世界达成和解。不一定是那种"被接受"的和解，而是那种"接受不被接受"的和解。

说实话，写诗是人权之一，便是没有才华的人，也还是有写诗的权利。就算是没有才华的人，如果对语言的魔术抱有一种探索之心，也还是一件好事。一个时代无论如何狂妄，不能在美的可能性面前失去谦卑。但是，这不等于说，只要是诗，就是好诗。只要是以写诗为爱好的人，就是时代的先锋。因为写诗这个行为本身，划分出一个精神特权阶层，让群众夹道欢迎，我觉得，这个要求比较过分，跟"出身论"、"血统论"异曲同工。至于把诗歌写得一文不值还要命令整个社会对它顶礼膜拜，我看，不但不能拯救一个时代的堕落，其实是在恶化它。

1. 卡夫卡

出于要跟自己大脑的各个部分搞好关系的愿望,长期只读新闻和社科读物的我,星期六下午在书店转悠时,决定读小说。要读就读小说里的珠穆朗玛峰:卡夫卡。

多年以前试图读卡夫卡的《城堡》,结果只攀登到海拔第 50 页左右,就摔下山来。

觉得大师他太、太、太啰嗦了。一句话扯成两句话,两句话扯成四句话,四句话扯成十六句话,卡老师要是去做兰州拉面,肯定是一把好手。

随手拿一本卡夫卡短篇小说集,到咖啡座坐下,随手翻开一篇,In the Penal Colony,咬紧牙关,读啊读,终于以熬过一节化学课的心情,熬完了这篇小说。

还是喜欢不起来,还是一如既往地啰嗦。情节也生硬:"官员"跟"探索者"介绍一台刺字杀人机,本来要杀死一个"罪犯"的,但最后官员自己自杀了。

要象征主义也隐晦一点嘛！这样的象征主义,简直跟《投名状》里李连杰踩在冰上宣称自己"如履薄冰"一样！

2. *Talk of the Evil*

一个意大利记者写的与各国独裁者遭遇的经历,目前只读了前两章,关于乌干达的阿明和关于中非的博卡萨。

这两章写得很好看,一股浓郁的原始社会气息扑面而来。

博卡萨说:"我是为了非洲人民才下台的,我要捍卫非洲人民的利益,因此西方殖民者把我赶下了台。"

独裁者们是不是都上过同一座修辞大学呢。

博卡萨有一个罗马尼亚老婆,一个越南老婆,一个中国台湾老婆,一个加蓬老婆,一个中非老婆,一个土耳其老婆……他甚至有两个越南女儿。通过"公开招标"的形式,他把两个越南女儿嫁了出去。其中一个女婿被他自己杀死,一个女婿被他的敌人杀死,一个女儿被他的保镖杀死,一个女儿现在在巴黎开了一家越南餐馆。

去巴黎的话,我很想去拜访那家餐馆。

3. 学生的作业

英国的学生大多都很"左",三篇作业,两篇控诉"西方帝国主义"如何毁了发展中国家,一篇为斯大林主义唱赞歌。

就斯大林主义,该学生深情地写道:"许多人说革命极权主义仅仅是专制主义的一种形式,这完全是胡说八道,因为君主专制根本没有社会主义的崇高目标。"对斯大林时期的文化部,他也给予了高度评价:"苏联的文化部鼓励人们浸淫到各种文化中去,所以 Kotkin 才会说斯大林主义是启蒙运动的继续。"

嗯,这是 21 世纪,英国,剑桥大学,是在我们以为古拉格的幽灵已经消散很久之后。

历史是一个无限且循环小数。

论自己作为他人

学习焦虑

我订了一份《经济学人》杂志,已经订了两年了。但是仔细想起来,我发现除了坐地铁的时候,我其实根本不看这个杂志。那为什么要订呢?想来想去,我觉得订《经济学人》这件事,至少从形式上缓解了我的"学习焦虑"。

作为一个文科博士生,我承认,我有学习焦虑。

据说我们生活的世界已经变成一个地球村了,而我对村里谁跟谁又打架了,谁家玉米种得最好,谁家失火了一无所知,能不焦虑吗。

又据说我们生活的时代是一个"知识爆炸"的时代,这就注定了我的"学习焦虑"还将是不治之症。我刚学习了巴勒斯坦和以色列的最近的和平协议,结果它们又打起来了。我刚知道津巴布韦是非洲的经济典范,立马就又传出那个国家通货膨胀率达到百分之一千的消息。这边刚开一个威尼斯电影节,那边又要开多伦多电影节……就这么一个小破村,每天发生的事情让人眼花缭乱,小姐我踮起脚尖往前看,也只能看到舞台角落里花旦的那双鞋子。

多少次,半夜醒来,我睁着空空的双眼,为自己不了解巴西的政党制度、不了解东欧的私有化模式、不了解新浪潮电影是怎么回事而吓出一身冷汗。黑暗中,我听见群众愤慨地谴责我:还文科博士呢,连这个都不知道! 然后我抖抖瑟瑟嗫嚅道:不是我不明白,这世界变化快……

那天给朋友×打电话。他是一个电脑工程师,在纽约一个大公司工作,写程序,说是要跳槽。

你们公司待遇不是很好吗? 我惊讶地问。

不行啊,学不到新东西,现在当然还混得下去,但是有一天万一失业,不懂市场上的新技术,那就完了,他说。

看来,有学习焦虑的,还不仅仅是文科博士。

打开某著名门户网站,其主页最显眼的位置上,全都是这样的广告"北大总裁 EMBA 班!""国贸研究生班两年 1.9 万!""2006 年夏季学习风暴!"……瞧,整个社会都染上了学习焦虑症。各处的江湖郎中纷纷出马,兜售猛药。"总裁 EMBA 班"都出来了,得病的,治病的,全都不知道害臊。

学习总归是一件好事吧,我想。毛主席教导我们说,好好学习,天天向上。只是,从什么时候开始,学习成了一种现代生活的强迫症了呢,人人都赶着去看急诊。我们与社会的关系,多么像一个没有安全感的女人和一个魅力四射的丈夫的关系。随时随地可能被甩掉,所以每天处心积虑地往脸上涂日霜夜霜眼霜防晒霜,一直涂到脸上所有毛孔都被堵塞为止。

上次我回家,就在我所住的城市广场上,看见触目惊心的一行大字:"把××市建设成一个学习型城市!"估计现在"学习"这个词,就跟口香糖似的,嚼在嘴里,是很酷的一件事。

也是,"三讲"里面,有一讲就是"讲学习"。

为了响应号召,我决定现在就开始翻阅桌上那本崭新的《经济学人》,从智利的教育改革看起,北爱尔兰的出口业近况也行。

对猪头肉的乡愁

以前余光中好像写过一首诗,叫《乡愁》,邮票船票什么的。我的乡愁没那么诗意,都很具体,比如中友百货的夏季打折,比如肆无忌惮地闯红灯,比如中关村附近的盗版光盘,当然,还有重要的一项,就是吃猪头肉。

以前在人大上学的时候,吃饭很困难,要排长队,而且去晚了,什么都没了。在那么艰苦的条件下,如果说还有什么能让我振作精神冲向食堂的话,就是橱窗后面那一盘子晶莹剔透的猪头肉。

要吃到猪头肉,并不容易。第一个障碍就是它的价钱,1块6一两,很贵族。一般来说,只有在某些特殊的情形下才"放纵"一下自己,比如跟男朋友分手了,郁闷地去吃猪头肉;跟男朋友和好了,高兴地去吃猪头肉;跟男朋友既没有分手又没有和好,无聊得去吃猪头肉。第二个困难就是,猪头肉似乎并不是很高雅的食物,听起来简直像骂人,而我,还是自视为一个窈窕淑女的,在别人眼里,没准还是一个"丁香一样结着愁怨的姑娘"呢。这就给我造成了一个深刻的悖论:是要维护自己一个窈窕淑女的声誉，还是要满足自己恶俗的口福？一般来说，这个问题是这样解决的：我来到卖小菜的窗口，先四处张望一下有没有熟人，然后非常小声、含糊地说：来二两猪头肉。买到猪头肉后，我立刻把它盖起来，低着头匆匆从食堂后门出去。比起毒品交易，就差没戴墨镜和使用暗号了。

我在朋友圈子里，以喜欢各种恶俗的食物而出名。以前一个好朋友快结婚了，要把她先生介绍给我们几个女朋友，吃饭的时候，大家点的菜都挺高雅，因为在生人面前嘛。清蒸鲈鱼、海鲜豆腐煲什么的，最俗的也就是酸辣土豆丝了。轮到我的时候，我抬起头，豪迈地说：火爆腰花！

人大西门外，有一个老陈麻辣烫火锅。那个时候，我有个男朋友，我们经常去吃。我不能吃辣的，一吃就三把鼻涕一把泪的，第二天还拉肚子。但是一提到麻辣烫，我就视死如归，势不可挡。每次要决定去哪吃饭的时候，我的前男朋友就故意装作很困惑的样子，问：那，咱们上哪儿去吃呢？果然，我会嗫嚅地说：咱们再去吃麻辣烫火锅好不好？这个时候，他就会大笑起来。这个细节，成了他一个屡试不爽的娱乐项目。

我对猪头肉之流的爱好，除了使我小小地丢过几次人以外，对我的人生，还是颇有进益的。一个最大的作用就是让我觉得，一切低俗的东西，在高雅的东西面前，有它自己的奥妙。比如说，我虽然是"做学问的"，但是我对术语缺乏迷信，不至于听到一个"政权内卷化"就荷尔蒙分泌加速。又比如说，谁要跟我吹他开的车多高级，我可以气定神闲地伸出脚来，说我脚上的鞋子才花了 18 块 5。又比如说，刚从第五大道的名品店出来，走在破破烂烂的中国城，我还是会从那拥挤破烂中体会出一种古怪的魅力。这些，我以为，或多或少都和我对猪头肉的爱好有种隐秘的联系。

到了国外，当然就很难吃到猪头肉了。虽然偶尔也能在中餐馆吃到"豆腐肥肠"、"小椒鸭舌"什么，但猪头肉却是难觅芳踪。这不禁让我在这个星期天的下午，初秋的纽约，有了一丝惆怅的乡愁。啊，我还是那个丁香一样结着愁怨的姑娘，只不过让我深深地、深深地徘徊的，是人大食堂橱窗里的那二两猪头肉。

过去的理想

我爱看话剧,至少我爱这样说。

有一段时间,我到处跟人说:我想做一个话剧导演。我不知道做一个话剧导演意味着什么,我只是爱这样说。

那大约是在我看了话剧"死无葬身之地"之后不久。萨特的剧本,1997 年,在北京。看完之后,我一颗文艺女青年的心久久不能平静,人生观发生了重大改变。之前,我觉得能进机关做一个女文员其实挺不错的,之后,我觉得女文员算什么,我要当话剧导演。

我喜欢话剧剧场的那种小,那种演员和观众能够听到彼此呼吸的紧凑、温暖和一点点压迫感,这和电影院是多么不同啊。电影院那么大,人心涣散,还隔着一个银幕,演员和观众之间貌合神离。我还喜欢话剧没有花哨的特技,没有复杂的镜头切换,没有所有那些平庸的导演可以隐藏其平庸、优秀的导演不能突出其优秀的杂质。

但是你知道,有些事情,就是说说而已。在我四处宣扬自己将要成为一个话剧导演之后,我看不出在自己,一个国际政治系的女研究生,和一个话剧导演,这两点之间如何能够联成一条线。于是我就沿着女研究生的道路一路走了下去。硕士,博士,博士后,老师,直到自己再也不好意思说自己想当一个话剧导演。

其实没有机会也可以创造机会的,但是创造机会,多么辛苦啊,要翻山越岭吧,要四渡赤水吧,哪像眼前这铺好的高速公路,可以畅通无阻地开下去。

谁年轻的时候没个理想啊,只有杨丽娟才真以为自己可以跟刘德华搞上一腿。

更早的时候,大学时代的一年冬天,我站在学校大礼堂的门口等一位同学。他编导了一个学生话剧,该剧深入探讨了生死、爱情、诗歌等戏剧界长期关注的问题,如此之深入,它深深感动了一颗 19 岁女大学生的心。为了表达赞美,我坐在大礼堂门口等他的话剧散场。

话剧散场了,所有人都走光了,他也出来了。我鼓起勇气跑过去说恭喜演出成功。他说谢谢再见。然后我默默地沿着学校的林荫道上走了回去。一个晚上,一个月,一年,几年,都不能从那个夜晚的寒冷里走出去。

到了纽约之后,总是告诫自己,要多看话剧,这里是戏剧之都,不要浪费啊。

却一直没怎么看,七年才看三四个话剧。

昨天突然意识到没有机会了,很快就要走了,这么一个宝藏在眼皮底下,竟然不去弯一下腰,多么地傲慢。

然后就去看了,"No End of Blame"。是我想看的那类戏呢,一个卡通画家从一战到 1970 年代的经历,从对西方的幻灭到对东方的幻灭再到对一切的幻灭，各种激烈的元素都在其中，合乎我激烈的口味。

　　走出剧院，我感到充实。不是因为这个剧，而是因为我看了一场话剧这个事实。走在大街上，10 年前的那种激动重新在眼前闪现。我有一个这样的构思，我还有一个那样的构思……啊，我有那么多的构思。但是很快我就走到了地铁站，很快 2 路地铁就来了，很快我就随着人群挤了上去。

干一行，恨一行

以前有一个朋友跟我说，他干一行，爱一行。

我被吓着了。这个世界上为什么会有这种人呢？我，我自己，简直是干一行，恨一行。

比如做学问，以前远看时，就觉得这事多优雅多清高啊。坐在烟雾缭绕的书房里，紧皱着眉头读那些没什么用的书，用具有游戏精神的"无意义"去抵抗毫无游戏精神的"无意义"。在所有种类的精神病中，无疑这是最纯洁的一种。可是近距离接触以后，发现这事一点不优雅不清高，一条工业流水线而已。不过人家生产出来的是家电是饮料，我们生产出来的是书籍是文章。人家生产出来的东西还可以用来给别人穿给别人吃，我们生产出来的东西只是用来给自己评职称而已。

我还在电视台实习过。1998年的夏天，我，还有露同学，去电视台的某栏目实习。任务是圈新闻选题，就是拿着一堆报纸杂志还有读者来信，挖掘"线索"。我就记得，每天从人大去电视台的公共汽车上，我都无比沮丧，想下车，想回家。每天早上，露同学都要花费大量口舌才能说服我跟她一起去"上班"。后来我就不去了。后来她也不去了。

我还做过促销、家教、兼职的行政工作……它们一个比一个更让人难以忍受，一个比一个更像大街上那些美女的背影，从后面看那么美，可是一转身……为什么，为什么，为什么。

如果我不喜欢某个工作，可能是那个工作的错。可是如果我不喜欢所有的工作，那是不是我的错呢？当然我可以从批判现代分工体系对人的"异化"这个角度为自己辩护，也就是说，为了给自己的乖戾一个动听的名目，不惜伪装成新马克思主义者。啊不，因为那又是一份工作。

现在，为了生计，我不得不继续"做学问"，按说是个不错的职业，但是我想告诉你们一个秘密，有的时候，尤其是坐在"学术会议"当中的时候，我特别、特别、特别想尖叫。

我经常幻想那些更适合我的工作，我能想到的包括：话剧导演、熊猫饲养员、建筑师、室内设计师，研究大脑的科学家，给外星人当间谍……可是，我多么了解自己啊。那个清醒的我只想对那个想入非非的我说：同学，千万别从背后拍美女的肩膀，她会回头的，她真的会。

有时候我还暗暗地嫉妒那些家庭主妇。但是当有人自告奋勇说：你不用工作，我可以养你啊！我又嗳嚅起来，我虚荣心这么强，怎么能忍受当家庭主妇。

于是我嫉妒那个可能的自己。

再说了，既然干一行恨一行，我敢打赌自己会飞快地就会恨上家庭主妇这一行。

为了论证工作的必要性，一个朋友说：Every living thing is obliged to earn his living。每一个活着的事物都有义务去养活自己。这说法多么正确，但是对于我，对于那些热爱趴在草原上晒太阳的狮子，对于那些已经两个月没有吃上任何东西的企鹅，又是多么的无情。

谢谢收看

我人生中最急中生智的一刻，可能是6岁那年夏天的一个深夜。那天我又在邻居杨丽丽家看了一晚上电视。先是杨丽丽困了上床睡觉去了，后来是她妹妹杨萍萍上床睡觉去了，后来杨爸爸杨妈妈杨奶奶全都睡觉去了。只有我，一个人，6岁的邻居小朋友，还死皮赖脸地坐在他们家客厅的小板凳上，在黑暗中看着一闪一闪的屏幕，目不转睛地看完了一个又一个节目，直到电视都困了，深夜的屏幕上猝不及防地打出四个大字：谢谢收看。

我只好恋恋不舍的回家去了，一边钻进被窝一边意犹未尽地回味着电视屏幕上的一切。这时候爸爸问我：你在杨丽丽家都看了什么电视片啊？我思绪翻滚，我想说我看了这个，我想说我看了那个，但是其实我也不知道我看了些什么，于是脑子里灵光一闪，郑重地告诉爸爸："谢谢收看"。

这件事情说明：第一，当时我们的国家还是相对贫困的，还有很多家庭买不起电视，造成很多家庭间的电视移民；第二，一个小朋友是先学会念字后学会理解它的含义的——她也许已经能够拼读谢谢收看四个字了,但是她不知道这四个字放在一起是什么意思,就像她被强迫背诵"白日依山尽,黄河入海流",但是她不知道那是什么意思;第三,小时候的我,非常热爱看电视。

后来通过我的两个小侄子,我看到了儿童看电视的那种眼神。那个闪亮的方盒子,像个巫师一样在发功,而他们则像被催眠了一样,灵魂一点一点被吸走。目不转睛、目不转睛、目不转睛。你往他们的左边一挡,他们的脑袋就齐刷刷地往右边一偏,你往他们右边一挡,他们的脑袋就齐刷刷地往左边一偏,甚至没工夫跟你交涉你所站的位置是否合理。动画片当然最好,但是古装电视剧也行,甚至经济台的生猪市场价格变动都能看得下去。啊,关键是整个美好世界在那个盒子里色彩缤纷地一闪、一闪、一闪。

初中时代大约是我一生中最苍老的时候。那时候,为了学习,为了争当三好,为了传说中金灿灿的未来,我无师自通学会了"存天理,灭人欲"这个变态的哲学。灭人欲的表现之一当然是消灭一切恋爱的细菌,将一切男生给我抛的媚眼写的纸条,以及我对一切男同学产生的情绪波动都毫不犹豫地扼杀在摇篮中,并踩上一万只脚;表现之二就是用非常严苛的态度对待自己的穿着打扮。披头散发是不行的。高跟鞋,那简直骇人听闻。超短裙?我30岁以前从来没有穿过!有一天王勇琴披着头发来上学,我当场质问她为什么不梳辫子,她说她中午洗的头发干不了,我简直气愤填膺,你就不能早点儿洗头或者晚点儿洗头吗?你为什么要中午洗头呢,骗人!肯定是骗人的!

啊,21世纪的青年们原谅我吧。那时候我想在一切动词前面加上"秋风扫落叶般地"这个状语,那时候我的床头还贴着一个小标语,叫"战胜自我"。一个少女被她所处的时代都给逼得在床头贴出"战胜自我"了,那不但是可原谅,甚至是可心疼的吧。

"存天理,灭人欲"的最重大表现就是不看电视。我不需要爸妈告诫我不要看电视,也没有学会用这件事作为砝码去讨价还价得到一些东西(真是太缺乏生意头脑了)。每天晚上吃完饭,我像个机器人一样,啪,落入书桌前。啪,开始看书做习题。啪啪啪,做完了一切变态题之后心满意足地睡去。在这个过程中,另一个房间里《昨夜星辰》、《星星知我心》、《笑傲江湖》、《六个梦》等经典电视剧在如泣如诉地上映。我虽然看不到,但我知道《星星知我心》那个感人的妈妈有 5 个小孩,分别叫秀秀、东东、弯弯、佩佩、彬彬,其中我最喜欢的是"佩佩",因为她的名字用台湾腔念起来是那样的,佩——佩——。另外我还知道它的主题曲是那样的:昨夜的! 昨夜的! 星——辰——啊,不对,那个是《昨夜星辰》。

很多年以后我才知道自己的变态哲学导致自己错失了多少东西。上大学以后,在别人都能够搞清楚刘雪华、林青霞、吕秀菱都演过谁谁谁,以及萧峰令狐冲韦小宝都出现在哪部电视剧里时,我对这些几乎一无所知。我就这样错过了通过电视剧接受宝贵的爱国主义教育、正确的恋爱观教育以及八荣八耻道德观教育的机会。

上大学以后住宿舍,听电视都不可能了。我的电视时代就这样中断了,从一个宿舍到另一个宿舍,一断就是八年。期间电视上再发生了些什么,我也不大清楚。只是每年寒暑假回去,隐约看到刘蓓、张国立、徐帆等人不停地在电视上晃。噢,对了,还有"小燕子"风暴。一群疯疯癫癫的男男女女穿着古装在电视上或发嗲或咆哮,对于当时已经暗暗自诩文化精英的我,真是风乍起,吹皱一身鸡皮疙瘩。要是不小心看到武打剧里一个高人一掌把一座大山给劈了个窟窿,我就接近崩溃了。什么呀,不就是个"武林至尊"地位吗,这么多年了,这么多电视剧了,这么多演员了,还没分出高下啊。别打了,都热兵器时代了,各个门派提高一下研发经费好不好。再说这些长衣飘飘的美男美女整天在山水田野——也就是江湖上——马不停蹄地奔跑,到处搞串联,不用上班啊,不用交税啊,福利国家啊。

等到 2000 年末,在一个纽约的小公寓里再打开电视时,我悲哀地发现,我已经不爱看电视了。外国的电视剧和中国的一样不好看。美剧分为午间的和晚间的两类。午间的就是美式琼瑶剧——总有一个男青年的爸爸不是他亲爸爸,总有一个女青年在不该怀孕的时候怀孕了,总有一个好人听信了坏人的谗言,总有一个坏人最后变成好人。晚间的电视剧就是美式武打剧——破案。每个城市,纽约,芝加哥,迈阿密,洛杉矶,都有自己的破案系列,每次节目都以发现一具尸体开始,以人民警察光荣破案终了。当然了,美式疑案剧比中式武打剧还是稍微人道一点:基本上没有考验神经的"嚎啕"片段,而中国的电视剧,无论武打剧家庭剧疑案剧历史剧,都有阵发性嚎啕防不胜防地出现,真是屋漏偏逢连夜雨,大珠小珠落玉盘。不过,美剧在这方面又走向另一个极端了。美式疑案剧里,基本上人人都胸有成竹,面无表情,语气冰冷,那些办案人员,人人都似乎见识过大世面,看到一具惨死的尸体,就像看到一块石头一样无动于衷。我就不信了,死成那样还面无表情?头给锯下来还给劈成了两半了,装得很辛苦吧。

让我恢复对电视爱好的,是发现了各类情景喜剧和脱口秀。好看的情景喜剧包括(排名分先后):Seinfeld;That 70s Show;Will and Grace;

Everybody Loves Raymond；Simpsons；Two and Half Man ……排在最后的，就是那个最流行的 Friends。有一个据说很好看的动画情景喜剧叫 South Park,但是奇怪的是我没怎么看到电视上演。最好看的脱口秀是 Jay Leno 和 Connar O'Brien。还有几个据说很有名的脱口秀比如 Stephen Colbert 之类,但是他们的政治观点太左了,我这个反动派实在看不下去。老是抓着布什不放,既没有新意,又安全无比,柿子专找软的捏,太没劲了,有本事你骂奥巴马试试看!

　　我之所以喜爱情景喜剧和脱口秀,是因为其中的对话特别聪明,稀里哗啦噼里啪啦地聪明,那小机智小幽默,那线路,那速度,那弧旋,那扣杀,比乒乓球冠军决赛还好看。前一段有朋友给我发周立波的单口相声视频,说是特别好玩,已经红遍大江南北了。我看了之后,就觉得中国人真可怜,这不让说,那不让讲,一会儿有关部门很生气,一会儿广大群众很受伤,那么一点蹑手蹑脚的小玩笑,大家就迫不及待奔走相告了。

　　到了英国之后,我惊恐地发现,英国人的电视节目里几乎没有情景喜剧和脱口秀。而英国的电视剧真不好看,既没有中国式波澜壮阔的嚎啕,也没有美国式胸有成竹的紧凑,他们的故事无色无味无盐无糖——怎么说呢——好吧,我从来不能坚持连续看 10 分钟以上,所以确实不知道该怎么说。他们也有一两个类似脱口秀的节目,一群喜剧演员聚在一起损政治家、电影明星、体育明星。聪明也是真聪明,可是特别特别残酷! 连我这么邪恶的人,都看不下去。而且那些残酷的笑话,明显卖弄的成分大大超过了娱乐的成分,所以我不爱看。英式幽默比起美式幽默,那是要颜色深很多,如果说美式幽默是帮观众抓痒,英式幽默则是一把匕首飞过来,躲得过算你命大,躲不过算你倒霉。

英国的电视节目相对好看的是纪录片和时政新闻。比如 Panorama，就是通过这个纪录片系列，我了解到日本的贫困阶层有多穷，中国的贩卖儿童业现状，苏丹的近况，联合国的腐败……时政新闻的好看之处在于，任何一个问题，主持人都会请正反两方表达意见，但是英国的国内政治，大多是鸡毛蒜皮的争执，正方反方似乎都是无聊方。

好在还有《老友记》。我在英国的两年里，BBC 4＋1 在重放美剧《老友记》。这个曾经在我的排名中名列最后的情景喜剧，在与自己的竞争中，一举跃为第一名。每天晚上 6—7 点，Rachel，Phoebe，Monica，Ross，Joey，Chandler 准时出现。6—7 点大约是我每天回家的时间，回家第一件事，就是打开电视，调到《老友记》。其实我也不总在看，有时候就是开着电视，让欢声笑语充满公寓。

出国时间长，对国内与时俱进的电视业发展已经无法追踪了。《士兵突击》、《我的团长我的团》、《我的兄弟叫顺溜》、《汉武大帝》、《雍正王朝》、《新少林传奇》、《少年包青天》、《可爱的你》、《潜伏》……每年回家，发现嚎啕的还在嚎啕，劈大山的还在劈大山，韩剧仍然是女主角在第 8 集打了一个喷嚏，到了第 80 集才抽出纸巾来。一个新现象是近几年突然涌现出许多歌颂"我军官兵"的电视剧，我想这有什么值得歌颂的呢？百思不得其解之后，而我家的电视基本上永远是停留在中央二台，我不看电视剧不看综艺节目不看时政新闻就看看经济新闻总可以吧。当然有时候我也看看新闻联播，我主要是想研究研究我国的"领导排坐学"、"领导表情学"、"领导视察学"等领域近年有没有实现理论上的重大突破。

在美国的时候，我认识一堆家里没有电视的人。这些人有一个共同特点,就是很有文化。作为文化人,他们很清高,而电视则是很低俗的东西,为了避免被低俗文化污染,于是他们毅然放弃了电视。对此我很困惑:第一,他们家来客人又没话说的时候,他们的眼睛都往哪里投放呢?第二,在他们怀疑人生的时候,通过什么方式来找到更倒霉的人从而重新树立生活的信心呢?第三,在他们想通过骂人来建立智力优越感的时候,怎样迅速找到大规模的傻叉呢?(画外音:网络)第四,如果他们家里有孩子,他们怎样让正在哭闹的、特别粘人的、满地打滚的小朋友迅速恢复安静呢?啊,小朋友多么热爱看电视。至少有一个小朋友曾经如此。很多年前的那个夏夜,她仰望着那个闪闪发光的小盒子,良莠不分,来者不拒,坚持把所有的电视节目看了个底朝天,看到"谢谢收看"为止。她后来成了一个没有故乡的人,但是当时,她坐在小板凳上,美好世界从那个小盒子向她奔涌而去,她眼里装着全世界的惊喜。

Alice

我到美国六年，一直没有一个英文名字。不知道为什么，总不好意思给自己起个英文名字，感觉像是去割个双眼皮。

如果非要有一个，那就叫 Alice 吧。

Alice 是我上中学的时候知道的第一个外国女孩名字。那个时候，每一课的结尾，学了生词以后，老师要教几句对话。汤姆说：What's your name? 爱丽丝说：My name is Alice。汤姆说：How are you? 爱丽丝说：Fine，thank you，and you?

我最喜欢的歌手 Tom Waits 有一张专辑，就叫《Alice》。"Alice"那首歌里写道：And the tears on my face/and the skates on the pond/they spell Alice/I'll disappear in your name/But you must wait for me/somewhere beneath the sea. 还有我喜欢的另一个歌手 Karen Ann，写过一首歌，叫"Song of Alice"。好像一个歌手想象一个优美的女性时，就会叫她 Alice。而这个叫 Alice 的女孩，在歌里总是远远的，小小的，在你看清之前就转身消失。

奇怪的是,我在生活里一个 Alice 也不认识。在美国我认识无数的 Jeniffer,无数的 Julia,无数的 Caroline,无数的 Monica,但是我一个 Alice 也不认识。仿佛是全世界团结起来,保护我对这个名字的想象力。我最熟的那个 Jeniffer 笑的声音很难听,Julia 太胖,Caroline 性格沉闷,Monica 是个女铁人。但是,我不认识任何 Alice,所以她完美无瑕。

　　当然 Alice 也不是完全没有"形象"。电影 Closer 里面,美丽的波特曼小姐扮演的那个角色就叫 Alice。如果 Alice 必须对应一个活人的形象,那她就应该长成波特曼那样。

　　哦,对了,怎么能忘记"爱丽丝漫游仙境"。其实到现在我都不知道这个故事具体是怎么回事。我喜欢这个故事的唯一理由,是它曾经感动过某个男人,而这个男人曾经感动过我。你能想象吗? 一个总是忧国忧民、挥斥方遒的男人,私下里热爱一个童话故事,他说,一个可爱的女孩是一个随时随地会感冒的女孩。

　　Alice 是一个盒子,里面装着人们最纤细的、最缤纷的想象力。

　　每搬到一个新地方,我就有种改名换姓的冲动。人的一生为什么一直要叫同一个名字呢? 这是多么没必要。因为刚搬到波士顿,昨天碰见一个新邻居,自我介绍的时候,费半天劲,她就是念不对我的中文名字。我突然不知哪冒出来的勇气,说,Call me Alice, then.

　　就这样,在邻居家门口昏暗的灯光下,我掏出了那个盒子,并且觉得如释重负。仿佛一个 12 岁的小姑娘,偷出了妈妈的化妆品,把脸蛋涂抹得惊心动魄,对着镜子里陌生的自己,却觉得异样地熟悉。

老张、亦文和蚊米

我有一个朋友,叫张亦文。我们都喊他老张,其实他也不老,就三十。他是一个电脑工程师,本来呢,这样的人,在美国,都应该被喊成 James Zhang 之类的。但是我们叫惯了老张,他也就听惯了。这让我暗暗地对他有一点同情——如果有谁喊我"老刘",我肯定很受伤。因为如果都被喊成老刘了,还有什么前途可言? 这个老什么什么的,让人联想起某县某局某科的科长,而且是副的,一辈子也没扑腾起来的那种。哪见过有点前途的人被喊成老什么什么的,会有人叫张柏芝"老张"吗? 会有人叫张朝阳"老张"吗? 所以说,如果"诗意"有一个反义词,那就是"老张";如果"希望"有一个反义词,它也是"老张"。

但是我说的这个老张倒也不介意。仔细想想也是,他做的很多事,挺像一个"老张"才能做的事,比如他吃饭特别快,还把袖子捞起来;他特别快地吃完饭后,会说:今天我请客。再比如,他会使以下的句子听上去特别顺口:

"老张,我要去中国城买很多东西,你帮我去扛吧。"

"老张，今天有个哥们欺负我，你帮我去揍他一顿吧。"

总而言之，老张对"老张"这个词去其糟粕、取其精华地进行了发挥，使老张这个词中的社会责任感得到了充分的演绎。

我和老张，是很暧昧过一阵的。有一段他经常打电话给我，一聊就到深更半夜。谈人生。谈理想。谈鸡毛蒜皮。我也不知道像我这样一个人，一个拒绝成为"老刘"的人，和一个资深的"老张"，为什么有这么多可聊。

"你别叫我老张了，叫我亦文吧。"有一天，老张突然跟我说。

"好吧，老张。"我一哆嗦，答应了下来。

我想，他的意思是说，我喜欢你。但是，作为老张，他无法说出这么诗意的话，于是他用一个极其委婉的方式，表达了这个意思。这个委婉的方式就是：叫我亦文吧。

老张是不可能谈恋爱的——顶着"老张"这个词的人，顶多可以来个"中年丧偶，觅体健貌端的中年女子一名"，但是亦文可以。他很清楚这一点，所以他要和我恋爱，必须先把"老张"这个词从我嘴里扼杀了。但是我积重难返，喊不出亦文。而且，亦文，多酸啊。再说了，"亦文，你帮我去中国城扛东西吧"，听上去就不太对劲，是吧？"亦文"后面应该跟的句子是："亦文，你为什么离开我?! 为什么?!"或者，"亦文，这么多年了，我还没有忘记你"云云。总而言之，我们这些穷光蛋的饭桌上需要一个老张，而"亦文"最好还是滚回琼瑶阿姨的小说里去。

但是我又不忍心让老张失望。当我意识到张亦文恋爱的希望，与他的"去老张化"休戚相关，我就更觉得不忍心。所以很长一段时间，我不知道该如何称呼他，只有焦虑地在"喂"、"哎"、"嗨"之间颠沛流离。直到有一天,一个朋友跟我说:你知道吗? 一只蚊子被拔掉腿之后,变得像一粒米,也就是"蚊米"。

我突然茅塞顿开,"蚊米",就是它了。

我和张亦文谈判了很长一段时间,才说服了他,让我叫他蚊米。我的大意是:虽然蚊子不是很可爱,但是没有了腿的蚊子就不一样了,它变得像一粒米,而米是很可爱的东西,所以蚊米也是很可爱的东西。我说了很久,说得天都黑了。张亦文看着口干舌燥的我,起了恻隐之心。他哭丧着脸,好像自己的四肢给拔掉了一样,说:好吧,蚊米就蚊米。

而我,则高兴得要死。蚊米多好啊,在我和他之间,建立了一个进退自如的距离。如果他是"老张",那我就不能进;而如果他是"亦文",那我就不能退。但是,现在好了,他变成了蚊米,既可以去中国城扛东西,又可以从地平线上诗情画意地升起。而且,下面这句话怎么听怎么合理:

"蚊米,我要去中国城买东西,你帮我去扛吧。对了,现在街上百合花卖得特别便宜,你知道吧,蚊米?!"

我爱"饭扫光"

以前跟朋友聊天,她告诉我,当她早上起不来的时候,一想到起来之后可以吃什么什么,就心花怒放地蹦了起来。我说我怎么来到美国之后,从来不会为某一种吃的东西兴奋到这个程度呢?事实上,当我早上起不来的时候,一想到起来之后要吃什么什么,只会翻一个身,更沉地睡去。

大多数人到美国来之后,都能或多或少地适应美国人的饮食习惯,比如,开始爱吃比萨饼、三明治、意大利通心粉、奶酪。只有我始终保持着爱国主义的胃口,对祖国的饮食怀抱从一而终的坚贞。这就导致了我要么可吃的东西极少,要么就得自己动手做。由于懒,也由于以前说过的厨房问题,我一个星期也就做一两次饭,而其他时候,就跟流浪猫似的,逮着什么吃什么,吃了上顿没下顿。每到吃饭时间,就端着空空的饭碗,遥望祖国的方向,脑子里翻滚着水煮鱼、麻辣烫、香辣蟹等等美丽的名词,喉咙里却不断地咽着痛苦的口水,完全可以说是饮食界的文天祥。

当然,这种状态是在我邂逅"饭扫光"之前。而自从认识了"饭扫光"

之后,我在美国的吃饭生涯,就有了一个全新的起点。事实上,我在美国的饮食生活,完全可以划分为"前饭扫光时代"和"后饭扫光时代",与饭扫光的相遇,可以说是我吃饭历史中的十一届三中全会。

饭扫光,顾名思义,就是一种能让你把饭一扫而光的辣酱。与一般的辣酱比,她比较有"内涵":里面有蘑菇、萝卜干、大头菜或者干笋等等。她的辣,不像阿香婆那样杀气腾腾,而是辣中带点香、带点鲜、带点风骚。如果说阿香婆的辣,是一个大老粗站在一栋居民楼底下大喊"安红、安红,我爱你",而饭扫光的辣,则是张靓影小姐的海豚音,在往上提升的过程中,还有那么一点慑人心魄的震颤。

我已经不记得我初识"饭扫光"时的浪漫情形了,重要的是,从那以后,但凡我去 flushing,第一使命就是搞到几瓶"饭扫光"。自从有了饭扫光,我的饭碗就找到了爱情。一般我会在冰箱里储备一大锅饭,到吃饭时间,挖出几勺,热一下,然后,噌,从冰箱里掏出我的宝贝饭扫光,顿时,我的房间蓬荜生辉,而我也在饭扫光的感召下,一个猛子扎入我的大白米饭当中。等我再把头从空空如也的饭碗中抬起来,这个世界已经因为温饱问题得到解决,而变得温情脉脉。

虽然如果我妈知道了这个画面,肯定心疼不已,对我来说,这却是美国给我的最好的回忆之一。每当我为论文、为爱情、为事业、为工作、为前途而焦虑不已时,我知道,几个小时后,我的餐桌上,会有一瓶熠熠发光的饭扫光。在这异国他乡和被我过得一塌糊涂的生活里,饭扫光就是我的兴奋剂,我味觉里无穷无尽的小魔术。

这一段时间因为忙,没有时间去 flushing,所以饭扫光已经坐吃山空。大约有两三个月,我吃饭的时候,没有了饭扫光。好在有蚊米!蚊米同学昨天去中国城剪头发,顺便帮我完成了买饭扫光的光荣使命。他一口气买了4瓶饭扫光,一把推到我的面前,我无语凝咽,感动地说:谢谢你,真的太谢谢你了! 蚊米说,不用谢。我一把推开他,说,不是谢你,是谢谢饭扫光。

如果你现在来我家找我,你会看到桌上有半瓶饭扫光,桌子的旁边,沙发上,一个女人幸福地倒在那,面前放着3瓶还没有开启的饭扫光。以后她要是死了,每年清明节也别烧什么纸钱送什么鲜花了,上坟的时候,别忘了捎上一瓶饭扫光,最好是带野香菌的。

纽约客

翻箱倒柜地收拾东西，翻出一大叠《纽约客》。其实订的时候根本没怎么读，以后就更不会读了，所以决定全部扔掉。

气喘吁吁地把它们扔到垃圾室以后，犹豫片刻，又顺手捡回来两本，留作纪念。想着老了以后，翻到这本杂志，可以猛然想起：哦，原来我还在一个叫纽约的地方住过。而且一住六年，24 岁到 30 岁，说起来也算是一个女人的白银时代了。

出国之前，美国的朋友曾来信说：在今天这个时代，除了做一个世界主义者，我们别无选择。

后来我来到了纽约。

这个星球上，可能没有比纽约更"世界主义"的地方。这是一个有钱人一掷千金的城市，也是年轻而贫困的艺术家们背井离乡来寻找梦想的城市；一个给钻牛角尖的考古学家们提供博物馆的城市，也是一个给生计无着的墨西哥移民提供洗盘子工作的城市；一个联合国政要们开会的城市，也是一个混蛋们喝啤酒打架的城市；一个可以在一个角落里买到中国的阿香婆酱,而在另一个角落里卖掉全世界最昂贵的手表的城市;一个大资产阶级、小资产阶级、中产阶级、无产阶级都有一席之地的城市。总而言之,纽约就好像一座跨寒温热带的森林,所有种类的昆虫、蘑菇,参天大树都可以在其中成长,只要你的生命力足够顽强。

作为一个政治上六亲不认的人,我热爱这政治上六亲不认的城市。

时不时有朋友抱怨说:我一点也不喜欢纽约,又脏又乱又差!

脏乱差,当然是真的。但纽约不是一个地点,而是一场永恒的狂欢节:永远有音乐会、画展、摄影展、电影节、示威游行、政治会议、学术讲座在进行。一个被定格在文化爆炸状态的城市,不脏不乱就奇怪了。

正是因此,这个城市的神奇不是看出来的,而是探索出来的。一个人可能去过一百遍帝国大厦和自由女神像,但仍然不知道纽约意味着什么,因为纽约不是一幅老老实实挂在墙上的画,等着你品评。它更像是一个邀请你加入舞池的女郎,要体会她的美和激情,你必须也要学会跳舞。

跟闹同学通电话,说起离开纽约伤不伤感的问题。我说我现在太忙了,没时间伤感。

事实是,我一直趴窗前,迫切地等着伤感像一场暴雨一样降临呢。伤感像暴雨一样降临之后,我就会跑到暴雨中淋成个落汤鸡,重感冒,发烧,昏迷。问题是,左等右等,都等几个月了,暴雨就是不降临。我姿势摆了这么久,它那边相机就是按不下去。算了算了,该干吗干吗去。

跟某同学说:我50岁的时候要回哥大教书。

他说:那中间呢?

我说,中间要去中国解决一些江湖上的恩怨。

他笑，我也乐。我 50 岁的时候，要风度翩翩地走在哥大的主干道上，头发灰白，满腹经纶，从我身旁经过的人，都觉得如沐春风。

到那时候，我希望 Mill Korean 还在，我可以去里面吃辣豆腐泡饭。希望 café swish 也在，因为我 50 岁的时候肯定还爱喝珍珠奶茶。Riverside Park 肯定跑不了了，我要带我儿子去那散步，我儿子，阳光明媚，健康而优美的一个小伙子。

进不了哥大进 NYU 也行，NYU 进不了去 CUNY 也行，实在哪都进不了，也没关系。50 岁的时候，我将如此风度翩翩、满腹经纶，作为一个资深世界公民，纽约就在我两鬓的斑白里。

要不怎么伤感不起来呢？

那天拿个古老的相机，里面有一卷黑白胶卷。我在哥大附近咔嚓咔嚓地拍，准备把这一带所有"有纪念意义的地方"都照下来。比如，恩华家门口，比如 Nausbaum and Wu café 那个靠窗的座位，比如 Butler library 五楼的那个阅览室。吭哧吭哧地把所有的回忆都网罗进相机以后，我喜不自胜地取胶卷，准备洗出自己的劳动成果。

结果，忘了倒胶片，一开相机盖，所有努力，功亏一篑。

大约这是上帝的又一个信号：你不需要回忆，这个城市已经溶进你的血液里。如果纽约客的真正含义是世界公民，那么，在来到纽约之前我很可能已经是个纽约客，离开纽约之后，仍然会是。

与崔健有关的日子

有很长一段时间我都有这样的想法,如果我找老公要出一套"资格考试题",除去人品、肌肉、三围、腰包等等基本题以外,有两道题是必考题:第一,您热爱某伟大领袖吗? 第二,您热爱崔健吗? 如果对第一道题持肯定态度的,对第二道持否定态度的,我虽然尊重你的志趣,但为了世界和平,咱们还是不要凑到一起过了。可以看出,我对崔健的热爱,已经上升到一个原则的高度,和政治面貌相提并论。

事实上,我的早恋,就和崔健有关。当时隔壁班一个男生已经给我暗送秋波好几年了,我完全无动于衷。后来他出了一个奇招:搞摇滚。于是就出现了这样一个景观,在放学的路上,我和女同学在前面走,他和几个哥们在后面猛吼:"那天是你用一块红布……"据说有一次生生把一个路过的小女孩吓哭了。直到有一天,我路过他们班教室,看见他在演唱《解决》,而他一个哥们在朗诵《岳阳楼记》伴奏,我太震撼了。我想这个世界上在背诵一国两制的含义和做解析几何题之外竟然还有一种叫做摇滚的东西,在高考之外还有音乐,在江西之外还有北京,在小虎队之外还有崔健,在字正腔圆之外还有乱七八糟,这事我一定要探个究竟,于是头脑一热,加入了早恋队伍的行列。

之后的那段时间,我彻底坚决地抛弃了小虎队、草蜢等这些小儿科的靡靡之音。一下子就从一个无知少女攀登上了文化先锋的高峰。虽然由于声线、性别等原因,我没法亲自演唱崔健的歌,但是我的房间里,一天到晚放的都是"现在的问题很多,可是多不过那看不见的无穷欢乐……"我妈偶尔进来干家务什么的,就说这是什么乱七八糟的玩意儿?!我笑而不答,轻蔑地想:摇滚,你懂吗你?

到了大学以后,我还是只听崔健。我们这一代人很多人都能对张国荣、梅艳芳的歌倒背如流,而我不能,就是因为我的整个青春时代只听崔健。听到对每一首歌的第三秒钟是什么,第五十五秒钟是什么,第三百二十四秒是什么,比对自己身体上有几颗痣还熟悉。张国荣、梅艳芳什么的,我只是在宿舍的收音机里听过,一盘磁带也没收集过。不但自己不收集,对那些收集的人,还不屑一顾,心想:放着好好的红烧肉不吃,去吃那些白菜叶子,切。现在回头想想,太偏激了。但又转念一想,不偏激的,那肯定不是爱。

其实那时我到底爱崔健什么呢?想来想去,大约就是喜欢他歌中的肾上腺激素。像我这样,从小到大被迫害成三好学生的人,体内得积压多少无家可归的荷尔蒙啊,而崔健的歌,就是荷尔蒙的团支部,就是荷尔蒙的党组织。所以那个时候,觉得别人的歌都是花拳绣腿,而他的歌是九阳白骨掌——一掌劈下来,就让那个不痛不痒的世界粉身碎骨。

对此最有说服力的,就是《盒子》那首歌。当年《红旗下的蛋》那盘刚出来时,《盒子》这首歌歌词是没有登出来的,因为太反动了,算是荷尔蒙的这个党支部对反荷尔蒙的那个党支部的一次暴动。但是，我当时就是喜欢这个歌里的那股劲，愣是挑灯夜战，把歌词一个一个从崔健那含含糊糊的歌声中抠了出来。"回去，砸了那个烂盒子/回去，撕破那个烂旗子/告诉那个胜利者他弄错了/世界早就开始变化了"。

《红旗下的蛋》出来之后，崔健的粉丝明显减少。大多数的人都说：现在的崔健不如早期的崔健了，大家还是喜欢那个唱《花房姑娘》的崔健，那个唱《一无所有》的崔健。其实我的看法完全相反，正是从《红旗下的蛋》开始，崔健才真正成了一个文化英雄。之前的"花房姑娘"之流，还是流行音乐和摇滚之间的一个过渡，还没有摆脱讨好小资的情结，之后就彻底摇滚了，就是"向着牛 B 的道路狂奔而去了"。

也正是从这个时候起，他开始一意孤行，开始超越肾上腺激素。从内容上说，他的歌声不仅有宣泄和抒情，还开始有了责任感；从音乐元素上说，他开始更多地选择更有冲击力的但很难复制的说白。对于那些还想拿着他的歌当下酒菜、唱卡拉 ok 的老粉丝来说，崔健这种选择无疑是一种背叛。对于把摇滚仅仅理解为"唱歌"的人来说，再也不能跟着唱"一二三四五六七"了，真着急。对于试图在摇滚中被娱乐被安慰被抚摸的人来说，崔健不灵了，他不安慰你。他挑衅你。

我想发展自己
我想改善环境
可你劝我撒泡尿好好看看自己
你说别太较劲了，你说别太较劲了
你说如今看透了琢磨透了但是不能说透了

瞧你丫那德行，怎么变成这样了

前几年你穷的时候还挺有理想的

如今刚过几天，你刚有几个钱儿

我看你比世界变得快多了

要不就是露馅了……

　　而他对爱情的态度，也有了很大的变化。以前充满了自得和自恋（"我想知道你长得美，但不想知道你到底是谁"），现在呢，"你的小手冰凉/像你的眼神一样……/把那只手也给我/把它放在我的心上/检查一下我心里的病，是否和你一样"。多么的柔情似水，多么的摇滚。

　　我后来的一个男朋友，嗓子跟老崔也有点像，也喜欢崔健。那时候他在北大，我在人大，我们经常从北大西南门往人大西门来回骑车，深夜的大街上他大声唱："情况太复杂了，现实太残酷了……你是否能够控制得住我，如果我疯了……"

　　"如果我疯了"这句歌词真带劲，真适合两个有志青年在大街上边骑快车边大声歌唱。对于有志青年来说，发疯是多么灿烂的事情简直是义不容辞。

　　2002年的时候，崔健来纽约演出一次，我去听了。音乐一响起，我就泪流满面。好像多年没见的亲戚，在生离死别后重逢似的。我的整个青春，仿佛麦田一样随他的歌声摇摆起来，金灿灿的。当时我就想：老崔啊老崔，你都四十了，我也直奔三十了，但是，这么多年过去了，你还在我心里，还那么温暖，谢谢你。

　　其实我现在都不怎么听崔健了，虽然他的CD、磁带都收藏着。"长大"的我,音乐的口味终于开始变得宽容,终于知道正如在小虎队之外还有崔健,在崔健之外也还有别人。但是回望自己的青春时,崔健是多么重要啊,堪称独树一帜。一个只有一国两制的含义和解析几何的青春会是多么缺乏诗意。是他,这个摇滚青年中年老年,在 20 世纪 80 年代末90 年代初的中国,大声摇滚,离经叛道地摇滚,让一个在高考荒原上跋涉的女中学生,在一口很深的井底,猛然抬起了头来。

开　头

"王小雨在邮箱里看到一封陌生人的来信,点开却一个字也没有,只有一个图片附件,再点开,是一张照片。她自己,刚才,半个小时前,在卫生间洗脸。照片上,她正在往脸上抹洗面奶。没错,她自己。王小雨尖叫一声,好像鼠标烫手似的,把它给砸了出去。"

别奇怪,这是我编的一个小说的开头,恐怖小说。

我喜欢编小说的开头,而且仅仅是开头。

以前在某论坛文学版写东西的时候,经常有些写手写了几截开头然后不了了之,遭到读者群众的痛骂。其实读者不明白,写一个小说就像经营一场婚姻,开始是靠爱情,后来是靠毅力。有些人不堪忍受没有爱情的婚姻,于是趁早离了婚。

某个片刻一个人被表达欲击中,那个表达欲新鲜、强烈、浓郁,像一只红光满面的苹果,非常挑逗地坐在那里,让人忍不住伸出手去。但是很多时候,吃了几口就不想吃了,发现其实不饿,或者这苹果根本不好吃。事实上大多数小说除了开头也乏善可陈,新鲜、强烈、浓郁的感觉被消耗了之后，剩下的只是强迫症。

长期一个人独居异国小镇，我发明了一些自娱自乐的方式，比如自己给自己编故事。走在路上等红灯的时候，看着对面那个人，我就想，他现在的样子，可以作为一个小说的开头。或者看着超市里一个挑水果的老太太，我又想，她现在可以是一个小说的开头。然后渐渐地，满大街走来走去的，满屋子坐着的，都是小说的开头。每个人都变成一个纸团，被捡起来，被展开，文字凸现出来，被一个低音给念出来。渐渐地，那些高的、矮的、胖的、瘦的、老的、小的陌生人都变得有声有色，明明什么都不是，却显得像那么回事。

"王小雨很生气，因为妈妈对刘阿姨说李思思不漂亮。妈妈对刘阿姨说李思思不漂亮但是王小雨还巴结人家。妈妈对刘阿姨说李思思不漂亮但是王小雨还巴结人家的时候还哈哈大笑。4 岁的王小雨坐在一旁觉得忍无可忍，于是大喊一句：李思思最漂亮了！"

这是一篇儿童故事的开头。下面是一篇色情的开头：

干完王小雨就后悔了，她盯着发黄的天花板想，我这是何苦呢，如果我 15 岁就跟人上床了，或者如果我 65 岁还没有跟人上床，那我都是英雄，可是我他妈 28 的生日急急忙忙随便找了个人给解决了这叫什么事啊。不就是个舆论压力吗，不就是个社会吗，多贱啊，靠。

当然这也可以作为一个故事的开头：

王小雨热爱编造故事的开头。她的计算机里，堆满了故事的开头。她也不催自己去写完它们，事实上她根本没想过去写完它们，就那么搁着，有时候想起来就去添一节，有时候干脆又另起一个开头。这些开头，就像无数个被咬了一口的苹果，在她的脑子里乱滚，滚到角落里，慢慢地腐烂。葛明说你怎么这样啊，光下蛋不孵小鸡啊。王小雨说要孵小鸡干嘛，你知道吗，美好的秘诀就是速朽。

1 路地铁

多年以后,离开纽约之后,想到纽约时,我会想到什么呢? 也许只是
自己站在1路地铁边,呼啸的火车飞驰而过的那一刹那,情不自禁闭上
的眼睛。

1路地铁很破。轨道上到处是垃圾,如果有雨水堆积,就臭烘烘的,
老鼠们大摇大摆地在轨道边散步。可就是这样一个破破烂烂的地铁,和
我发生了必然的联系。它是我从我家到市内去的唯一地铁路线。

乘坐着这唯一的地铁,六年来我分别去第5大道或者34街逛街,去
中国城买菜,去42街看好莱坞大片或者 film forum 看文艺片,去故乡味
或者朵颐吃川菜。

我可不仅仅把它当交通工具的。任何一个有一百年历史的事物,怎
么能仅仅是工具呢。那些破破烂烂的站台上,有过多少故事啊。情侣电
影院散场之后的辩论,小男孩深夜初吻之后的激动,外地演员试镜失败
后的沮丧,一群女孩去万圣节化装舞会路上的快乐,老太太在人群当中
的慌乱。仔细看的话,人群之中有伍迪·艾伦,凯鲁雅克,约翰·列农,

布鲁博格,和更多想成为伍迪·艾伦、凯鲁雅克、约翰·列侬、布鲁博格但是没来得及成为他们就已经老去的人。那么多梦想和它们腐烂的气息,任何一个有一百年历史的事物,怎么能仅仅是工具。

If only those rails could talk.

很多人讨厌 1 路地铁的脏乱差,但是崭新和丰富之间,只能二选一。一个破破烂烂的地铁,就是一部还没有被篡改的历史,所以它的破烂就是它的贞洁。在崭新和丰富之间,只能二选一。

刚来纽约的时候,坐地铁我竟然迷路了。大半夜的,我忘了自己应该从什么车倒到什么车,急得都快哭了。后来看到一群穿黄色背心的地铁工人,就问了他们。他们多么耐心啊,就像传说中的工人叔叔,给我比划来比划去,最后给我带到了 1 路地铁上。

还有那些人,那些 1 路地铁共和国的同胞们。14 街下车的,艺术家;42 街下车的,外地来旅游的人;66 街下车的,艺术爱好者;86 街下车的,小白领;116 街下车的,大学生;135 街下车的,穷人。这一路越往下越穷的劳动人民,大热天戴草帽的黑人,没来得及涂口红就出门了的中年妇女,举着 Voice 体育版在阅读的老头儿,脸上全是一副劳动人民热火朝天地生活的表情。

Sex and City 中,那四个美女似乎是从来不坐地铁的。她们的裙子太漂亮了,她们的鞋跟太高了,她们会被地铁里的老鼠给吓坏的。

有一天半夜睡不着,想不出还有什么自娱自乐的方式,就起来去坐地铁。1 路上车,42 街倒 Q,一直坐到了头。那个晚上,我发现,每一个车站个性都是多么不同啊,有的明亮,有的昏暗,有的苍老,有的鲜艳,有的倦怠,有的振奋。白天,人多的时候,都被人群匆忙的脚步声给掩盖了，晚上人烟稀少的时候，所有这些车站，都活了过来，像一群姿态各异的风尘女子，路边站成一排，打量来来往往的行人。

半夜四点，终于坐到了终点站 Coney Island。车站很大，空旷，安静，几个流浪汉趴在长椅上睡着了，但是我异常清醒。惨白的日光灯下，我听见自己脚步声的回音，看见银色的火车趴在轨道上闪闪发光。那一刻觉得自己，这个精神紊乱到半夜四点出门坐地铁的女人，和这个世界亲如兄妹，达成了某种和解。

甜蜜的恐怖

我爱看恐怖片,越恐怖的越好。

每次好莱坞出来一个新恐怖片,我就变态地跟某人欢呼:我们去看吧!我们去看吧!我还经常置各种正事于不顾,猫在网上看恐怖小说。《异梦》《大地的谎言》《绝念》《门》……你要跟我说结婚的好处是感情有所寄托生活上相互扶持可以生养孩子,我都不为所动,但是你要跟说结婚的好处是半夜看恐怖小说不用害怕,我就会觉得,是啊,很有道理啊,结了婚的人真赚。

但问题是,我其实特别胆小。昨天我家客厅冒出一只飞蛾,它往低处飞时,我就吓得跳上沙发。它往高处飞时,我就恨不得钻到桌子底下去。我举着一本杂志,顶着一身鸡皮疙瘩,气喘吁吁地与飞蛾周旋了半个小时,直到飞蛾实在受不了我了,一头跳进落地灯的碗状灯罩里自杀身亡。

那么,我为什么爱看恐怖片呢?事实上,为什么任何人会爱看恐怖片呢?平时,我们看到牙医拿个小钻子向我们走来都吓得瑟瑟发抖,但是我们愿意花 10 美元去电影院看变态拿着电锯去"嗞拉嗞拉"地锯人头。

想来想去,只有两条:第一,刺激。第二,无害。

但是,我们为什么热爱无害的刺激呢？我的理解是,作为动物的人热爱刺激,而作为社会成员的人又渴望无害,所以,屏幕上的血腥就成了一个折中方案。无数恐怖文艺创作者,本着兼顾刺激与无害的原则,创作了一个又一个刺激而又无害的恐怖作品,用塑料鸡、塑料鸭喂养着我们体内的野兽,让它吃饱喝足,变得甜蜜而安详。

作为一个长期浸淫在恐怖作品里的读者和观众,我发现其实恐怖作品的创作,都特别公式化,主要是要把握下面几条规律:第一,首先要有人莫名其妙地相继死去。第二,然后有历经恐怖的人三缄其口,每当有人问起就脸色大变或者干脆死去。第三,同时要有一座疑云重重的恐怖房子(旅馆、监狱、街道、坟墓、教堂、山洞),这个房子里藏着一个年代久远的冤情。第四,那个涉及此冤情的人要么变态,要么变成鬼,作出一些非常嗜血的举动。第五,要有一个貌似坏人的人但肯定不是坏人,要有一个貌似好人的人但肯定不是好人。第六,好人一定要死到只剩下一两个人,一般是一对男女朋友,一般都长得比较漂亮(最近也出现了所有人都死光的创作迹象)。第七,当悬念铺得太大,一切无法得到解释的时候,要么借助"暗示"、"幻觉"等超自然现象来解释它,要么干脆就不解释了,憋死读者去。

总之,只要掌握了创作规律,创作恐怖文艺作品,一点也不难！

当然,恐怖作品的公式化,并不意味着恐怖作品再也没有了创作余地,在以下问题上,你还是可以尽情发挥你的想象力:相继死去的人是怎么死的？那个恐怖场所是个什么场所？冤情是什么冤情？嗜血者是人是鬼，其变态方式有何独特性？等等等等。根据作者的个人偏好，可以将恐怖作品创作成色情恐怖作品、科幻恐怖作品、警匪恐怖作品、文艺恐怖作品等多个类型。总之，没有最恐怖，只有更恐怖。

比如我昨晚看的那个恐怖片 Hostel，它就是通过对酷刑不遗余力的展示，在变态方式上实现了历史性突破。里面有一个镜头，有一个被施刑的女孩眼珠给挖了出来，垂吊在她的脸上，而另一个她的同伙，为了减轻她的痛苦，生生拿个剪子把那个眼珠给剪了下来，而这一切都是在特写的镜头中缓慢完成的。我不得不承认，即使是我这样一个吃饭时不介意谈论大便的女强人，看到那一幕，也感到风在吼，马在啸，黄河在咆哮，黄河在咆哮。就在那一刻，我也开始怀疑，为什么我要交了钱，坐在这里，让一个导演这样挑战我的极限。我仿佛看到导演在得意洋洋地喊：不敢看了吧！终于不敢看了吧！我对这个如此具有攻击性的导演感到非常生气，于是，我坚持目不转睛。我使劲瞪着银幕，瞪着瞪着，就觉得那位导演大爷在银幕之后渐渐体力不支，偃旗息鼓，垂头丧气地收工了去。

非正式疯狂

终于逮着一点时间去查尔斯河旁边转了转。

查尔斯河边跟我在纽约时家门口的河边公园有点像。绿草如茵,美男美女跑步锻炼身体,风景非常地明信片。

天还没有冷下来,真好。

但是有种预感,觉得气温随时随地可能自由落体地降下来。所以每天早上起来,都有隐隐的焦虑,觉得冬天是潜伏的牙疼。

坐在椅子上发呆。左边是一片薄薄的月亮,右边是金光四射的夕阳,后面一群叫不上名字来的鸟类,前面是绵绵的波浪。生活多么美好,万事俱备,只欠一个老公两个儿子一条狗。

然后开始发呆。发呆是我最大的兴趣爱好,这事跟吃冰淇淋一样甜蜜。

昨晚从电视上重看了一遍 Annie Hall,印象最深的一个片断是 Annie 对 Woody Allen 说:You're incapable of enjoying life. 突然意识到 Woody Allen 其实跟 Seinfeld 里面的 George 很像:缺乏安全感,恶毒,偏执狂。

怎么任何东西走到极端看上去都像是智慧呢。

也许虚无主义只是笨蛋故作聪明的姿态。

然后又想到刚才听的一个讲座。又想到周五跟那谁吃饭。周六那谁要来。周日要去哪爬山。每样事情都想一点,然后就放下。

当然也想那些不高兴的事。老头子们推荐信迟迟不写好,看网上谁谁谁的文章不顺眼,对自己的种种不满意,但也是每样就想一点。

早上跟家人电话。妈妈说:"果果你怎么这么漂亮啊!"果果说:"因为我吃蔬菜呀!"

我很想把这些事情与人分享,但我的老公儿子以及狗都还在火星赶往地球的路上。

太阳沉下去,有人抬着划艇在桥上走,然后天就黑了。

然后我就一个人回了家。

路上碰见一个老太太抱着一只猫。是我到美国来以后见过最帅的一只猫。跟我小时候养的那只猫一模一样,黄白相间,干净柔软,像块蛋糕。真想把那只猫夺过来就跑。如果我真这么做会怎么样呢?谅这个老太太也是追不上我的吧。这样一想,我还真四下打量了一下周围的街道。

要不然直接抢一个小孩也行。啊,小孩,一个自己的小孩。我是怎样让这样一个简单的愿望变得如此遥远呢。我得费了多大的劲才能让一件这么可能的事情变得这么不可能呢。我的前半生是不是可以因此被誉为"艰苦卓绝"呢。

以前看一个电视访谈,一个女演员说她总是恐惧自己会突然失控,做出特别疯狂的事情来。比如有一次参加奥斯卡颁奖典礼,坐在观众席中,她突然想大喊一声"薄荷",这个高呼薄荷的念头如此之可怕以至于她身上都憋出了汗来。然后她说:"如果我这么做了,那么我就是officially mad 了。"想想吧,多可怕啊,officially mad 和 unofficially mad之间就隔着小小一个词:薄荷。

我想起我生活中也有很多"薄荷时刻"。开会的时候突然想尖叫。走在街上突然想裸奔。深夜突然想给某人打电话说不如你借我一个精子生个孩子吧。突然想伪造自己的死亡然后跑到某个新疆小镇去隐名埋姓做一个售货员。切菜的时候突然想切掉自己的一个手指头。还有此刻,突然想抢劫一个老太太的猫。

当然我没有做出这件事。虽然我们和疯狂永远只相隔喊出"薄荷"的那一秒,但,它是多么坚固的一秒啊,简直就是动物园里隔绝狮子和人类的那道铁丝网。在这个陌生城市的黄昏,这道铁丝网成功制止了我去抢夺一个陌生老太太的帅猫。我的疯狂依然茂盛,但是它屏住呼吸、向内生长,尚属"非正式疯狂"。

毛　姆

　　来英国上飞机前，想着应该塞一本小说到行李里，巡视了一遍我的书架，看到毛姆的短篇小说集，想，就是他了。我去的是英国，读一个英国小说家的作品正好。而且是短篇小说集，随时端起，随时放下，对于旅行者正合适。

　　事实证明，这是个正确的选择。这些天，在三一学院阴森庄严的教堂式房间里的沙发上，在伦敦青年旅舍的上铺床位上，在路边的小咖啡馆里，在来回的飞机上，毛姆是我唯一的旅伴。

　　我在伦敦刚刚认识的一些地名屡屡在他的小说中出现，Charing Cross，Picadilly Circus，Bond Street……这些完全陌生的地名，因为对毛姆的阅读，有了一种亲切感。更重要的是，参观一个城市的名胜古迹容易，了解它的气质却不那么容易。读毛姆的小说，算是深入这个城市的一条羊肠小道。他笔下的旧伦敦，繁华、虚荣、伤感，是个迟暮的美人。

　　毛姆给我最大的感觉是温暖。与很多 19 世纪后半期、20 世纪上半期小说家鲜明的"实验文风"特征不同，他的语言非常平实、家常，甚至有些唠叨。读他的小说，很像和一个普通老头子喝茶，边喝边听他讲自己身边的琐事。

这大约也是为什么很多评论家视他为"二流作家"的原因。他的小说里，技巧性、创新性的东西太少了，留给评论家去"诠释"、去"解密"、去炫耀他们的理解力的东西太少了。但对我来说，这恰恰是他的可爱之处。什么尤利西斯、普鲁斯特、卡夫卡之类的"大师"，我根本读不下去，也不想作若有所悟状。总觉得那些"实验性"小说写作里，作者的自我意识太强烈了，总是要从文字中伸出一只手来，使劲摇晃着一面旗帜，上面飘扬着两个大字——"个性"，与其说我们在读一个故事，不如说在观赏一场行为艺术。

毛姆不一样，他隐藏在故事的深处，满足于一个不动声色的叙述者的角色，决不让自己的声调、语气去抢故事本身的风头。我想他可能本来就不是一个雄心勃勃的小说家，仅仅是乐于分享一些"逸事"而已，他写作的目的，不是文学史上的一个位置，而是他对面那个喝茶的朋友的一声叹息。

毛姆一生周游列国，历经两次世界大战，空间上的游荡和时代上的变迁注定了他身边的人都是"故事的矿藏"。这本厚厚的小说集里，他写的多是那些英国绅士、商人在没落的殖民地里的遭遇。爱上自己哥哥的女孩，被年轻情人甩了的中年女人，梦想成为钢琴家的贵族少年，酗酒自杀的殖民地商人……结局经常是某个人的死亡，但是死亡在他笔下是如此漫不经心，似乎并不比一片树叶的坠落更有重量。毫无疑问，和很多优秀的作家一样，悲悯之心是他写作的基本情绪，但也和很多优秀的作家一样，他能够将悲悯之心隐藏得不露痕迹，看似冷漠无情。

对我来说，读他的小说格外感到亲切的，是他笔下那些"没有故乡的人"。他写一个人在异域文化中的脆弱感，以及从异域返回本土时同样强烈的隔阂感，非常细腻，简直可以搬来描述今天的中国"海归"。空间的游移，加上时代的沧海桑田，使得那种无家可归感有了双重含义。

　　今天忍不住去 Google 了一下毛姆，发现他从小是孤儿、个子矮小、双性恋、口吃……一个男人的细腻必须通过这些得到解释吗？敏感就不能够是一种健康的力量？这些陈腐的逻辑真叫人扫兴，仿佛一切艺术上的想象力，表达的最终都是对自我的厌恶。

乱

"你知道学院里我最喜欢的风景是哪一块吗？是这里——"胖胖的数学家领着我往前走，然后指着一大片草坪说，"看见那些花了吗？很可爱，是吧？春天来的时候，会更漂亮的……"

就在那个片刻，我突然听见心里有个声音：这是哪里？我在干吗？

然后那个声音就不肯消失，每过一小会儿就冷不丁冒出来一下。

我承认，我串不起来了。10 天前在石家庄，6 天前在北京，4 天前在纽约，然后现在，在剑桥。多少层现实啊，多少个角色啊，累。

在石家庄，亲戚说：如果你将来回国，应该想办法去团中央，团中央最好，升得最快！

在北京，对面的老罗在对面的三表的感召下，声情并茂地对土摩托说：总想对你表白，我的心情是多么豪迈，总想对你倾诉，我对生活是多么热爱。

在纽约，在餐馆里撞见一个熟人，他说：啊，你要去剑桥教书？好啊，以后回国弄个长江学者，随随便便就是百把来万……

在剑桥,胖胖的数学家指着远处的草坪说:看见那些花了吗? 很可爱,是吧? 春天来的时候,会更漂亮的……

多少层现实啊,多少个角色啊,累。

一个非常体制内家庭里的乖乖女,一个愤青,一个为成功奋斗的留学生,一个坐冷板凳的学者,我就是职业演员,也难以在 10 天里胜任这么多角色。

觉得自己像一个力不从心的交通指挥,站在马路中间,面前的车辆堵作一团,都在按喇叭,都在抢路,都在骂娘。然后有一个片刻,也就是现在,交通指挥非常非常想尖叫,想蹲在地上,闭上眼睛,捂上耳朵,使尽全身力气尖叫,把周围的世界都震碎。

我问那个数学家,你在剑桥生活了 20 多年,从来没有厌倦吗?

没有,不会,他说,It's a lovely town, isn't it?

当然。

当然什么呀。怎么会呢? 怎么能不厌倦呢? 在博物馆里,你能在一幅美丽的风景画前站 20 分钟吗? 那么你怎么能一站 20 年呢?

在另一个学院里,财务会计,一个非常活泼的英国女孩,领着我穿过学院的草坪,小路边的两排树搭出一个拱形的天庭,阳光亮得像金属。小姑娘叽叽喳喳,说:天气真好!

嗯,天气真好。

But I don't care。

How can I not care?

我希望我能够更懂得"感恩"。这里是传说中的剑桥。这里的草从不枯萎,这里的空气非常透明,这里每一块砖头都见多识广,鸭子们在河中嬉戏,教堂式建筑夹着牛顿走过的青石板路,如果来往的人群人人都给装上一对翅膀,简直就是挂牌的天堂了。

But I don't care。

其实我也很想问我妈,问国内的记者朋友律师朋友老师朋友,问我那些在纽约的写字楼上班的朋友,就像我问那个数学家:你就不厌倦吗?我对那些多年如一日地过着重复机械生活但仍然兴致勃勃的人感到无比好奇。

可是厌倦是什么下场?看看我,为了逃避厌倦,给自己制造了这么多角色来回奔波,然后眼看着角色的交通堵塞只想蹲在地上尖叫。

小昭说:等你一切"归零"之后,就去拍个电影什么的吧。

归零,多好的提法啊。

很久以前,L跟我说,她的理想就是挣很多很多钱,然后一夜之间把它们输光。

谁都想归零,但不是没头没脑的那个零,是从一到零的那个零,得有那个弧度,得有那个转身,得有"踹"那个动作。

数学家问我,你一个星期飞三个国家,现在时差肯定很混乱吧。我说是,一觉醒来都不知道是上午、下午还是晚上,而且很可能它们都是对的。

裙　子

　　我数了数，我有 23 条连衣裙。23 条！我觉得自己就像个将军，养着一个彪悍的部队。

　　夏天一来，我开始检阅部队。我发现我有黑色系裙子 7 条，红色系 3 条，绿色系 3 条，白色系 3 条……我不但有一个部队，还蓝旗、黄旗、红旗什么的，阵容很强大呀。我还在士兵中提拔了几个干部。那个 Club Monica 被任命为黑旗部的首领。那个 Sisley 是白旗的首领。如此等等，封官加爵，任人唯亲。

　　但问题是，什么时候穿它们呢？在美国这个鬼地方，如果不是参加 party，大家全都是 T 恤牛仔裤什么的。现在的连衣裙，大多都是低胸、卡腰、无袖。我要是平时去个图书馆、咖啡馆还穿这些，人家肯定会觉得我穿得太隆重。如果坐在我对面的男生因为我的这副打扮而心神不宁，影响了学习微积分或者拉丁文，多不好啊。如果他没有因为我的打扮而心神不宁，影响了我的虚荣心，那就更不好了。

　　就算一条裙子只穿一次，一个夏天，我也得参加 23 个 party 才能把它们给穿完。我哪有 23 个 party 要参加呢？哪怕我把去恩华家吃西瓜也算成一个 party，也没有 23 个 party。

跟男人出去吃饭喝咖啡，更不能随便穿裙子。你穿了连衣裙吧，一般就得穿高跟鞋，还得化点妆，戴个耳环、项链什么的。然后，等你穿着连衣裙、高跟鞋、化着妆，佩戴耳环、项链出现在一个男人面前的时候，你脸上就等于刻了两个字：绝望。绝望并不可怕，可怕的是把这样严酷的军事机密暴露给敌方阵营，长敌人的志气，灭自己的威风。

可是，虽然我裙子的数量远远大于 party 的数量，关键的时候，却还是要掉链子。去年冬天，跟朋友去参加一个婚礼。人家邀请函上说穿着要求是 casual chic，我就真的信了，穿了一件很 casual 其实也不太 chic 的毛衣就去了。冬天嘛，穿个毛衣保暖啊。结果，婚礼在一个金碧辉煌的歌剧院里举行，满场都是长裙飘飘、金光闪闪、艳若桃花的美女飘来飘去，唯独一个家里有 23 条连衣裙的女人，扎着个马尾辫，穿着个厚毛衣，羞愧难当地站在角落里喝可乐。其实如果我当时不是站在那喝可乐，而是蹲在那啃烧饼，那形象才真叫完整了。

由于没有作战的机会，或者有了作战的机会也总是白白错失，将军陷入了深深的苦恼。养兵千日，用兵一时。这"一时"在哪呢？举目四望，和平和发展是当今国际形势的两大主题，没仗可打，难道这么彪悍的部队就缩在抽屉里默默老去了？

花那么多银子，怎么也得穿回来呀！

两个小时后，我穿上了我的新宠，一条黑白花连衣裙，美不胜收地走在了大街上。对，我这是要去图书馆。穿成这样去研究中国革命史，去研究延安整风，去研究大跃进和文革的关系，去思考群众动员的机制。过于隆重？我还觉得这个充满了规则和潜规则的世界过于啰嗦了呢。

技术问题

在我家里,长期以来,总有一个电器是坏的。先是电脑,然后是数码相机,然后是DVD机,然后是电打火的炉子,然后是ipod。今天,它终于黔驴技穷,所以又回到了电脑。

今天早上,我在电脑上打字。打着打着,它就喀嚓一声,死了。而且死得很难看——屏幕上出现黑白相间的斑马线。等我把它重新启动,过一会儿,它又翘了辫子。这回屏幕上全是格子。到晚上,它甚至懒得死出花样了,就那么一挺,黑过去了。

这简直就成了我的一个墨菲定律:如果家里有一个电器修好了,那么另一个电器肯定会立刻坏掉。这个定律的更恶劣版本是,还等不及上一个电器修好,下一个电器就已经迫不及待地坏掉。我疑心这些个电器趁着我不在家时,串通一气,商量好了怎么气我。它们私下里设计了一个值班制度,三班倒地翘辫子,今天你装死,明天它装死,纲领就一个:绝不能让她有时间干正事。

我疑心在这个反动团体中,电脑是老大,因为它坏得最起劲。它已经两个月不能充电了，骗我买了一个新电池以后，它还是不能充电。现在，它不但不能充电，还动不动黑屏。

它知道我最需要它，不能把它怎么样，所以就像个妓院头牌似的，越发摆谱。有时候我特想砸了它。但是砸了它又怎样？杀了夏明翰，自有后来人。下一个电脑，就像上一个电脑，还一样摆谱。

这些事情，令我非常恼火，因为我是个非常纯粹的技术盲：电脑坏了，我只会重启。炉子坏了，我只会找房东。DVD 机坏了，我就会重买。数码相机坏了，我只好不用。ipod 坏了，我也只好不听。反正对一切技术问题，我要么把头埋到沙子里去，要么把电器上所有的键按几遍，按坏为止。

另一招就是骂娘了。有时候骂着骂着，它还真就好了。

今天电脑第 108 次坏掉之后，我的愤慨终于上升到了一种存在主义式的厌世感。我想到了现代性问题。想到了那些本来用以解放人类的工具本身如何囚禁了人类。想到了生活就是一个手段不断淹没目的的过程，比如吃饭问题不断淹没精神问题。想到了如果我是一棵树，那么跟我有关的一切都只是风花雪月。想到了在优雅的古典社会里"我思故我在"，而在今天这个变态的社会里"我敲电脑故我在"。想到了我出生在这个时代是多么大的一个误会，接着又想到我出生在任何一个时代其实都是一个误会。想到如果我有一个小孩怎么得了，他如果就像个电脑似的今天生这病明天生那病，我不是要给烦死了。想到人生这么短暂却还要在这些"技术问题"上无谓地消耗这么多时间。想到了"技术"这个词更广义上的含义，然后觉得人生就像一块注水猪肉一点点肉加一大摊水。想到了也许我一切的抱怨都只不过是因为懒惰人生并不存在本质问题和技术问题之分,技术问题就是本质问题。

最后,我想到了给 Dell 打电话。

Dell 的技术员让我寄电脑过去修。

对了,寄电脑前,别忘了把 hard drive 给卸了,最后他说。

我两眼一抹黑,卸 hard drive?

一切涉及到螺丝刀的行为,对我来说都是高科技。

让我手举螺丝刀,活活从一个电脑里掏出一个硬盘。我,电脑,螺丝刀,这三个词怎么能放一块呢? 就像金正日,朝鲜,核武器这三个词,怎么能放一块呢?

我欲哭无泪。

后来我就在屋里哼歌:人生不一定都痛苦,我们要走自己的路。

完全没有道理。

后来我气累了,也吓累了,就倒在沙发上一动不动,思考起了一些问题。比如,技术问题是不是本质问题? 我的结论是这样的:吃饭问题是一个技术问题,但是吃饭问题又是本质问题,所以,技术问题是一个本质问题。

想通了以后,我就不那么虚无了,就以体验生活的名义接受了虚度时光这个事实。在所有的事实中,这个是最没劲的:人为了避免痛苦,总是可以创造出无穷的道理。

缺乏弹性的人

最近我才意识到,我是一个非常缺乏弹性的人。

比如,虽然我出国这么多年,对于吃,我就是喜欢吃中国菜。在中国菜里面,最好是川菜。在川菜里面,最好是"渝乡人家"。在"渝乡人家"里面,最好是百盛商场楼上那家。在百盛商场楼上那家"渝乡人家"里,最好点水煮鱼。当恩华举着一块臭了吧叽的 blue cheese 说"好吃"时,我不知道该为自己的民族气节而骄傲,还是该为自己的偏执口味而羞愧。

对于理想住宅,我也有非常固执的念头。我就想住在大城市。高层公寓楼,10 层以上,开放式厨房,竖条的地板。

注意! 竖条的地板! 方块状的地板不行!

哦,对了,楼下步行 5 分钟之内一定要有卖酱油的地方。

当然最好那个卖酱油的地方是一个大超市,最好超市里还卖冬瓜和卤猪耳朵。

我要住的,就是这样一个地方。你不可能用乡间的田园风光说服我的,也不可能用游泳池草坪有落地窗的大客厅来说服我的,甚至你拿比尔·盖茨的豪宅跟我换我都不动心的。我所要的,如此清晰、僵硬,就像卡在喉咙里的一根鱼刺,影响了我对其他食物的胃口。

我怀疑自己是心理上始终没有超越童年的某个阶段。我侄子,3岁的时候,睡觉一定要反复捏着他的小毯子的边,否则就睡不着。现在他5岁了,不再需要捏他的小毯子。而我,被卡在了3岁那个心理年龄段。

落地灯必须是朝上开口的。电脑必须是重量3磅以下的。运动必须在黄昏的时候。水果必须不能带任何酸味。如果我买车,必须买甲壳虫。如果我养狗,必须是poodle。

听听,必须! 必须! 必须! 一个缺乏弹性的人,多么可悲。虽然她的渴望无比坚硬,但现实总是更坚硬。

我觉得我必须身高165公分以上,但是基因没听我的。

我觉得我必须有三五知己隔三差五跟我一起吃饭吹牛,但是际遇没听我的。

我觉得樱桃的价格必须降到一块钱一磅,但是水果贩子没听我的。

我觉得恐怖分子必须停止袭击平民,但是恐怖分子也不听我的。

总而言之,全都不配合,他们,她们,它们。

于是,我就成了孤家寡人。孤家寡人的我,既没有住上10层以上的公寓楼,也很难吃上渝乡人家的水煮鱼,垂头丧气地长大,意识到生活不是老爸开的银行。

很快,我就要被发配到英国的一个大学教书。人们碰到我总是问:得到这个教职,你是不是特别激动啊? 我特别想语重心长地对这些人说:我说同学,到那我家楼下又没有卖冬瓜和卤猪耳朵的超市,这事有什么可激动的?!

七年之后

1.

那年上飞机前圆圆的爸爸对我说:到了纽约,一定要随身带五六十美元现金,万一碰到抢钱的,这就是"保命钱"了。这是一个非常严重的告诫,于是我到了纽约之后,总是随身带着五六十美元的现金,随时等待被抢,等了好几年。如果那个迎面而来的黑人青年朝我拿出枪来,我就可以惊喜地掏出那些美元,说:您终于来抢我了!

可惜7年来,这一幕始终没有发生。事实是,这些年我在街上遇见无数黑人青年,其中有 n 个曾经笑嘻嘻地对我说:"Hey, baby, you're beautiful."但是从没有人对我说:"Give your money to me."事实是,不但想象中的打劫始终没有发生,想象中的其他很多事情都没有发生。比如结婚生子,比如热爱学术,比如超越种族、文化、语言的障碍与世界各国人民打成一片。

而发生的事情却常常是没有想到的,比如"9·11",比如在一个秋日的下午收拾东西去一个叫剑桥的地方。

说到和世界各国人民打成一片，这事的难度的确是我始料未及的，大约是我来美7年之后所有的"没想到"里面最没有想到的一个。以前我总觉得像我这样的民族虚无主义者，结交五湖四海的朋友还不是轻而易举，但是事实证明"文化差异"这个虚无缥缈名词的力量确实比我想象的强大很多。你和一个阿尔巴尼亚人可能政治观念、喜欢的哲学家、电影、电子游戏一模一样，你们甚至可以谈恋爱，但是somehow你们就是不能成为"哥们"。

这个somehow是如此诡异，以至于用"文化差异"去概括它都显得词不达意。

2.

我还记得到达学校的那天下午，2000年8月23日，在学校住房办公室的门口，因为签房约要照片，我在路边翻箱倒柜地找照片。三个大行李箱，全锁着，一一打开找照片，急得大汗淋漓。

为什么我后来见到的119街和记忆中第一次见到的119街如此不同呢？是不是脆弱感会让一个建筑、一个街区、一个城市显得比它实际上的更高大呢？

"你知道，一个人到一个新的地方总是特别脆弱。"

后来我竟然做了住房办公室的兼职员工，后来住房办公室的主任在指导我怎么给新生签约的时候这样说。还有一个人跟我说过这句话，他跟我同一年来美国，去了另一个地方，很快结了婚，他就是用这句话来论证他为什么急于结婚。

年轻气壮的时候，总觉得一个人因为脆弱而结婚是多么可耻的事情，现在看来这也没什么。人人都追求幸福，但是很多人的当务之急不是追求幸福,而是精神自救、不发疯、不崩溃、不像大街上的那个疯子一样高举圣经在车水马龙中高喊"哈里路亚"。

又想起刚到美国的时候穿的那双塑料拖鞋,脚背上镶着两朵小花。走在大街上,有人说:Cute shoes. 我说:What? 他重复:Nice shoes. 我又说:what? 他又重复:Cute shoes. 最后,那个既不懂美国人赞美陌生人的文化又不懂英语的女孩逼得那个善意的路人停下来,凑在她耳边大声一字一顿地说:I'm just saying your shoes are nice!

又不是抢钱,那么大声干嘛。

还有另一双鞋。牛仔的靴子,2000年的生日礼物,由西岸来访的某同学所送。那次该同学还和我一起从事了我来美之后的第一次购物活动。我们在H&M买了大约200美元衣服,对于当时的我来说,已经是巨额消费了。我们高高兴兴地坐公共汽车回家,但是下车的时候忘了把购物袋拿下来。就这样,穿着粉色滑雪衣的我,和穿着黑色滑雪衣的他,沮丧地走在纽约冬天的大街上,为丢失巨资购买的衣服而黯然神伤。

后来天就黑了,后来他就走了,后来在一场关于巩俐演技的辩论结束之后我们就分手了,后来我就把那双穿旧了的牛仔靴给扔了。

一个令人奇怪的事实是,为什么关于每一场恋爱,我们所能牢牢记住的,往往只是开头和结尾而已。或者,如果关于这个人你能记住的只是开头与结尾,那么你们从来就不曾真正恋爱过?

3.

这7年,发生的事情是多么地少啊,简直像一场我所厌恶的蔡明亮的电影,到处是长镜头里面目模糊的脸,对话稀薄,情节漫无目的。

从哪天始我失去了将自己的生活排演成一部肥皂剧的热情呢? 又

是从哪天开始听到有人敲门的时候我假装不在家里呢？我到底应该出于对极简主义艺术风格的欣赏而为自己的生活喝彩呢，还是出于对热烈生活的向往而为自己的生活哀叹呢？

也许发生的事情并不少，只是我对事件有一只巨大的胃而已。还写小说了呢。还博客了呢。还专栏了呢。还演绎了一场可以让单田芳来讲解的章回体爱情故事呢。

其实仔细一想，我在国内的时候过得也挺没劲的。在清华的时候，不也是一个人，骑着一辆破自行车，独来独往。翻看当年的日记，里面并没有莺歌燕舞欢声笑语以及"阳光灿烂的日子"。"生活枯燥得令人痛心。好像是在看一本书，翻到某个阶段，奇怪地出现了些空白页，一页一页，全是空白。"

那我为什么老嚷嚷着想回国呢？国内有什么呢？

如果从噪音退出之后进入的只是荒凉，或者反之，这还是一件可喜可贺的事吗。

4.

本来我还一直为离开纽约这个大城市前往剑桥这个小镇而伤感的，后来我想通了：在美国这些年，虽然我名义上住在大城市，但过得其实也只是小镇生活。除了在波士顿那大半年，来美 7 年，我活动的范围一直是一个叫做 morningside heights 的小社区：96 街为南界、125 街为北界、Riverside 为西界、Amsterdam 为东界，还不如剑桥大呢。

这么一小块巴掌大的地方，就是我的纽约，我的西伯利亚。

来美 7 年，我没有去过西岸，没有去过"南方"，没有去过阿拉斯加或者夏威夷。我并没有强烈的旅游的愿望，我从来不理解坐飞机 N 个小时排队 N 个小时走到一个王公贵族假大空的房子里,凝视墙上一个戴假发的白人胖子有什么乐趣可言,我成为一个全球流浪者完全是历史的误会。我骨子里的理想就是坐在村头那棵大槐树底下给孩子喂奶而已。

他们说人生是一场旅行,我怎么觉得人生就是从一口井跳到另一口井呢。

他们还说时光飞逝如电,那说的大约是中国的时间,而不是这里的时间。这里的时间是宽阔平静的河流,一点一点往前挪,还动不动断流的那种。

7 年来我的村庄几乎没有任何变化。110 街的 Right Aid,113 街的 Mill Korea,116 街的 Ollie's,112 街的 Labyrinth bookstore……当然,110 街的 Dynasty 早就不在了,旁边的 Café Taci 也变成了一个墨西哥快餐店,新的 West Side 虽然重新开张,但是冷气大得我都不敢进门。

我想起有一回坐在 110 街的 Starbucks,隔着玻璃窗,看见外面出了一场车祸。我看到的时候,车已经翻了,斜躺在马路中间的矮树丛中,警察还没有来或者已经走了,车里的人也不知道有没有出来,几个群众在围观,更多的人若无其事地从旁经过。那天下午的太阳特别好,好到马路中间的一场车祸都显得非常安详。

若干年后,想起我的纽约,我的西伯利亚,我的 morningside heights时,我希望自己想起的,是这样的安详。

5.

24 岁到 31 岁,对于一个女人来说,算是一段"黄金岁月"的流失?我试图为此伤感,但却伤感不起来。时间嘛,哪一段和哪一段不是差不多。

事实上,青春简直是个负担呢。它让你对生活抱有不切实际的幻想,让你以为"世界归根结底是你们的",现在好了,这误解消除了,该干吗干吗去,还少了上当受骗的屈辱感呢。还更好。

写毕业论文的时候看了不少红卫兵传记,从此简直讨厌青春了。年少,口号,不知天高地厚,以为大地在你脚上,荷尔蒙武装起来的正义感,这些东西搅和起来,人就操蛋了起来。而这操蛋中最操蛋的一点,就是那貌似反叛精神中隐藏的谄媚情结以及羊群心态。

对,我 31 了,在异国他乡如你们所幸灾乐祸的那样变老了,但是我并不伤感。

6.

总还有些变化吧,比如说,政治面貌? 其实也说不上什么变化,1999 年开始上网之后,因为网上辩论,发现自己在向理性底线不断退却的过程中,退到了一个叫做自由主义的地方。其实从来没有刻意在某一个阵营里安营扎寨,但是接下来的 7 年里,我发现自己在几乎每一场政治辩论里、对每一件事物的看法里,都不断回归到这个立场,最后不得不承认这个立场对于我具有一种地心引力。

7 年来,我已经从一个自在的自由主义者变成了一个自为的自由主义者。我并不比以前更反动,但是我的反动比以前更顽固。

顺便说一句,自由主义不是我的政治信仰,它只是我的政治底线。事实上自由主义真正关心的只是底线问题,而其他主义者关心的大多是蓝图问题。

不是没有过惶惑。过去 7 年,作为一个留学生中的右派,我渐渐意识到自己"双重少数派"的位置。在中国留学生当中,我当然是少数派。但即使是在美国学界,我也时常处于少数派的位置上。7 年来目睹了美国高校越来越被乔姆斯基这样的极端左翼占领的氛围，而我特别反感这样的氛围，反感乔姆斯基等恨不得把那些流氓政权描述成诗情画意的和谐社会的架势。

我想我骨子里很可能是个新保守主义者。当我说我灵魂深处是个"老头子"的时候，我指的"老头子"是那个已经死了很久的，现在已经被媒体搞臭了的，据说是新保守主义鼻祖的犹太移民 Leo Strauss。

7 年过去，作为一个 Leo Strauss 的当代中国女文青版，我逐步克服了"双重少数派"地位带来的孤独感。岂止克服孤独感，简直培育出了一股"我看你们能把我怎么地"的焦大感以及高尔基的海燕感。我不再需要有意识、无意识、潜意识的羊群心态。用北岛老师的话来说：告诉你吧，世界，我不相信。

7.

如果我把过去 7 年的生活当作一个电影，放给 7 年前那个刚下飞机的女孩看，她会不会很失望呢？会不会失望到说："啊，就这样啊，那还是算了吧，我买张机票回去算了"？

来美 7 年，我最失望的一点，就是自己没有如愿以偿地爱上学术。只是出于路径依赖，又一直从事着学术工作。不幸的是，对一件我并不热爱的事情，我竟然还有一点天分，至少足以通过考试、论文答辩找到一份还算体面的工作。

最近老看几个朋友打 Texas Hold'em，发现了一个道理：抓到烂牌固然不幸，但更不幸的往往是抓到好牌——好但不是最好的牌。我的学术天分对于我，就是这样一副好但不是最好的牌。

以前王小波对"反熵"行为表示欣赏时举过一个例子，一个登山者解释自己为什么爱爬山时说:"不为什么,因为这座山在这里。"

这个备受王小波老师赞赏的回答在我看来却非常地可笑。我为什么要读博士呢?因为"博士学位在那里"?我为什么要出国呢,因为"美国在那里"?

2000年的冬天,有一天晚上,我曾经突发奇想给西岸某同学打电话,说:我想退学!我要考电影学院!

西岸同学当即给予了否定,为此我们大吵一架。

当然事后我并没有去考电影学院。我想究其原因,不过是因为我嫌先下这个山、再爬那个山,路途太遥远而已。

可是有时候仍会畅想:What if? 弗洛姆说,"逃避自由"是人的天性。在我看来,逃避自由的表现就是:"因为山在那里,所以我要爬山"。

读与"延安整风"相关的著作,读来读去,结论只是:一切洗脑的成功要旨,不过在于帮助人们逃避自由。当一个体系能够用逻辑自洽的方式替你回答一切问题、并且保证这些答案的光荣伟大正确的时候,的确,为什么还要去承受"肩负自由的疲惫"呢?

这是一场多么不辞辛苦的逃跑啊,几乎可以说是艰苦卓绝,从一个大陆到另一个大陆,从另一个大陆又到另一个小岛。

曾经有人问我:你为什么总是那么焦虑呢?生活多么美好啊!

另一个人则对我说过:你知道吗?我有一种预感,你会越老越快乐的。

我很想知道后面这位朋友的说法是否是对的,我想我还有大约40年的时间去发现答案。在寻找自己的旅途中,那个曾经总是揣着五六十美元的、听不懂别人赞美的、想考电影学院却最终放弃的女孩,翻越千山万水之后,又去了英国。

Slow like Honey

英国的夏天竟然是这样的。热一天,冷两天,伸个小爪子,挠一下,缩回去。再挠一下,又缩回去。

今天又重新穿上了风衣外套和毛袜子,想:夏天到底什么时候来啊?然后心里咯噔一声:不会是已经过去了吧。不会是在我在网上搜索朱刚强事迹陈慧琳婚事李树芬惨案的时候已经嗖地过去了吧。

这也太不够哥们了。

以前在国内时有人说,外国人隐私观念强,这不能谈,那不能谈,谈什么呢? 天气。心想,天气有什么可谈的? 一分钟不就说完了。到了英国来,发现在这里天气还真是一个取之不尽用之不竭的话题。一会儿哭哭啼啼,一会儿莺歌燕舞,一会儿愁肠百结,一会儿千娇百媚。Tom Waits 有首歌叫 Emotional Weather Report,嗯,真 emotional。

"It's like a bride on the day before the wedding."

唯一的好处就是夏天白天特别长,4 点天亮,10 点天黑,因为长,所以薄,白是惨白的白。但白天很长的感觉真好,好像因此自己拥有的时间也被撑长了似的，好像阔了。

时间走得更慢了。本来就慢，放假了就更慢。但原先只是粥那样的慢，现在却是蜜那样的慢。

昨天发生的最大事情，是右脚给鞋打了一个小泡。今天发生的最大事情，是没有任何一只脚给鞋打出任何一个泡。

也就是说，一件事也不发生。上午穿过长长的 sidgwick avenue 去办公室，下午穿过同一条长长的 sidgwick avenue 回家。去办公室，回家。回家，去办公室。生活变成一个没有留下任何指纹的犯罪现场。

进步在于，已经不再为生活的稀薄而鬼哭狼嚎了。甚至觉得自己跟自己呆着其实也挺甜蜜的，甚至给自己做了一份白切鸡。

两个礼拜前买的植物，放在白色的瓷碗里，每天只浇些水，它就乖乖地长着，今天竟然轻手轻脚地，开出了花来。

这么安静的成长，仿佛只是在那里打着盹，每一朵花都是一个哈欠而已。哪像我们人类，每一天都活得虚张声势，每一天早上醒来，都要把活不活下去，重新变成一个问题。

我想乘一艘慢船去……

1.

学校终于放暑假了,为庆祝圆满完成第一个学年的教育工作,我和蚊米决定出门旅行。

我们计划去一个有阳光海滩的地方,当然首先想到了夏威夷。一查票价,最便宜的都快 2000 美元了。而且从伦敦到夏威夷,相当于从世界地图的西北角飞向东南角,直飞也要 18 个小时。加上倒机,几乎要两天两夜。跋涉两天,花 2000 美元,就为了个阳光沙滩。算了吧,不如自己挑几筐沙堆自家门口,找个晴天,搬个藤椅,躺着。

然后又想到了 virgin islands,美国西南角的一群岛屿,据说风景比较名胜。结果统计起来,钱也少不了多少,距离也短不了多少,再说,我 4 月份刚去过美国,又去没意思。

当然不是没有想到近在咫尺的欧洲。但,虽然巴黎离伦敦火车只要两个小时,持中国护照的人办个签证,却恨不得两个月时间。打电话预约签证,都排到了 8 月。

地球是平的,而对一些人来说,比对另一些人更平一些。

举目四望,我想到了——非洲。

我想,有钱的国家都把自己的边境线把得死死的,生怕我们穷国人民进去抢鸡蛋,去穷国总可以吧,反正也没鸡蛋可抢。一有了这个想法,我就激动起来。对,为什么要去富国呢?不就是个风景如画吗?俺们剑桥村到处也风景如画,为什么要花那么多钱去隔壁村看我家窗口也能看到的东西呢?相比之下,非洲!我可以去南非考察种族主义新动向,去津巴布韦参观比纸还便宜的纸币,去苏丹参观俄罗斯的军工产品,去索马里参观无政府状态,去肯尼亚参观动物们的和谐社会,去卢旺达参观种族分裂社会的民主雏形……总之,可以参观学习的新鲜事物太多了!

于是赶紧开始 Google 非洲旅行攻略,很快,一行字落入了眼帘:毛里求斯实在太美了。毛里求斯?哇,还有比这更非洲的国名吗?连埃塞俄比亚听上去都没有它非洲,连毛里塔尼亚都没有它非洲,就是它了。

于是赶紧打电话给在美国的蚊米:"我们去毛里求斯吧!"

"毛里求斯在哪?"

"不知道。"

2.

对啊,毛里求斯在哪?赶紧拿了放大镜在地图上找,终于在非洲的右下角的马达加斯加的右下角,找到了毛里求斯。一个小岛,竟然也是一个旅游胜地,以阳光海滩著称!虽然阳光沙滩的形象不大合乎我对非洲的想象,但,本来不就是想去阳光沙滩吗。相比毛里求斯这四个那么超现实的字眼,夏威夷,多么老土!

赶紧查签证事项。非洲国家不愧是非洲国家,毛里求斯驻英国使馆的网站上，竟然找不到签证信息。Google 到的其他一些网页里，显然中国不在免签国家之列。

连毛里求斯人民都信不过中国人民。

但是峰回路转，突然搜到一个中文文章，说中国人去毛里求斯停留15 天不用签证。可能吗？又 Google，终于链到某个毛里求斯官方网页，上面说："As from 01 October 2004，Nationals of the Republic of India，People's Republic of China，Jordan and Lebanon visiting Mauritius for a period of stay up to fifteen（15）days do not require a visa to enter Mauritius."

简直难以置信，免签 15 天，对于持中国护照并深受其害的人来说，这种惊喜就如同是在马路上捡到一打新鲜鸡蛋。我抱着这盒鸡蛋，心中高呼：中毛友谊万岁！

顺便说一下，提供免签信息的那篇文章，已经彻底改变了我未来的旅行计划，本来我只想去意大利、希腊、法国、荷兰等等风景如画的国家，现在，我的旅行计划包括：安道尔、阿鲁巴、库克群岛、贝宁、密克罗尼西亚、萨摩亚、塞舌尔……什么？都不知道在哪？对，不幸的是，在所有中国人可以免签或者限期免签或落地签的国家，其中似乎一半很可能是您从未听说过的国家，另一半则很可能有游击队或者恐怖分子随时将你绑架。

其实，既然旅行的目的是了解世界的奇妙，还有什么比去密克罗尼西亚这样一个不知道在大洋洲还是欧洲，也可能在银河系之外，也可能是该文作者编造出来恶搞读者的国家更奇妙的吗？荷兰的郁金香法国的埃菲尔铁塔画报上都看腻了，密克罗尼西亚的美女，您见过吗？

我们很快定了去毛里求斯的机票和旅馆。事实证明,其实也不比去夏威夷便宜多少。6 月 15 日,我将飞往那个三天前我还不知道地理位置的国家享受阳光沙滩了。下面将进入我最喜爱的旅行准备阶段了:购物。我要买新的游泳衣、太阳帽、沙滩鞋、"适合海边穿的裙子"……就在我憧憬着自己穿着"适合海边穿的裙子",在夏日的海浪声中徜徉时,突然想到:

　　位处南半球的、亲爱的、名字最最非洲的毛里求斯,现在是冬天。

　　世界因我们脑子里少的那根弦而精彩。

3.

　　毛里求斯比我想象的破。

　　去之前查了维基,说毛里求斯人均 GDP 1 万多美元,是非洲人均 GDP 最高的国家。我想毛里求斯看上去应该比中国"富三倍"的样子,结果却是"穷三倍"的样子。首都路易港,看上去也勉强就中国一个穷省地级市的模样。

　　结论就是:人均 GDP 这个数字所含信息量真少。

　　不过,毛里求斯有一个特点:凡是旅游区域,比如酒店,港口的购物中心,都非常宽敞明亮,但凡非旅游景点,普通城镇和村庄,都给人以破破烂烂的感觉。这一点让人有点别扭,好的地盘和设施都给外国人了,让人想起两个字:租界。

　　但是毛里求斯比我想象的大。

　　我想象中一个弹丸之岛,用脚都可以丈量完。结果从机场去酒店就坐了一个多小时,比 JFK 机场离纽约市中心还远。远处都是苍苍莽莽的山脉,甚至给人一种延绵不绝的感觉。

毕竟还是小地方。开车路经一个城市，司机自豪地说："这是毛里求斯的第二大城市"，他话音刚落，我们就已经开出那个城市了。

还有一个司机带我们环岛周游，说是要带我们去看一个"很大的庙"，到那一看，就一个小庙，所有的菩萨加起来还不到十个。该司机还带我们去参观一个"大瀑布"，其实就两条小水流，瘦瘦地挂那，营养不良的样子。该司机真应该去中国转转，这样他就会明白 what it means by "大"了。

毛里求斯是个非洲岛国，但看上去更像是一个南亚岛国，人种基本都是印度裔。维基上说那里以印裔为主，但也有不少华人、白人和黑人。本以为会看到五颜六色的人种，结果基本只看到印裔。即使路易港的中国城，华人也不多。

顺便说一句，路易港的中国城是我见过的最诡异的中国城。与世界各地中国城充满了中餐馆、菜肉铺子不同，路易港的中国城充满了五金店。五金硬件摆得脏乱无序、密密麻麻，店主人一般都坐在其间发呆。这么坐在一个非洲岛国的五金店里打发一生，这事想想真"百年孤独"。

当地人讲"creoles"，似乎是法语的一个分支。此岛被英法都殖民过，官方语言是英语，口语使用最多的则是法语，加上各自的"母语"（印度语，中文，乌尔都语等）。就是说，在毛里求斯，就算是个文盲，一般也会讲三四国语言。所以，如果您想让自己的子女免受学外语之苦，请到毛里求斯来。

毛里求斯人当然也为此颇自豪，"我们可以去世界各地找工作"。但他们似乎也无意去世界各地。我问司机，"你们的年轻人很多去欧洲留学吗？"他说："欧洲太贵了……而且，我们毛里求斯的教育质量和欧洲也差不多"。

嗯,爱国主义是一种普遍的人类情感。

4.

虽然比较破,比较小,但这一趟还是值得的,因为见到了"传说中的大海"。

大海,我当然见过,但都不是"传说中的大海"。"传说中的大海"应该是寂静地蓝,热带地蓝,海明威式地蓝,令老人回忆起童年、令孩童回忆起前世地蓝。

之所以提到海明威是因为他曾说过一句令毛里求斯各任旅游局长欣喜若狂的话。他说:上帝先创造了毛里求斯,然后创造了天堂,天堂是毛里求斯的复制品。我想海老师说这话的时候看到的,和我在沙滩上看到的,肯定是同一片蓝。当然海老师说这话的时候,这个小岛还没有那么多酒店、城镇、汽车,可以想象当时的它更原生态更粗犷也就是更天堂。

因为是当地的冬天,所以海景还没有饱满到它的极致,不过好在这里毕竟纬度低,冬天也有 20 度出头,与北半球温带春末夏初的时节相当。而冬天自有它的好处:人少,安静,气候温和,不宜下水嬉戏,适合坐在沙滩上晒太阳,而这正是我期待的。

所谓度假,不就是让大脑暂时停电吗?而毛里求斯是一个适合让大脑停电的地方。所以这一周除了外出的两天和偶尔划船游泳、打球打牌,我们就是坐在沙滩椅上看书,发呆,睡觉,听海浪,晒太阳。

啊,我一年 358 天忧国忧民,另外 7 天坐在世界尽头发呆。

当然如果你不想发呆,还是有很多娱乐项目的:滑水、汽艇、海底漫步……还看到"风筝滑水"的——空中一个大风筝,下面拖着个人滑水。晚上酒店一般也会安排各种演出,跳非洲舞什么的。

说到娱乐项目,在毛里求斯选一个比较好的酒店还是很重要的,它们一般都有自己的私人海滩。私人海滩有比较好的海景、人相对少,而且酒店一般配备成套的海边消闲设施:躺椅和防晒亭,各种大船小船,各种球类及运动设施等,可以两手空空地去,不用操任何心。

话又说回来,把风景都给私有化了,这事从伦理上来说令我隐隐有些不安。虽然风景只是资源之一,而任何资源的享用都跟消费能力也就是社会阶层有关,所以从道理上来说似乎没什么不对,但把这么美的风景圈起来以供一小撮人欣赏,总觉得有点罪过。当然好在毛里求斯天生丽质,一些公共海滩也不错。

住酒店也不是没有坏处。酒店都地处偏远海边,周围方圆几十里,除了大海和农田什么都没有。每一个酒店都像一个鸟笼,对于了解当地风土人情不大方便。当然也可以打车离开酒店,但是出租车司机都会带你去另一些旅游景点,对于我这样喜欢在大街小巷任意漫步、打听猪肉价格和观赏电线杆文学的人来说,不免遗憾。

有一点比较奇怪,这是一个岛国,但似乎没有多少海鲜。我们住的酒店三餐都没有海鲜供应,外出吃的话,比一般的非岛国还要贵,味道也很一般。于是我们天天缩在酒店里吃烤得很难吃的鱼肉牛肉和面包意粉。偶尔有煮的白菜木耳,那就是我俩的福音了。有一回蚊米午休赖床不肯起来吃饭,我大喊一句:"白菜都给人吃完了!"只见他立刻噌地爬起来,朝着餐厅飞奔而去了。

6.

给我远在中国的爸妈电话。

"我在毛里求斯玩!"

老妈:"毛里求斯?你可要注意安全啊!"

老爸:"毛里求斯?是不是一种布料啊?给我买几尺带回来啊!"

开学了

1.

这段时间太忙了。每天都在以抗洪抢险的精神对付备课、写稿、做学生辅导、读书……不过，为了备课而囫囵吞枣地读书，哪叫读书啊，就是个食物直接通过管道送到胃里，一点都不触动味觉的。

但我每天还是有一个小时左右的时间去各种买房、卖房、装修网站邀游。

对了，我买房的事，一波三折，目前正处于第 2.8 折处，请大家静候佳音，有了好消息，我一定会上网裸奔……这段经历的。

2.

我现在简直希望奥巴马得胜了，这样世界至少清静一点。这么多人成天哭爹喊娘地追捧他，吵死了。说是不但美国人民，现在全世界人民都衷心爱戴这位政治超男了。爱吧爱吧，你们都去爱吧，正如婚姻是爱情的坟墓，像我这样的反动派，只能指望政治家当选成为他和选民热恋的坟墓了。

3.

百忙之中，我仍然要赞美一下我每天上下班都要路过的大街上的梧桐树。这些树，入秋以来，一天一个表情，从绿到黄，到金黄，到轰轰烈烈的黄，到缠绵悱恻的黄，太壮观了。每天穿过这条大街，都像是穿过一场帕瓦罗蒂的歌剧。

我想说的是，在这样干瘪的、把知识从管道输到胃里的、做房奴而不得的、奥大师快要当选美国总统的、国际金融跌宕起伏的日子里，还有一些树叶，还是金黄的，还在缓缓坠落，还赠给我"惆怅"这样奢侈的东西，还让我注意到季节，并且通过季节注意到自己，真的令人感谢。

论人生意义之不可知

人生缩影

今天计划完成任务：

1. 写一篇稿

2. 再读一章 The Bottom Billion

3. 回完所有欠学生的 e-mail

4. 看那张已经摆了一个月的 DVD，然后可以寄走

5. 写完制宪(3)

6. 整理一半星期一 talk 的内容

7. 跑步

8. 去草地上 picnic 一次

今天实际完成任务：去草地上 picnic 一次。

计划任务和完成任务之间的巨大差距表明，早上的我，就像是政府，给出无数豪言壮语；晚上的我，就像是人民，蔫了吧唧鸟兽散去。

我想说服自己一生不同于一天，但我想不出为什么。

事实证明，治疗愤世嫉俗最好的方式就是不断照镜子。

被搁置的生活

我的博士毕业论文淅淅沥沥写了三年，终于快要答辩了。三年来，我慢悠悠地在图书馆、家、河边公园、咖啡馆之间晃。左晃晃，右晃晃，一天写几个字了事，跟给公社干活挣工分似的。

虽然晃晃悠悠，可是三年来，我不辞辛苦跟人宣称我在"赶论文"。每当有人问我，"忙什么呢?"我就理直气壮地说，"赶论文呢"。

说得多了，自己也就信了。一旦自己都信了，就开始行色匆匆，一付"谁也别理我，忙着呢"的架势。瞧，他们在忙着谈生意，写材料，评职称，种粮食，倒卖国有资产，打伊拉克，而我，我忙着"赶论文"。听听，"赶"论文。就是靠着这点虚张声势的忙碌，我获得了一种滥竽充数的成人感。

成人感，总是必须的。我三十了，不能再穿着裙子，在公园里蹦蹦跳跳，把一个又一个下午，像难吃的水果一样，咬一口就吐掉。

虚假忙碌的直接后果，就是我开始为了"事业"而搁置生活。我给自己列了一个清单，上面列举着我"写完论文以后"要做的事情。在过去三年里，这个清单不断变长，其中包括:好好读一遍世界史;尽情地看恐怖小说;自制 CD 送给好朋友;打 Mario 最新版打通关为止;一周去看两个话剧;到大洋洲去旅行;好好读一遍世界史;研究拉美的政治经济;学跳探戈;写一部恐怖小说……总而言之,我把自己全部的爱好、愿望、梦想,或者说,生活本身,都给推迟到了"论文完成之后"。我的论文简直就是个一病不起的亲人,把我牢牢地拴在一个小黑屋子里,哪儿也去不了。

可是有一天,我突然想到:万一我这三年里不小心出车祸死了呢?万一我今天,心脏病突发了呢? 难道,我其实有可能,生活还没有开始,就已经结束?

这个突如其来的想法真叫我害怕。

那天和一个朋友聊天,他说:我这些年要拼命干活,拼命挣钱,争取40岁退休,然后周游世界。

我看着他没作声,心里偷偷想:万一,你40岁之前不小心出车祸死了呢? 万一你今天,心脏病突发呢?

还有报纸上的那些父母,非常感人、非常自我感动地说,这一切,都是为了孩子,等他们长大了,有出息了……

我又偷偷想,万一,你在孩子长大之前不小心出车祸死了呢? 万一你今天,心脏病突发呢?

我默默焦虑着,自作多情地为每个人伤感。每个人的心里,有多么长的一个清单,这些清单里写着多少美好的事,可是,它们总是被推迟,被搁置,在时间的阁楼上腐烂。为什么勇气的问题总是被误以为是时间的问题,而那些沉重、抑郁的、不得已的,总是被叫做生活本身。

解　决

在网上下载了《立春》看,一个想去巴黎歌剧院唱歌剧的女人王彩玲被憋在山西小县城的故事,特别压抑。边看就边好奇导演会怎么让这个女人和"现实生活"的对峙收场。看到那个男芭蕾舞演员出场两人疑似冒出火花的时候,就想:不能吧,这也太好莱坞了。看到那个"绝症少女"在王彩玲的帮助下夺得大奖王彩玲热泪盈眶时,又想:不能吧,这也太陈凯歌了。看到她重新邂逅那个四宝同学而四宝疑似发财致富了时,还是想:不能吧,这也太冯小刚了。

还好,顾长卫老师既没有好莱坞也没有陈凯歌也没有冯小刚,他,毅然决然地,让蒋雯丽领养孩子去了。

崔健老师曾经在《时代的晚上》里唱道:忍受的极限到了会是什么样的结果?

顾长卫老师代表全世界回答道:让小孩出场。

这好像也的确是最诚实的答案。当关于人生所有的幻觉破灭时,让小孩出场。总还有小孩可以出场。谢谢小孩允许我们让他们出场。这听上去令人绝望，但是是颠扑不破的真理。

王彩玲穿着自己缝制的礼服从宝塔上跳下去的情景，与"孔雀"里那个姐姐挂着自己缝制的降落伞骑车在大街上飞奔颇神似。我想顾长卫很可能有"小地方"情节，对"小地方"和"梦想"之间的矛盾关系非常耿耿于怀。

但很有可能，比被困在一个小地方更可怕的是逃脱一个小地方。因为那时候你才认识到人生的问题它不是一个地点的问题，它那么复杂以至于你不知道它到底是一个什么的问题。

我小时候生活在一个常下雨、气候温和、建筑低矮老旧的小镇。现在，我还是生活在一个常下雨、气候温和、建筑低矮老旧的小镇。有时候恍惚之间会问自己这是何苦，大半个地球的。

但，也许，"大地方"和"小地方"的差别，不在于"快乐"和"痛苦"，而在于，前者的"痛苦"可以是具有审美价值的事情，而于后者"痛苦"却是很傻叉的事情。就是说，脱离小地方是死不悔改的悲观主义者们摆脱傻叉感的唯一出路。

在火车上，王彩玲说：春天来的时候，总觉得会发生点什么，但是到头来，什么都没有发生，然后就觉得自己错过了点什么。

颇似我写的《烟花》里的吴香呢。

前一阵我一个同事家里的猫生了 5 个小猫，我特别想领养其中 1—2 只，结果被我的学院告知（我住学院的房子）：Sorry we have a no-pet policy。在与寂寞对峙的过程中，我不但没有"让小孩出场"的条件，连"让小猫出场"的条件都没有。我不禁感到沮丧继而悲愤继而遗忘继而剪了头发若无其事地走在鲜花盛开的初夏里了。

无用功

因为过两个星期就要搬家了，这些天开始收拾东西。其中最艰巨的任务之一，就是还我从图书馆借的那几百本书。

这几天，哥大附近的人们，经常能看到一道风景：一个中国女孩，拖着一个巨大的行李箱，在百老汇大街的 109 街和 115 街之间来回穿梭。她大汗淋漓，举步维艰，背影刚刚从人们的视线里消失，正面又从前方的视线里出现。

当然这也难怪。我六年时间陆陆续续从图书馆借的书，现在要在一两个星期之内还清，难度可想而知。好比六年陆陆续续增的肥，现在要一两个星期之内减下去，只好在跑步机上狂奔。

这些书一度像一种生长速度惊人的藤类植物一样，将我的房间全面占领。尤其是写论文的这两年，它繁殖得比蟑螂还快。床上、书桌上、窗台上、沙发上、饭桌上、茶几上，到处是书、书、书。我要在房间穿梭，得像在海藻之间游泳一样，左右拨拉，才能开道。我经常睡着睡着，就被背底下的一本书顶醒。或者走着走着，被一堆书绊倒。要是我坐那看电视，听见身后哗得一声巨响,我都懒得回头,接着看电视——无非是又一堆书倒了呗。

以前我喜欢请朋友到家里吃饭,后来我家的书将房间全面霸占以后,就不请了。要让我的朋友们在我的书堆里找到立足之地,还是有一定难度的。所以这两年,我的房间基本就变成了"建筑工地,闲人免进"了。

如果我真的把这些书都读了一遍,哪怕是前言后记给读了一遍,我拉着它们在街上艰难行进的时候,恐怕心情也不会那么沮丧。哪怕仅仅是读过书名和作者名呢,没准也能转化为将来的吹牛资源呢。问题是,这些书,至少有一半,我压根就没有读过。剩下的一半中的一半,估计也就读了个前言后序。

像个纤夫那样在大街上前进的时候,我悄悄地算了一笔账:我大约借了 400 本书,其中 200 本压根就没看。读过的 200 本中,大约有 100 本证明对我的论文是有用的。这 100 本有用的书中,其中直接在论文中被引用的,可能有 50 本。这 50 本中,可能有 25 本纯粹是为了引用而引用的(为了向导师们证明自己确实读了这本书),只有剩下的 25 本才是真正必要的引用。这 25 本中,真正给我留下深刻印象,我五年后还能如数家珍地谈起的,可能只有 12 本。

12 除以 400,等于 3%。

3%啊,剩下的,几乎全是无用功!

站在红绿灯的前面,我一边气喘吁吁,一边几乎要哭出声来。

那些查书借书的时间。那些运书的力气。那些逾期不还的罚款。读那些写得奇烂无比但你又不得不读的书所耗费的时间。那些花了几个星期几个月去读,读完了发现毫无用处的书。读那些也许有些精彩的书所迸发的、但转瞬即逝的灵感。那些洋洋洒洒、却永远不会再去重读的读书笔记。那些夹在书中间的五颜六色的小笔记……几乎全都是无用功。

更可怕的是,我隐隐地觉得,这里面还藏着人生的道理。

小学学的语文,中学学的几何,大学背的马哲,那场花了四年去谈最后发现完全是误会的恋爱,那无数场看的时候毫无感觉、看过之后毫无印象的电影,那堆兴致勃勃买回家、其实买回家之后几乎从来没有穿过的衣服……所有那些无法凝结为意义或者乐趣的事件。那些九转回肠的弯路。我站在马路上,后面拖着个行李箱,前面却看见自己的整个世界像个豆腐渣工程一样哗啦啦地倒塌。

有没有真正经得起推敲的人生呢?还是垂下眼帘像躲开大街上的暴露癖那样躲开"意义"这个字眼呢?

这段时间读农民起义史,读到农民起义军们如何可歌可泣地推翻暴政然后又如何重新建立不那么可歌可泣的新暴政,两千年里不断如此循环往复,不禁感慨千秋其实只有一秋,万代似乎只有一代。无论我对书中的陈胜吴广张角朱元璋张献忠如何同情,他们的身影,还是不可避免地和我拖着行李箱在百老汇大街行进的身影重叠了起来。我脑子里,还是无休无止地播放着那三个字:无用功。无用功。无用功。

逃避自由

　　弗洛姆写了一本心理学名著,叫《逃避自由》。这本书我没看过,也不想看,为什么呢? 我觉得不用看了,光看这个书名,我就知道它讲了什么,就知道我跟作者是知音,甚至,我简直能根据这个书名也写出一本书。

　　我马上要拿到一种叫做博士的学位,甚至还要去做一种叫做博士后的东西。所以我可以算作严格意义上的"第三性别"成员。作为一个"女知识分子",我当然要经常看非常高深的书,参加高深的会议,跷着高深的二郎腿,皱高深的眉头。但是,现在,我想坦白一个秘密,虽然我每天在高深与更高深之间奔波,其实很多时候,我特别希望自己是一个收银员,或者清洁工,或者餐厅服务生,或者大公司的前台接待员。

　　总而言之,做一个机械的人,过一种机械的生活,不被理想剥削,不被思想压榨,不用去绞尽脑汁地想,在已经被过度开发的学术山头上,还有哪片空地可以插上一面我的小红旗。

　　每当我的导师告诫我,我的某某观点已经被某某说过了,我不应该"再发明一次轮子",我恨不得坐在地上号啕大哭——马克思都没有想出来的东西,我能想出来吗?我又不是天才,神经病才是天才!

所以,每当我路过家门口那家超市时,透过玻璃窗,看见收银员机械地往塑料袋里装桔子香蕉大白菜,我承认,我妒火中烧。

如果毛主席转世,再发动一场上山下乡运动,我第一个报名,到山西挖煤,到江西种大米,到黑龙江修地球,到祖国任何需要或者不需要我的地方去。我真心地认为当年中学生们热烈参加红卫兵革命很可能是因为他们不想学习和考试,虽然他们愿意把自己对数理化的仇恨说成是对无产阶级的感情。

我还盼着突然发地震。

或者再来一场飓风,这回直接袭击纽约。

要不然彗星撞地球也行。

这都是逃避自由的途径。

这个事情,让我觉得很惊恐。我向来大言不惭地号称自己是个自由主义者,事实上却悄悄希望,被一场上山下乡运动席卷,就此摆脱那个贪得无厌的自己。

自由这个东西,总是和竞争联系在一起。不让你跑步,你脚痒。让你跑,你想把一百米跑成15秒,然后是12秒,然后是10秒,甚至是8秒。最快的人想跑更快,跑后面的人想跑前面,自由它就是这么没完没了的吸血鬼一个。

人对自由的恐惧,大约就是社会主义的心理基础。

和朋友打电话,两个老大难,自然说到婚姻,我们都感慨:其实还是包办婚姻好啊,一般来说,能保证门当户对,八九不离十,而且,过日子,跟谁其实都是过,开始再色彩斑斓,后来都大同小异……

我们越说越起劲,越说越投机,恨不得滚回解放前,三座大山底下去。

请别让我消失

霍尔顿如果不是个少年,而是个中老年人,那他可真烦人。《麦田守望者》里的这位主人公,看什么都不顺眼。他讨厌学校,讨厌同学,讨厌父母。他甚至讨厌那些喜欢说"祝你好运"的人,以及那些说"很高兴认识你"的人,以及在钢琴演奏中瞎鼓掌的人。他当然还讨厌数学物理地理历史以及除了写作之外的一切学科。一个甚至无法从学习中得到乐趣的人,可真烦人。

关键是他的痛苦也没有什么"社会根源"。生活在他的时代和国家,他既不能抱怨"扭曲人性的专制社会",也不能抱怨"愚蠢的应试教育",他只是用鸡毛蒜皮的方式讨厌着那些鸡毛蒜皮的事情而已。

但这一切唧唧歪歪,都可以以"无辜少年反抗压抑的社会秩序"的名义而被宽容,甚至被喝彩——据说后来美国有很多青少年刻意模仿霍尔顿——因为他是个少年。在青春的掩护下,颓废是勇气,懒惰是反抗,空虚是性感。有一段时间甚至有人为此类文艺作品起了个类型名称,叫做"残酷青春"。简直没有比这更无赖的词了:什么叫残酷青春?老年残不残酷？残酷到人们都懒得理会它的残酷。童年残不残酷？残酷到孩子们都无力表达它的残酷。更不要说倒霉的中年,残酷到所有人的残酷都归咎于它的残酷。所以说到残酷,青春哪有那么悲壮,简直可以垫底。

但也许《麦田守望者》并不仅仅是一部青春小说。它是关于一个人在看透人生之注定失败后如何说服自己去耐心地完成这个失败的小说。小说里,中学生霍尔顿想:好好学习是为什么呢？为了变得聪明。变得聪明是为什么呢？为了找到好工作。工作又是为什么呢？为了买卡迪拉克。买卡迪拉克又是为什么呢？天知道。

当然他可以追求别的:知识、文学、音乐、和心爱的人坐在床边说话,以及思考"中央公园的鸭子冬天上哪儿去了"。但是,追求这些,他就远离了愤怒,而愤怒——只有愤怒——是感知自我最快捷的方式。

其实仔细想想,霍尔顿面对的"社会"并没有那么可恶。无论是室友、女友或老师,似乎都不是什么黑暗势力,只是一群"不好不坏"的人而已。如果作者以第一人称写他们,也许会是一个一模一样的故事。但这个社会最糟糕的地方,也许恰恰是它甚至不那么糟糕——这些不好不坏的人,以他们的不好不坏,无情剥夺了霍尔顿愤怒的资格,而愤怒——至少愤怒——是一个人感知自我最快捷的方式。

其实满世界都是霍尔顿。16岁的霍尔顿,30岁的霍尔顿,60岁的霍尔顿。他们看透了世界之平庸,但无力超越这平庸。他们无力成为"我",但又不屑于成为"他"。他们感到痛苦,但是真的,连这痛苦都很平庸——这世上有多少人看透人生之虚无而感到愤怒,而这愤怒早就不足以成为个性、不足以安慰人心。事实上自从愤怒成为时尚,它简直有些可鄙。

所以《麦田守望者》最大的悖论就是逃跑。一方面,霍尔顿渴望逃到西部,装个聋哑人,了此一生;但是另一方面,他又想做个"麦田守望者",将那些随时可能坠入虚无的孩子们拦住。整个小说里,最打动我的不是关于"麦田"的那段经典谈话,而是另一幕:霍尔顿经过两天的游荡已经筋疲力竭,过马路的时候,每走一步,都似乎在无限下沉,然后他想到了他死去的弟弟艾里。他在心里对艾里说:亲爱的艾里,别让我消失,别让我消失,请别让我消失。

《从头再来》里,崔健唱道:我想要离开,我想要存在。在同一首歌里,他又唱道:我不愿离开,我不愿存在。

我想霍尔顿也许不是真的愤怒,他只是恐惧。他只是对自己的虚空人生感到恐惧,而出于自尊心,我们总是把恐惧表达成傲慢。他还热爱小说呢,他还热爱音乐呢,他还热爱小妹妹脸上的笑容呢。最后霍尔顿之所以没有去西部,也许并不是因为软弱,只是就算到了西部,也得找工作,也得去超市买1块钱3斤的土豆,身边还是会有无数喜欢说"很高兴认识你"和"祝你好运"的人。与其到远方去投靠并不存在的自由,不如就地发掘热爱的小说音乐和小妹妹的笑容,善待因为迷路而停落到自己手心的那一寸时光,等那个注定的失败从铁轨那头驶来时,闭上眼睛,呼拉,干净利落地消失。

吞下那颗红药丸

　　为了紧跟形势,我去看了新出的大片《黑客帝国续集》。坐在电影院里,虽然我的手在忙不迭地往嘴里塞爆米花,虽然那个形而下的我在惊叹基努·里维斯无法无天的英俊,那个形而上的我还是郑重其事地想起了一本小册子:《共产党宣言》。

　　对,《共产党宣言》。Matrix 简直是机械地照搬了《共产党宣言》——当然,它把"资本主义"换成了"Matrix",把"无产阶级先锋队"换成了Morpheus 的飞船,把"人民群众"换成了"Zion 地下王国",把"暴力革命"换成了里维斯那半生不熟的蹩脚功夫。

　　这是一个动作片,但又不仅仅是一个动作片。在地球已经被各路英雄从外星人、异形、小行星、火山、龙卷风、恐怖分子手中拯救了百八十遍之后,在武打场景已经穷尽了血腥、搞笑、惊险、恶心、唯美之后,在成龙已经老得一塌糊涂之后,在李安让周润发操着广东口音用普通话念了几句朦胧诗之后,动作片终于走到了穷途末路。怎么办? 好莱坞的导演们在动作片生死攸关的历史时刻,这样问自己。

他们找到了"哲学"。Matrix 不仅仅是一个好人打倒坏蛋的故事,而是一个在"残酷的真实"和"美好的幻象"中作出选择的哲学命题。一天早上,里维斯同学突然发现自己所生活的真实世界其实只是一个幻象,这个幻象所包裹的是一个恐怖的事实:人类几乎被一个机器部队赶尽杀绝,残余的人类已经转移到一个地下国中生存。他可以选择吞下一颗蓝药丸,继续生活在这个温馨的幻象里,或者选择吞下一颗红药丸,解救地下国的人民。Neo 选择了红药丸。

Matrix 之所以成了一个文化景观,当然不是因为里维斯比成龙先生拳脚更过硬,也不是因为 Trinity 比章子怡小姐飞起来更轻盈,而是它在众多主人公打累了的时候,打发给他们一些充满哲理的神秘对话,让他们飘飘洒洒的黑风衣,在思想的吹拂下显得更酷了。导演的策略大约是,先用眼花缭乱的特技来击破观众的视觉,再用云山雾罩的对话来摧垮观众的神经。经受双重打击而神思恍惚的观众,当然就乖乖地捧着现金来看续集,还有续集的续集。

"一切都已经注定,但你永远无法看到你还无力理解的选择。"Oracle 说。

"我们永远无法挣脱因果链条,不过是其中的奴隶。"Merovingian 说。

"我们对这些机器的依赖,这不禁让我思考什么叫控制。"Hamann 说。

世上本没有深邃,"话只说一半"说得多了,也便有了深邃。动作片导演走投无路之中对"思想"的投靠,与"思想家"们百无聊赖之中对"动作片"的投靠,一拍即合。一时间,Matrix 带动了一个"诠释工业"的兴起。在这个工业体系里，Matrix 不是一部简单的电影，而是一个"能指"的汪洋大海。文化基督徒们纷纷指出：Neo 和 Zion 地下国的关系，其实是一个基督与人类关系的隐喻。佛教徒不甘示弱——那个孩子明明手里拿着一个勺子，却说"并不存在勺子"，多么富有禅意。哲学教授们指出，作为幻象的 Matrix 其实正是柏拉图所说的那个"洞穴墙上的投影"，而新马克思主义者则不失时机地声称，这个 Matrix 不是别的，正是美国无所不在的商业社会。总而言之，在里维斯同学那深不可测的墨镜光芒中，晦涩的哲学思想和大众的好莱坞大片前嫌尽释，握手言欢。

在观众正为自己被照亮的精神世界而心潮澎湃时，有两个人在窃笑，那就是导演 Wachowski 兄弟了。电影又叫好又叫座，还成为文化精英们智力炫耀的竞技场，皇帝不但穿上了新衣，简直是穿上了金缕玉衣，他们似乎也只能将错就错地高深莫测。

不过，Oracle 肯定不同意我的看法，她会说：说到伪哲学，难道还存在一种"真哲学"么？如果现实可能是一种幻象，自由可能是一种幻象，那为什么思考不是另外一个幻象？我只能说，至少有一点不是幻象，就是这套电影耗资 1 亿 5 千万美元，而 Matrix Reloaded 上演半个月票房就达到 2 亿 7 千万美元。如果这些也是幻象，那我很想看看 Wachowski 兄弟有没有勇气吞下那颗破解幻象的红药丸。

回到巴黎

巴黎是全世界人民的故乡。

以前我曾暗下决心,地图上的其他地方我可以跟别人去,只有巴黎,必须和"真爱"同去。后来当我对"真爱"这件事的信念动摇之后,又暗下决心,这辈子要周游世界,但不去巴黎。巴黎,多么浪漫的城市,它早就不再是名词而变成了形容词,它早就不再是一个词汇而变成了一道命令。没有沉浸在爱河中的人,不配去巴黎。

我想 Sam Mendes 跟我一样有巴黎情结,所以他拍了一个电影《革命之路》。

《革命之路》是我最近看过的最好的电影,也是最近我看过的最糟的电影。情节是这样的:家庭妇女艾普若和中产职员弗朗克,在 20 世纪 50 年代纽约郊区过着普普通通的家庭生活,男的每天戴着小圆礼帽去上班,女的每天从窗口看两个孩子嬉戏。但,生活在这个美国梦里,他们觉得窒息。男的痛恨自己机械的职员工作,因为他只是漂浮在大街上无数小圆礼帽中的一个。女的则憎恶自己行尸走肉的主妇角色,因为她家窗口只是无数郊区窗口中的一个。总之,他们恐惧自己正在变成——也许从来只是——"他们中的一个"。

于是他们想到了巴黎。

主要是艾普若想到了巴黎。巴黎!她滔滔不绝地对弗朗克说,巴黎!如果我们搬到巴黎,生活就不会这么窒息!赶紧辞职吧!我可以在巴黎找个职员工作养活你!我们重新设计自己的人生!改变这一切还来得及!

于是他们开始畅想巴黎的新生活,开始打点行李通知亲友。然后弗朗克突然得知他会被升职加薪,于是他就动摇了,然后艾普若就愤怒了,愤怒得偷偷把肚子里的孩子打掉了并大出血死掉了。然后没有人,没有任何人,去了巴黎。

巴黎,这个中产阶级反抗自身的革命灯塔,在弗朗克的叛变行径中熄灭了。

我不得不说,在看电影的过程中,我几度想从座位上站起来,大声和歇斯底里的艾普若辩论。我想说一个人的幸福感怎么可能取决于他居住的城市它只能来自于你的内心;我想说在巴黎做文秘怎么就成了人性解放之通途了呢;我想说明明是逃避自我怎么就成了追求梦想了呢;我想说你不要折磨可怜的弗朗克,他已经说了,如果他有个什么特长也许会去孤注一掷地开发它但问题是他并没有;我想说到底是巴黎的什么可以让你实现人生的价值呢,是艾菲尔铁塔卢浮宫还是香榭里大街?……

这时候我听见导演语重心长地加入我的假想辩论:在这部作品中,巴黎仅仅是一个比喻,它指的是一个人追求梦想的勇气。

那么,如果一个人有勇气但是没有梦想呢?如果"他们"之所以成为

"他们"从来不是因为缺乏勇气,而仅仅是因为他内心缺乏使命,或者缺乏实现这种使命的才华呢? 就是说——我知道这听上去很残忍——如果并不是每一个躯壳里都有一个叫做灵魂的东西呢?

导演试图把故事构架成艾普若的勇气和弗朗克的懦弱之间的冲突,但现实中更本质的冲突不是来自于勇气和懦弱,而是来自于反抗的勇气和承受的勇气。拒绝乌托邦和追求它一样需要勇气。我想弗朗克不仅仅是贪图安逸,他害怕自己勇敢地放弃一切去探索内心的时候,会惊恐地发现里面其实空无一物。放弃并不难,关键是 for what。历史上的革命之所以成功地吸引了那么多地主的儿子、乡绅的女儿、资本家的孙女、旧官僚的孙子,并不仅仅是因为它激发了放弃的勇气,而是它解决了 for what 这个重大课题。它提到了解放,提到了平等,提到生产关系改造,提到了物质极大丰富,提到了桃花盛开的地方。在想象的地图上,它清清楚楚地标识出了巴黎。

于是,和弗朗克不同,地主的儿子、乡绅的女儿、资本家的孙女、旧官僚的孙子浩浩荡荡地出发了,他们走啊走,找啊找,翻遍了整个地球,但始终没有找到巴黎。

郑钧写过一首歌叫《回到拉萨》。我至今不明白为什么是"回到"拉萨——难道郑先生过去跟拉萨有什么关系吗? 当然按照《革命之路》的逻辑,过去和拉萨有没有关系并不重要。和你的梦想有关系的,和你所想象的自己有关系的,才是你的故乡。

过十天就回家了,这两天又开始转悠,想着给亲戚朋友买什么礼物。

昨天去了 Loehman's,那里是名品折扣店,一些过了季没卖出去的名牌,也就是名牌中的半老徐娘,在那里荟萃一堂。其实我平时买东西,是最不讲究牌子的,觉得牌子这种东西,一是欺负人穷,二是欺负人傻,而我平生最痛恨被欺负,所以每次路过名牌店都侧目而过,很有点井水不犯河水的气概。

但是给亲戚朋友买东西,总还觉得应该讲究点品牌,毕竟,不是每个人都像我这样无聊,无聊到把什么都看透。把什么都看透之后,就觉得人的很多追求,比如巨大的房子,比如巨大的戒指,除了心虚,什么都不是。但再仔细想想,把什么都看透,追求的不过是一种智力上的虚荣,而且还伤害了自己活下去的兴致。所以附着在物质之上的很多"意义",就像新娘头上的红头盖,还是不掀开来才好。

以前在国内读研时,和一个朋友合译过一本书,叫《礼物之流》,是一本人类学的书,大意是说:礼物这个东西,本质不是东西,而是意义,礼物的流动也就是意义的流动，秩序的流动，或者说得更严重一些，就是人类关系的流动；没有礼物，人类的生老病死这些事件，和动物的生老病死，也就没有了什么区别。

我一向觉得人类学是一门很有意思的学问。其实我也不很理解人类学是门什么学问。我的看法是，它就是一门从猴子的角度观察人类的学问。比如，做为一个人，对面有个人打着领带朝你走过来，你不会有什么奇怪，但是，做为一个猴子，你看见好好一个人，脖子上绑一根绳子，绳子垂在胸前，神情肃穆地朝你走来，你肯定会觉得人类真是一种充满幽默感的动物。你会想，人类为了装正经，连脖子上绑一根绳子这种事情都想得出来，还染成各种颜色和花纹，真是有两把刷子。

但问题是你不是猴子，所以你得理解那根绳子上所飘荡的意义。

想到这一点，我就更觉得买一些"品牌"送人，是一件事关重大的事情。因为我送给人家的，不仅仅是东西，而且是"意义"。从使用价值的角度讲，一条地摊上买的围巾，和一条 Calvin Klein 的围巾，没啥大区别，但是从"意义"的角度讲，给 Calvin Klein 付钱那一刹那感到的心痛，象征着我对你的重视，也就是你对我的意义。

于是我就在 Loehman 转来转去，寻找价格适中的意义，这个意义不能重到砸坏我的心脏，但也不能轻到让我眼睛都不眨一下。意义们前呼后拥，五颜六色，朝我挤眉弄眼，在它们的勾引下，最后，我买下了一大堆意义，其中包括五个钱包，两条围巾，一件衣服，两个挎包，三个装饰品，一双鞋。

后来我气喘吁吁，买不动了，坐在商场旁边的窗台上，拿出纸和笔，统计我买了几样东西，还差几样。我算得很专心，勾勾叉叉打了一纸，脚边堆了一座小山似的礼物。

　　最后结账的时候，售货小姐笑嘻嘻地说：You've got a lot of stuff today。我真想纠正她，不是一大堆东西，是一大堆意义。我要把这堆意义装进箱子，坐上飞机，带回家，然后打开，一件一件拿出来，一件一件送到人家的手心，听人家的赞叹，那个时候，我会想，所有这些无聊的牌子，无聊得多么有意义。

一天长一点

在我开始显示出一切剩女经典病症时,有人问,你到底想找个什么样的人啊? 我说:我想找一个跟我一起长大的人。

这话当然没错,只是说这话的时候,我已经 30 了。

我想找一个对新鲜的知识、品格的改进、情感的扩张有胃口的人。我有这样的胃口,所以还想找到一个在疆域方面野心勃勃的人。

每当我一天什么也没干的时候,我就开始焦虑。每当我两天什么都没干的时候,我就开始烦躁。每当我三天什么也没干的时候,我就开始抓狂。不行啊,不行了,我三天什么都没干啊,我寝食难安,仿佛自己亲手杀了三个无辜的小孩。

当然吃饭睡觉买日用品不能算"干了点什么",纯粹出于"完成任务"心态,而做的工作也不能算"干了点什么"。干了点什么,应当真的是干了点什么。

马克思说了,生产分为"简单再生产"和"扩大再生产"。那么生活,是不是也可以分为"简单再生活"和"扩大再生活"呢。吃饭睡觉买日用品,那都是为了维持生命的"简单再生活",我向往的是"扩大再生活"。看一本好书,发掘一个好 CD,看一个好电影,写一篇饱满的文章,进行一场会心的对话,跟好朋友们吃一场欢声笑语的饭,这才是"扩大再生活"。

所以我不羡慕那些特别有钱的人,吃饭吃到燕窝鱼翅,睡觉睡在五星宾馆,也就是个花哨版的"简单再生活"而已。我不羡慕,我忙着自己那点光合作用呢。

但是,可悲的是,"简单再生活"总是挤掉你"扩大再生活"的时间精力。这个月,我得"组织一个会议"。下个月,我得"完成一篇论文"。下下个月,我得提交某个基金申请报告……啊,那些我们"不得不"做的事,多么像一个包办婚姻中的又丑又坏的老头子,挡住一个少女向往私奔的心。

还有些时候,我连"不得不"做的事情都不做了。我被它命令的姿态给气坏了。明明是一件最终仅仅是通向简单再生活的事情,却如此嚣张,如此恶狠狠,如此与快乐为敌,于是我闭上眼睛捂上耳朵撂挑子了。一连几天,几个星期,几个月,我就真的,什么都没干了。作为一个无所作为的帝国,憋着,看着自己的疆域被蚕食。

最近好像就是这样。没怎么看书看电影,没怎么写东西,没怎么和朋友们谈心。我觉得自己,在一点一点枯萎下去。然后忍无可忍了,终于去看了一个话剧。故意选了一个主题沉重的剧,一战,苏联,英国,艺术,虚无,精神病院。

热泪盈眶地出了剧院,走在纽约盛夏闷热的大街上,我终于精神抖擞起来。脑子里拎了那么多么沉甸甸的情绪、问题,好像去了一趟银行取款机。蔫不拉叽的菠菜浸到冷水里,咕咚咕咚喝了一顿,重新神气活现地挺起来。

娜拉出国之后

前些年有本挺热闹的书，叫《历史的终结》，这本书的大致意思是说，冷战之后，苏联阵营败下阵来，西方的文明大获全胜，以后咱们跟历史就没什么可讨价还价的了，顺着西方文明这条道一直走到黑就行了。虽然他这个说法看上去让人觉得很宿命，因而很省心，广大中外知识分子还是对这个提法表示了极大的愤慨。怎么能说西方文明就是历史的尽头呢？我们的主观能动性呢？从此以后，我们要站在什么样的想象的旗帜下振臂高呼呢？知识分子们爱冒险的心啊，很不甘心。

"历史的终结"这个词到底是什么意思，我从来就没有真正理解过，所以也无法赞成或者批评。我能够理解某条公路的终结，或者某个聚会的终结，或者某个婚姻的终结，但是，"历史的终结"？它实在缺乏一个时间或者空间上的刻度。

不过，前几天，站在康州的一个郊区，某一个瞬间，我突然意识到，自己眼前呈现的，就是历史的终结。

我看到的景象其实很简单：延绵不绝的草坪，随着大地的弧度起伏，路边有一些槐树,树干挺拔,树冠茂密,站在春天的阳光下,绿意盎然,标致得简直就是树中的西施。在草坪和绿树的掩映下,露出一栋栋独立的小楼,如果仔细看,楼门口一般都有一块草坪,草坪周围,是一道道低矮的栅栏,白色的,或者原木色的,精致,平和,一点不像防范外人的样子,似乎建造它,只是为了让院子里的樱花桃花梨花有探出墙的效果。

这样的祥和美好,多么令人感动。但是,站在那里,我想到了福山那本《历史的终结》。我想到"历史的终结"这个"圆的方",在视觉上,就是这个样子。想到历史这个"老人"风尘仆仆地赶了成千上万年的路,就是为了赶到这里,打开铺盖卷,定居下来,从此面朝大海春暖花开劈柴喂马。

这历史的终点处的风景,似乎就是一个海外中国人愿意留在美国的充分理由。与此同时,它也是一个海外中国人愿意离开美国的充分理由。

在美国呆得时间长了,你会发现,几乎你所遇见的每一个中国人,都是一个祥林嫂。他们喋喋不休反反复复披星戴月地不断追问你追问自己:以后想不想回国去?以后想不想回国?以后想不想回国?……一直问到自己已经老到问不动了为止,问到自己住进了门外有草坪,草坪外有栅栏,栅栏里有花丛的房子之后,突然发现生活这个秤砣已经把自己压在了美国梦的海底为止。

曾经,出国留学读学位,毕业留美找工作,娶妻生子买房子,是一个水到渠成毋庸置疑的选择。但是,突然有一天,"市场经济的春风吹遍了祖国的大地",一直在美国的实验室、图书馆、公司小隔间里默默耕耘着的中国人猛地抬头,发现太平洋彼岸,祖国的大地上已经千树万树梨花开了。紧接着,"坏消息"接踵而来。他听说以前住他隔壁的张三已经是国内某某大公司的经理了;还有那个人不怎么地的李四,听说他小蜜已经换了半打了。然后,在一次回国的旅途中,他发现自己在美国吃的、穿的、玩的、乐的,甚至不能望国内朋友们的项背,只能望到脚脖子;还发现自己在为一个小数据的打印错误而向自己的部门经理频频道歉点头哈腰的同时,他的老同学,那个以前远远不如他的王二,此刻正坐在KTV包间里打着手机,说"那个项目贷款,我们还可以再协商协商……";他也免不了察觉,自己的全部精神生活——如果他年少时候的"愤青"气息还没有被美国的阳光彻底晒化的话,就是窝在某个中文论坛,发两句明天就要被斑竹当作垃圾清理掉的牢骚而已……固然,他也不是没有听说他的某些老同学,甚至大部分老同学,其实混得也不怎么地。但是,夜深人静的时候,坐在床前明月光里,他还是感到了那些个"如果……"的诱惑。

不错,他的确,或最终会,住上美丽的房子。在经过那么多年辛辛苦苦地读书、胆战心惊地找工作之后,他住上了美丽的房子。门外有草坪,草坪外有栅栏,栅栏里有花丛。可是,说到底,有一天,他在院子里浇花的时候,突然沮丧地意识到,这样的生活,不过是那曾经被他耻笑的农民理想"面朝黄土背朝天,老婆孩子热炕头"的美国版本而已。

那么,他到底还要些什么呢?生活里到底还有些什么比"面朝黄土背朝天,老婆孩子热炕头"更伟大更性感更值得我们直挂云帆济沧海呢?更大的房子?他现在的房子已经大得可以闹鬼了。更正宗的夫妻肺片?说实话,出国这么多年,他已经对辣的不那么情有独钟了。更多的工资?那是当然,不过他下次涨工资的日子其实也不远了……说到底,他内心的隐隐作痛,与这一切物质生活都没有什么关系,他所不能忍受的,是

"历史的终结",是那种生活的尽头感,是曾经奔涌向前的时间突然慢下来,停下来,无处可去,在他家那美丽的院子里,渐渐化为一潭寂静的绿。

窗外的草坪,绿得那么持之以恒,那么兢兢业业,那么恪尽职守,那么几十年如一日,简直就像是……死亡。

而国内的生活呢?虽然据说有很多腐败,有很多贫富差距,小孩子有做不完的作业,弱势群体有跑不完的上访,甚至据说还曾经有人在路上走着走着就给逮进去打死了。可是,对于有志青年,中国这个大漩涡,是一个多么大的可能性的矿藏:愤青有那么多东西可战斗,资青有那么多钞票可以赚,文青有那么多感情可以抒发——历史还远远没有抵达它的尽头,未来还坐在红盖头里面激发他的想象力,他还可以那么全力以赴地向它奔跑,并且从这全力以赴中感受到意义凛冽的吹拂。

有一次回国,我和几个朋友吃饭,其中一个说"刘瑜,你回国吧,中国多复杂啊——"。复杂,嗯,就是这个词。对于一个有胃口的灵魂来说,"复杂"的世界是多么基本的一种需要,而康州阳光下的郊区,美得那么安静,对于习惯惹是生非的灵魂来说,简直是一种灾荒。

"我肯定会回国的",我经常跟人这样说。这跟国内的灯红酒绿花好月圆没有什么关系,就是想从完成时回到进行时。我想我肯定是因为天地孤绝而对"国内"形成了种种幻觉,其实它没有那么热闹;其实它没有那么复杂;其实它没有那么沸腾……以我这样不给人打电话不给人发邮件不给人发短信的个性,到哪都会把生活过成一口暗井,但,请允许我想象一下吧,请允许我坐在这个已经曲终人散的历史的终点,想象一下舞台上的刀光剑影吧。

老鼠与上帝

昨天晚上,到厨房去切瓜。家明走进来,边跟我聊天边吃瓜,突然她说:你听你听,听见老鼠叫吗?

我仔细听,听见了。唧唧唧,微弱,尖细,简直像鸟叫。

是那个清洁工在炉子下面放了粘板,估计是一只小老鼠给粘住了,挣扎着呢! 家明说。

啊? 那它得挣扎多久?

两天吧,上次我听见一只老鼠叫,叫了两天才死……哎,我真希望有个什么办法,让它快点死掉。

是啊,生为老鼠,并不是老鼠的过错。

在哪儿呢? 我想看看。我说。

就在那个灶台底下,在灶台里面也不一定,不过我不敢看。

好吧,其实我也不敢看。

于是我和家明接着吃瓜。我们站在宇宙的某星球某城市某厨房里吃瓜,一只老鼠粘在同一个宇宙的某星球某城市某厨房里的粘板上尖叫,我们和这只老鼠的距离是两米。

如果有上帝,它为什么要创造老鼠呢? 一个丑陋的无用的有害的传播疾病的泛滥成灾的让人恐惧的……老鼠。圣经、考据、基督复活、千古文明、教堂、圣歌,都无法辩驳这样一个小小的事实:上帝创造了老鼠。上帝创造了老鼠这件事,就像一场完美谋杀案里留下的指纹。

他发明的那亿万只老鼠里面,有一只就缩在我家的灶台下面,尖叫、哀嚎,为上帝的愚蠢付出代价。

如果有上帝,就不应该有老鼠。如果有老鼠,就不应该有上帝。

想起小时候我邻居,一个老爷爷灭老鼠。他家的老鼠夹里面夹了一只老鼠,问题是,怎么消灭它呢? 总不能把它放生了吧。

于是,他用开水把它给烫死了。

就在楼道里,我眼睁睁地看着它被给烫死了。

便是蝺蝺如一只老鼠,也会绝望,也会挣扎,也会痛。更糟的是,它的痛,也会传染给你。

我当时就想,如果是我呢? 如果是我被关在那个笼子里呢? 如果是我呢如果是我呢如果是我呢如果是我呢?! 这个想法真叫我发疯。

今天早上,在一个梦里醒来。梦见一条金鱼,掉在地上,我小心翼翼地把它给拣起来,想放回鱼缸去。结果发现鱼缸里没水了,里面有一只瘦骨嶙峋的乌龟。我问旁边一个人,多久没给这个乌龟喂水喂吃的了? 他说,半年吧。我赶紧加了水,把金鱼也放进去。突然发现,金鱼的头上蒙了一个纱帽子,我想把帽子给摘下来,结果把它的一只眼睛也给摘了下来。然后,我听见一阵奇异的声音,就在脚边,微弱,尖细,仔细一看,是一只老鼠,就粘在我的脚上。

吓醒了。

刚才去厨房烧水,仔细听,已经没有了老鼠叫。它死了,它终于死了。上帝捋着胡须,重新安详地浮现。透过厨房的防火门,我看见外面,多么美好的、灿烂的、一个星期六的早上。

25 个箱子

包都打好了，一共 25 个箱子。

整整齐齐地码在客厅里，等着星期六搬运公司来办托运。他们说要给我一个 5.6 立方米的集装箱，收我×多钱，被我严厉驳斥了。我说，我那点东西，占地还不到 2 立方米。

不到 2 立方米的 25 个箱子，装着来不及读的书、舍不得扔掉的鞋子、听过一半的 CD、还没吃完的干辣椒……整整齐齐蹲在客厅里，雄赳赳气昂昂地展示着一个人死皮赖脸地活了下来并将继续活下去的决心和勇气。

英雄儿女多奇志，战天斗地慨而慷。

可是，这里面有多少水分啊。好多不怎么穿的，我以为我以后会穿，但是其实根本不会穿的衣服；好多不怎么读的，我以为我以后会读，但是其实根本不会读的书……如果你正视自己拥有多少"不必要"的废物，你就能理解为什么政治总是会变得官僚主义。

那些你从来不读的书——"真理部"，那些你从来不穿的鞋子——

"和平部"，那个从路边摊买来的"非洲式的汤勺"——统战部，那辆骑了一个月就歇菜了的自行车——电信局。

80%都可以被称为"劳什子"。占地还不说，从箱子里放出来之后，就会十面埋伏，摆阵形，设圈套，把你的时间一口一口吃掉，然后，"啐"地一口吐掉。

但是也许不必自责，也许"不怎么____我以为我以后会____但是其实根本不会____"本来就是生活的公式。

下定决心学习小昭，书看完一本，才再买一本新的，衣服扔掉一件，再买一件新的，对自己的生活进行严格的数字化管理。黄仁宇不是说明朝完蛋就是因为缺乏数字化管理吗，我可不能像明朝那样稀里糊涂地玩完。

精兵简政倒在其次，关键是东西一多，好的就淹没在坏的里面，不能出头，就像三宫六院把美女全给淹没了一样。每次搬家收东西，总会感慨：呀，我还有这件衣服，怎么好久没穿了呢？出于对物质、对生产这些物质的工人农民的尊重，我要改造自己的占有欲。

昨天和一个朋友聊电影 *March of Penguins*，就说企鹅那样活着有什么意思，从头到尾就是为了一个"繁殖"。你可以说它表现了生命的伟大和顽强，但是一个无意义"伟大而顽强"地繁殖出更多的无意义，这事还真不能让我肃然起敬。看着那些冻得瑟瑟发抖的企鹅一圈一圈地换位子保护肚皮底下那个蛋的时候，我宁愿相信它是上帝的一个恶作剧。

这样居高临下地看待企鹅，令我深感不安，可是这骄傲不是全无道理。我们人类，离"无意义"毕竟有一段距离。至少，坐在客厅里慈爱地打量着家当的我，和"无意义"之间，隔着整整25个箱子。

世　相

1. 韩剧

奶奶知道我学历高,但是对哥大剑桥之类一概不知。她对高学历表达敬意的方式是这样的:"世上是不是就没有你不认识的字了?"

奶奶还爱看韩剧,《可爱的你》。每天晚上 10 点,中央八台,奶奶和姑姑,两个老太太,一个 80 多,一个 60 多,端端正正坐那等《可爱的你》。

虽然她根本听不懂普通话。

2. 水晶珠链

每次回家,我妈总是能发掘出一些新的爱好。去年是给所有的衣服贴上小亮片,今年是穿珠子,就是把批发市场上买来的水晶珠子一个一个串成项链或者手镯。目前我家奶奶、姑姑、我、舅母、姨、表妹、朋友……都带着她制作的首饰,但还是戴不完她穿的那些珠子。为了解决水晶首饰供大于求的问题,我妈决定戴两串项链,两个手镯。目前我妈妈经常带着两根闪闪发亮的项链、两个闪闪发亮的手镯,走在街上像个 UFO。

论人生意义之不可知 · 175

当然与此同时她也就发展出了另一个爱好，就是每次逛商场，都要跑到首饰柜台，观察那些水晶首饰的价钱，然后像捞了一笔一样惊呼：看，他们一串卖这么多钱，我穿一串，才花那么那么点钱，看见吗？看见了吧！

我妈还是我认识的最理直气壮地将逛街当作劳动的劳动妇女。

3. 体重计

回国前，我一直致力于减肥活动。每天大量暴走、跳芙蓉式舞蹈，吃以毫克计的食物，曾经取得过两周减掉 7 斤的个人最好成绩。每天看到体重计上的数字一点点往下降，我欢欣鼓舞喜极而泣，迅速将体重计提拔为"我最喜爱的家居用品"，回国的时候甚至把它像一个宠物一样装进了包里。

回国之后，第一天我只吃 5 成饱。第二天吃 6 成饱。第三天吃 7 成饱。第四天吃 8 成饱……今天是我回国第 30 天。

我再也没有把我亲爱的体重计拿出来过。

4. 谁说跟你没关系之一

去某电脑城某店铺修电脑。店里四个员工，年轻女孩在看韩剧，年轻男孩在打游戏，中年男子在看乒乓球赛（某倒霉的韩国球员正以迅雷不及掩耳之势输给我国球员），另一男同学在接待我。

该男同学见我盯着乒乓球赛屏幕，问："你有票吗？奥运？"

"我看过一场网球赛。"

该男同学眼睛锃亮，估计在等我也问他有没有票，但我迟迟没有发问，于是他大声说："我也有票！"

不等我回话，突然消失在店铺后面的仓库里。过一会儿重新出现，我以为他把我要的电脑电池拿了过来，结果他"哗"抽出一张纸片，"看，这是我的奥运票，24号，排球赛，决赛！"

我如他所愿地赞叹道："真的?!"

男同学得意地摇头晃脑，眼睛笑成一条缝，"那是！22、23、24……激动人心的时刻就要到了！"

奥运这个已经伤痕累累的词汇还能激起如此单纯的快乐，我想它也还是有意义的吧。对于有些人来说它意味着太监的春梦，而对于另一些人来说，它仍然能带来小时候巷口做爆米花的老头儿在孩子们当中激起的快乐，我想它也还是有意义吧。

5. 谁说跟你没关系之二

摘自某同学的谈话："我们那，农村里的，结婚的时候没打结婚证，因为女方家里不同意，拿不出家里的户口，所以打不了结婚证，没有结婚证就没有准生证。这个男的，不知道什么事，又得罪了村里的领导，结果那个女的怀第二胎的时候，8个月，生生给拉去打掉了孩子。女的精神受刺激，跑了。那个男的，不服啊，告，上访了好几年，没办法解决。气啊，给中央写信，说我这个问题不解决，我要去炸奥运会！这下不得了，公安局来抓他来了，劳教，一年。审他的时候他说了，我那是吓吓人的，哪敢真炸啊？我们一把手说了，谁知道他真的假的，万一是真的呢？抓，劳教，一年。"

6. 脑白金

"送礼就送脑白金"的广告竟然还在。"黄金搭档送爷爷，黄金搭档送奶奶……"每年回国，这个广告都会阴魂不散地出现在电视屏幕上，而且像上了保险一样，一定会在出现在你最喜爱的电视剧播出空当里。它那么猝不及防,又那么无处不在,坚韧不拔地挑战着全国人民的神经。这事让我对脑白金的勇气的佩服几乎达到了对它的内容的厌恶一样的高度,这事就像 20 年后我们发现芙蓉姐姐依然活跃在网络舞台上一样令人称奇。

我对中国民主化时机的理解是:当脑白金的销售量不能再支撑它轰炸无辜的电视观众时。

7. 电视剧

果然,像去年以及去年的去年一样,电视上有一个台在放金庸剧,两个台在放帝王剧,三个台在放古装经典剧,四个台在放现代言情剧。

我很怀疑我们家电视坏了,不然无法解释为什么每年打开它都是同一套电视节目。

由于奥运转播,我最爱看的杀人放火偷情的社会新闻今年难得看到,看来我只能投奔各地晚报的中缝版了。

8. 大街之一

大街上的某个角落里,看到的一条标语:"改造城市就是毁灭共和国!"

另一行字被覆盖了,看不大清楚,后面几个字是"……防止 911 事件在中国的重演!"

9. 大街之二

在大街上走着走着,突然听见一个胖胖的中年男子怒吼:"你拉不拉?!拉不拉?!"

一个小女孩在一边哇哇哭,大约 4 岁,戴个大眼镜,扎两个小辫,地上一张报纸。估计是小女孩突然想拉屎,爸爸让她在报纸上拉,她见街上人多不肯拉。

中年男子继续吼道:"拉不拉?! 拉不拉?! 脱了! 把裤子脱了!"

小女孩继续大哭,手把在裤腰上,想脱,又想往上拽,看着爸爸,往后退,又不知道该退到哪里。

男子猛地一脚朝女孩踢过去。

小女孩哭得更伤心了,头发眼泪鼻涕糊做一团黏在脸上,把裤子脱到屁股的一半,满大街的人看着她的半个屁股。

我对中国民主化时机的理解之二是:当一个成年男子在街上踢自己的孩子不再这么肆无忌惮时。

10. 大街之三

在北京,在石家庄,在宁波,总能看到街头巷尾一群一群人,有的光着膀子,有的穿着睡衣,摇着蒲扇,坐在小椅子上。

也许国外有一百条比中国幸福的理由,但中国至少有一条比外国幸福的理由,就是每到夏天的黄昏,人们就经常莫名其妙地聚在街头。如果等不及黄昏,烈日高照的下午也行。他们坐在街头谈论奥运金牌早市白菜价格,以及邻居的女儿小红在深圳是不是做了妓女,在桥头下棋,在马路边上跳秧歌,在公园里唱戏,喝啤酒买羊肉串,他们有时候什么也不干,就是坐在一起而已。

关键词是莫名其妙。

不需要打电话预约,甚至不需要任何真情实意。

大约这就是传说中的"社区感"。

幸福其实往往比我们所想象的要简单很多,问题在于如果我们不把所有复杂的不幸都给探索经历一遍,不把所有该摔的跤都摔一遍,不把所有的山都给爬一遍,我们就没法相信其实山脚下的那块巴掌大的树荫下就有幸福。这话虽然听起来那么知音但它的确很肺腑。

也可能只是我其实没什么出息并且坚持把自己的没出息上升到理论高度而已。

11. 婚纱照

"脖子向前伸一点,脸侧一点,眼睛看着自己的肩膀,深情一点,羞涩一点,寻找那种初恋的感觉……对对对,很好!"

公园里,一个浓妆艳抹、大汗淋漓的高龄女青年在众散步游人的围观下深情脉脉地注视着自己被蚊子咬出若干包的肩膀,并狠狠地再次提醒自己回家一定要 google 一下蚊子追咬和血型的关系。

我对婚纱照的理解是:如果一个人连这么恶俗的事情都做得出来,那她就真的没有做人底线了,那她就可以杀人放火打家劫舍行贿受贿偷税漏税抢银行买脑白金无恶不作了。

2008 年的夏天,我赠予了自己这种自由。

小 芳

　　昨天一天狂风大作。下午 6 点我正在屋里上网,小芳打了一个电话来,问我有没有消炎药,我这边还找着呢,小芳自行宣布道:我过来了啊,一会儿就到。

　　到了之后,才知道她冒着风雨,坐半个多小时的车,就是为了让我帮她戴耳环——说是新扎的耳孔,一个耳朵有点发炎了,自己不敢戴耳环,让我给她戴。多大的事儿啊,跟地震了似的。

　　然后我和她煮饺子吃,又煮了一个汤。昏暗的灯光下,小芳开始盘点她的家事。爸爸妈妈啊,弟弟妹妹啊,姑姑婶婶啊。她不停地说,中心思想是,农村里的人,跟我们是完全不同的两个世界,完全不同的两个世界,完全不同。

　　这个不同的原理似乎是这样的:在农村的世界里,每天都发生很多很多的事情,因为发生那么多的事情,以至于人们不再把那些事当事,所以变得冷漠;而我们的世界里,每天都没有什么事情发生,因为每天都没有什么事发生,以至于人们把每一点事都当成事,所以变得神经质。冷漠的世界和神经质的世界,就是两台波段不同的收音机,各自咿咿呀呀地唱戏。

说到恋爱,说起某人和我之间的纠葛,突然小芳轻声说一句:就从来没有人,对我这样好过。

然后有点不敢看她。她,小芳,29岁,从来没有一个人,像她希望的那样对她好过。如果"不被审视的人生不值得度过",那么,没有被爱过的人生呢? 值不值得度过呢?

这个世界上有多少人这样不被爱地活着呢? 也许他们热爱工作吧,也许他们热爱旅游吧,也许他们热爱侦探小说吧,也许他们热爱滑雪吧。总得热爱一点什么吧,据说,人活着,是要有精神支柱的。

如果他们不热爱工作不热爱旅游不热爱侦探小说不热爱滑雪呢? 或者,如果有一天他们意识到其实工作旅游侦探小说滑雪都不值得热爱呢? 真的,工作旅游侦探小说滑雪有什么值得热爱的呢。

我去洗碗,小芳站在我旁边,说:别人问我想不想家,我就说,我不想家,就算我是冷血吧,我就是不想家,没什么可想的。

吃完饭,她就走了。我也没有留,因为我有晚睡的习惯,而她第二天要上班,估计她在这里睡也睡不好。她一走,我就躺在沙发上,又开始上网。有那么一个片刻,外面风又刮大了起来,我听着大风,想象小芳此刻坐在去 Queens 的火车里,打着盹,看窗外稀稀拉拉的灯火,眼里有落寞的光。

飞越流水线

昨天给以前一个老师打电话，给以后回国教书探路。谈话期间，老师不断蹦出这样的词汇："每年核心期刊发表文章数量"、"教学量"、"基本工资"、"外出讲课工资"、"评职称规则"、"项目申请"、"五年考核"……我突然两眼一抹黑，这就是我要过的生活么？这不是请君入瓮吗？

总有一种冲动，去做自由撰稿人算了。

那天某电视台重放 Jack Nickson 演的《飞越疯人院》。我看得津津有味，并想象福柯同学就坐在我身边，讲解日趋理性化的文明如何摧毁人类自由的天性。我觉得导演没准就是读了福柯的《疯颠与文明》，于是决定拍一部电影给它做注脚。今天突然觉得，那个电影不但是给福柯的书做注脚，也是给我的生活做注脚。

我常常怀疑学术圈子，觉得它就是个"学术产品"的流水线而已。跟智不智慧没啥关系，重要的是标准化。拿美国所谓搞"中国研究"的学者来说，无非就是几道"工序"：第一，到中国某市或某县或某乡去收集一点在中国是个人就知道，却能引起美国学术圈子啧啧称奇的"经验材料"。

比如中国现在有很多土地纠纷，退休工厂闹示威，官员很腐败，农民闹上访，乡镇企业不行了……第二，把这些材料整理整理、字码齐，行分对，历史弄一章，现状弄两章，前景弄一章；第三，加点"理论"的"佐料"，"与那谁谁谁说的……不同，这些材料说明了……"反正文科的理论没有定论，大家转着圈说原话就是了，前年 A 说社会信任是经济发展的润滑剂，去年 B 说社会信任对经济发展没有什么用处，今年 C 又说社会信任是经济发展的润滑剂，后年 D 又说社会信任对经济发展没有什么用处……有用……没用……有用……几百个人就靠这个吃饭了。如果是搞比较文学之类的，这个工序上又必须弄些故弄玄虚的词汇。譬如"此在"、"现代性"、"逻格斯中心主义"之类，等等。第四，弄出一个常识性的、跟我外婆认知水平相当的、甚至有时候还不如我外婆认知水平的结论，然后拿着这个结论到处开会，发论文，出书，评职称，当专家。

前几天我去听一个讲座，该教授研究某大罢工，我听半天，感觉其基本的结论就是：该大罢工的领导人顺序本来是李立三、刘少奇、毛泽东，但是后来因为政治原因，修正成了毛泽东、刘少奇、李立三。这似乎也没错，但是犯得着为了这个结论花个几年时间，研究基金几万，弄出一本书几个论文吗？

每次听这样的讲座、看这样的书，到最后我总有一个感觉，就是：So——？

在我眼里，美国的所谓中国研究基本就是一系列的深度新闻报道——在信息封锁的年代还有其特殊意义，但在信息逐渐放开之后，其功能几乎可以被新闻报道替代。在某种意义上还不如新闻报道：新闻报道还要求语言简洁明了，要求有时效性和"新鲜感"，而且一个记者还不能指望靠几次采访吃五年饭。而学者，简直可以说是将"无趣"当作了自己的使命——他们致力于寻求全世界最无趣的方式去表述一个观点，在这方面也的确越来越炉火纯青。也许他们不能讲出比新闻报道更新鲜的东西，但他们显然找到了证明自己智力的最有效方式：给简单的东西带上术语的墨镜使其显得扑朔迷离。

大部分美式社科学问的特点就是：精致的平庸。这个体系不太关心你是不是平庸，但是非常关心你是否精致。以前一个经济学朋友跟我说：只要我用数个复杂的模型作为论证方法，哪怕我的结论是"人渴了就想喝水"这样的废话，也会有很多杂志愿意发我的文章。当然，精致的平庸总好过粗糙的平庸，which，是当下很多中式社科作品的特点。

以我的经验来看，"哥大的政治学博士"这个词汇本身，正如"哈佛文学博士"，"斯坦福社会学博士"，"耶鲁历史学博士"等等（理工科不知道），对于说明一个人的智力水平、敏感性、洞察力、才华，几乎没有任何信息量。我认识大量平庸得令人发指的文科博士，也认识大量对社会现象洞察力非凡的非文科博士。"名校文科博士"这个名号，大约可以说明一个人英语水平不太烂（总得把 GRE 考过，而且成绩靠谱吧），它还可以说明一个人比较坚强（考了这么多年的各种变态试仍然没有垮掉），以及懒得不离谱（好歹得码完各种作业以及毕业论文才让毕业），仅此而已了。

当然你也不能太笨，你不能说 1 加 1 等于 3——不对，其实你也可以很笨，只要你有那种故弄玄虚堆砌辞藻把人绕晕的本领，你就是说 1 + 1 = 10 也没事。

显然这个体系里也有非常聪明、非常出色的人，但是在这个体系里存活，并不要求你非常聪明和出色。你比较"乖"，比较顺从流水线的生产规则，对于生存才是更重要的。甚至有时候"灵气"有可能成为一种障碍，因为有灵气的人容易产生反抗"标准化"的冲动。当然，另一种可能性是：我只是懒，懒得为自己漫天飞舞的灵感提供一个坚实的基础，所以不惜把他人在流水线上的精雕细琢工作说成是自欺欺人。

我之所以最近老在想这个"飞越流水线"的问题，主要其实还不是因为"叛逆心理"，而是因为比较吝啬。我琢磨着，假设五年是制造一本"学术产品"的周期，五年又五年地把时间花在把平庸给雕刻得精致起来，是不是一种人力资源的极大浪费呢？还有开各种会、讨好各种编辑、承担各种令人头疼的行政工作、写各种项目的申请书、出考试题改作业……这些"琐事"，对我这种只愿意面对自己的心灵生活的人来说，完全是一种折磨。当然也可能我对学术生活所寄予的期望太高了，对大多数学者来说，搞学术就是一个饭碗而已，正如编程序是程序员的饭碗，分析数据是分析师的饭碗，打扫卫生是钟点工的饭碗。作为一个饭碗，它有什么义务来陶冶你的情操净化你的灵魂呢？

《肖申克的救赎》里面，那些蹲监狱蹲得年数太长的人，到最后，宁愿选择继续蹲监狱也不愿出狱，因为他们已经不知道离开监狱如何生活了。我是不是也被体制化到这个程度了呢？偶尔畅想"飞越流水线"，但是又恐惧"流水线"之外的万丈深渊。说是"海阔任鱼跃，天高任鸟飞"，我还说"海阔任鱼呛，天高任鸟摔"呢。

雪花点

过去几个星期一直在昏天黑地地批改考卷。说是 100 来份,但是一份考卷三篇文章,从阅读文章总数来说,有 300 多篇。

我自己的课当然没有这么多学生。但是剑桥(也可能是我们系)有个奇怪的制度,每份作业和考卷都要由两个人来批改,为公平起见,取平均分。而且这里批改考卷和中国或者美国不同,即各个老师负责自己那门课就行了。这里是"集体作业",每个人被随机分配去批改不同课的考卷,所以虽然我只教过 2 门课,却要批改 4 门课的考卷,另加别人辅导的一堆毕业论文。

就是说,如果这段时间您路过我办公室的窗口,就会看到那个小学生课本中被写到的动人情景:夜深了,老师的身影依然浮现在深夜的办公室窗口,"呕心沥血"地伏案改作业……

开始还行,毕竟,批改考卷本质上是体力活,没有什么心理压力,一度还有"逃避自由"的畅快。

后来慢慢就不行了,像爬大山,越爬越吃力。

开始还是在读文章,后来大脑和眼睛都给程序化了,像 GPS 找路一样搜索、定位,大脑不断用 GPS 那种机器声说:此处没有关键字,减 3 分……此处论点论据不对应,减 2 分……此处和前面不一致,减 2 分……此处举例不当,减 1 分……

基本就是"倒车……请注意……倒车……请注意……"的那种节奏感。

然后就是头晕眼花想吐。大脑塞满了,一个词都塞不进去了,再塞一个词就会掉出来十个词来。

再后来就觉得打一个喷嚏就会喷出一篇学生的文章来。

从上周末开始,出现了长时间干体力活的一个经典症状:不会思考了,成天大脑一片空白,也不完全是空白,布满了黑白电视上的那种雪花点。以往看到天气变化、树呀光呀影呀总要触景生情一下,或者读到新闻时事总要思考一下,这一段就完全没有了感受力,就剩雪花点了。

其中一个症状当然就是:一点不想写博客了。

脑子就跟浮肿病人一样,按一下,陷进去一个"坑",半天弹不回来。

记得以前有人讨论为什么奥斯维辛的犹太人不反抗,有人解答说,那些犹太人天天被派去干体力活,这些活从经济上未必有多少意义,却是摧垮一个人意志的最好方式。

体力劳动中的那种机械感,那种简单重复中的混沌感,的确令人越来越麻木。难怪马克思说工人阶级需要"先锋队"的领导才能获得解放,工人阶级都忙着在体力劳动的沼泽里跋涉,只有马老师这样的"先锋队员"才有闲情逸致坐在大英博物馆里写小说——嗯,《资本论》堪称史上最伟大的小说作品。

昨天晚上伦敦时间 9 点 03 分,终于改完了。呆若木鸡地坐在椅子上,脑子里一摊淤泥,过了很久,咕咚,冒了一个泡。

泡里写着:"我想喝可乐⋯⋯要冰冻的。"

形而下生活

逃避自我的方式有很多种,比如结婚,比如生孩子,我最近发明的方式是看房子。

虽然我的学院给我很便宜的房子住,虽然一旦买房我将立刻破产,但修改论文迫在眉睫之际,我急中生智,想到了看房子。

四处看,打电话,查询 mortgage、remodeling 信息,给看的房子制作表格。我那表做的,横线特别横,竖线特别竖。第一栏地址、第二栏价格、第三栏优点、第四栏缺点、第五栏联系方式。蚁米同学对我事务主义登峰造极的程度表达了由衷的赞叹。

形而下的乐趣怎么就比形而上的乐趣乐那么多呢?越形而下就越有乐趣:读历史比读哲学有趣,读八卦比读历史有趣,看电影比读书有趣,站在大街上看打群架最有趣。

我想检验一个人对一件事是否真有兴趣的标准,就是这件事是否能把他或者她从网络灌水/八卦/游荡中拽开。当你面对一条关于郭晶晶和霍启刚要分手的新闻,能够像大禹过家门而不入那样泰然自若,做到不点击而直接跳入"另一件事"时，那么，你就应该恭喜自己找到人生的目标啦。

我，为了看房子，已经连续两周没有上著名八卦网站文学城了！

在视察若干新房旧房大房小房之后，我开始坚信：我本来应该去做一个室内设计师的，因为我发现最令我心动的都不是那种"精装修"的房子，而是需要被改造的房子。站在破破烂烂的地毯窗户墙壁卫生间地板面前，我有一种整形医生见到一张难看的脸时产生的使命感。如果是一个惨不忍睹的厨房，那我简直就热血沸腾了。

我怎么就做学问了呢？适合强迫症病人的职业那么多，我怎么就做学问了呢？

学问多么形而上，它缺乏物质的光泽、反瞬间、咯牙齿。

两周下来，我的看房活动某天到达了高潮：一天看了 8 套房子！

我一会儿出现在城东，一会儿出现在城西，一会儿出现在火车站旁，一会儿出现在公园旁边，对剑桥进行了地毯式轰炸。

因为看房，我多年的健忘症也好了，无论哪个售房工作人员给我打电话，我都能对每一个房产的细节问题娓娓道来；腿脚也灵便了，一天东奔西走也毫无倦意；晚睡晚起的毛病也改了，每天早上一想到要看房就噌地爬了起来。我想以后我要是病入膏肓奄奄一息了，医生也别给我打什么强心针了，直接给我撒一堆钞票，大喊一声"找房子去吧"，我就会直接从急救室里蹦起来，重新精神抖擞地出现在大街上了。

那天下午三点在看完第七个房子之后，我终于累了。坐在公园的长椅上，等待下一个看房预约，就在这时，一阵秋风袭来，我突然感到一种小孩子拿玩具手枪玩突然射出真子弹的惶恐。我都结婚了，我还要买房子了,生活它还真是一件弄假成真的事。我真的不需要一个房子啊,我需要的只是改出一篇论文,改出另一篇论文,新写一篇论文,写出更多的专栏,改出的我的书稿……而已。这些事太沉重太密集太劈头盖脸,所以我要看房子。可是如果有一天没房子可看了呢? 尤其是,如果有一天没有表格可做了呢? 我想我真是形而上太久了,所以跑到形而下的席梦思上来假寐了。人家都来摇我了,我就不醒,使劲闭着眼睛打假呼噜。一串呼噜是看房,另一串呼噜是减肥,还有一串是文学城。逃避并不少见,但是跑得这么赤身裸体,真让人害臊。

羞愤之余,我决定逃跑。

我大步流星地穿过草坪,迎着阳光向我的自行车走去,越想越觉得忧伤。我忧伤地骑着车,忧伤地停了下来,又忧伤地敲门,继而忧伤地问:请问,你这儿有房子要卖是吧?

一个人要像一支队伍

前两天有个网友给我写信,问我如何克服寂寞。

她跟我刚来美国的时候一样,英文不够好,朋友少,一个人等着天亮,一个人等着天黑。"每天学校、家、图书馆、gym,几点一线"。

我说我没什么好办法,因为我从来就没有克服过这个问题。这些年来我学会的,就是适应它。适应孤独,就像适应一种残疾。

快乐这件事,有很多"不以主观意志为转移"的因素。基因、经历、你恰好碰上的人。但是充实,是可以自力更生的。罗素说他生活的三大动力是对知识的追求、对爱的渴望、对苦难的怜悯。你看,这三项里面,除了第二项,其他两项都是可以自给自足的,都具有耕耘收获的对称性。

我的快乐很少,当然我也不痛苦。主要是生活稀薄,事件密度非常低。就说昨天一天我都干了什么吧:

10 点,起床,收拾收拾,把看了一大半的关于明史的书看完。

下午 1 点,出门,找个 coffee shop,从里面随便买点东西当午饭,然后坐那改一篇论文。期间凝视窗外的纷飞大雪,花半小时创作梨花体诗歌一首。

晚上7点，回家，动手做了点饭吃，看了一个来小时的电视，回e-mail若干。

10点，看了一张DVD，韩国电影"春夏秋冬春"。

12点，读关于冷战的书两章。

凌晨2点，跟某同学通电话，上网溜达，准备睡觉。

这基本是我典型的一天：一个人。书、电脑、DVD。

一个星期平均会去学校听两次讲座。工作日平均跟朋友吃午饭一次，周末吃晚饭一次。

多么稀薄的生活啊，谁跟我接近了都有高原反应。

孤独的滋味当然不好受，更糟的是孤独具有一种累加效应。同样重的东西，你第一分钟举着它和第五个小时举着它，感受当然不同。孤独也是这样，偶尔偷得半日闲自己去看一场电影，和一年、两年、三年、五年只能自己和自己喝啤酒，后果当然完全不同。我以前跟一位曾经因为某政治事件而坐过牢的朋友聊天，他描述那几年被单独关押的生活，这样形容：度日如年，度年如日。说得可真确切。

我曾在日记里大言不惭的写道：出于责任感，我承担了全世界的孤独。我的意思是，我不但孤独，而且我的孤独品种繁多、形态各异：在女人堆里太男人，在男人堆太女人；在学者里面太老粗，在老粗里面太学者；在文青里面太愤青，在愤青里面太文青；在中国人里面太西化，在外国人里面太中国……我觉得上帝把我派到人间，很可能是为了做一个认同紊乱的心理实验。

我其实并不孤僻，简直可以说开朗活泼。但大多时候我很懒，懒得经营一个关系。还有一些时候,就是爱自由,觉得任何一种关系都会束缚自己。当然最主要的,还是知音难觅。我老觉得自己跟大多数人交往,总是只能拿出自己的一个维度,很难找到和自己一样兴趣一望无际的人。这句话的谦虚版说法是:很难找到一个像我一样神经错乱的人。

有时候也着急。我有幸生活在"十一届三中全会"之后,没有吃过多少苦,但是在我所经历的痛苦中,没有什么比孤独更具有破坏力。这不仅仅是因为错过了亲友之间的饭局谈笑温情,不仅仅因为一个文学女青年对故事、冲突、枝繁叶茂的生活有天然的向往,还因为一个人的思想总是需要通过碰撞来保持。长期的孤单中,就像一个圆点脱离了坐标系,有时候你不知道自己思考的问题是否真的成其为问题,你时常看不到自己的想法中那个旁人一眼就可以看出的巨大漏洞,你不知道什么是大,因为不能看到别人的小,你不知道什么是白,因为不能看到别人的黑。总之你会担心,老这样一个人呆着,会不会越来越傻?

好像的确是越来越傻。

但另一些时候,又惊诧于人的生命力。在这样缺乏沟通、交流、刺激、辩论、玩笑、聊天、绯闻、传闻、小道消息、八卦、msn……的生活里,没有任何圈子,多年来仅仅凭着自己跟自己对话,我也坚持了思考,保持了表达欲,还能写小说政论论文博客,可见要把一个人意志的皮筋给撑断,也没有那么容易。

"忍受的极限会是什么样的结果?"

让我告诉你,忍受是没有极限的。

年少的时候,我觉得孤单是很酷的一件事。长大以后,我觉得孤单是很凄凉的一件事。现在,我觉得孤单不是一件事。至少,努力不让它成为一件事。

有时候，人所需要的是真正的绝望。

真正的绝望跟痛苦、悲伤没有什么关系。它让人心平气和，让你意识到你不能依靠别人，任何人，得到快乐。它让你谦卑，因为所有别人能带给你的，都成了惊喜。它让你只能返回自己的内心。每个人的内心都有不同的自我，他们彼此可以对话。你还可以学习观察微小事物的变化，天气、季节、超市里的蔬菜价格、街上漂亮的小孩，你知道，万事万物都有它值得探究的秘密，只要你真正——我是说真正——打量它。

当然还有书、报纸、电影电视、网络、DVD、CD，那里面有他人的生活、关于这个世界的道理、音乐的美、知识的魔术、爱的可能性、令人愤怒的政治家……我们九九八十一生都不可能穷尽这些道理、美、爱、魔术的一个小指甲盖，怎么还能抱怨生活给予我们的太少。

绝望不是气馁，它只是"命运的归命运，自己的归自己"这样一种实事求是的态度。

就是说，它是自由。

以前一个朋友写过一首诗，叫《一个人要像一支队伍》。我想象文革中的顾准、狱中的杨小凯、在文学圈之外写作的王小波，就是这样的人。怀才不遇，逆水行舟，一个人就像一支队伍，对着自己的头脑和心灵招兵买马，不气馁，有召唤，爱自由。

我想自己终究是幸运的，不仅仅因为那些外在的所得，而且因为我还挺结实的。总是被打得七零八落，但总还能在上帝他老人家数到"九"之前重新站起来，再看到眼前那个大海时，还是一样兴奋，欢天喜地地跳进去。在辽阔的世界面前，一个人有多谦卑，他就会有多快乐。当罗素说知识、爱、同情心是他生活的动力时,我觉得简直可以和这个风流成性的老不死称兄道弟。

因为这种幸运,我原谅自己经受的挫折、孤单,原谅自己的敏感、焦虑和神经质,原谅上帝他老人家让 X 不喜欢我,让我不喜欢 Y,让那么多人长得比我美,或者比我智慧,原谅他让我变老变胖,因为他把世界上最美好的品质给了我:不气馁,有召唤,爱自由。

如果你还在为自己孤单寂寞怀才不遇举世皆浊我独醒而深深叹息的话,那么让我告诉你,你买不到那个彩票的,别再把你时间的积蓄两块、两块的花出去,回到你的内心,寻找你自己,与心灵深处的他、他们一起出发去旅行。如果你有足够的好奇心,你可以足不出户而周游世界,身无分文而腰缠万贯。人生若有知己相伴固然妙不可言,但那可遇而不可求,真的,也许既不可遇又不可求,可求的只有你自己,你要俯下身去,朝着幽暗深处的自己伸出手去。

记一次邪教活动

昨天，我又去参加了一次剑桥的邪教活动：吃一种叫做"Formal Hall"的东西。

据说"Formal Hall"是剑桥牛津的特色。之所以说它是邪教活动，是因为它的形式是这样的：夜黑风高的晚上，在一个黑咕隆咚的大厅里，一群穿着黑袍子的人，一边窃窃私语、一边吃一场匪夷所思地漫长的晚饭。

Formal Hall 是由各个 college 组织的。College 在这里翻译成学院，但它不是专业划分意义上的"学院"（比如"法学院"、"商学院"），而是一个个地理意义上的"学生生活住宿区"。剑桥有 30 来个学院，其中的"三一学院"、"国王学院"很有名，很多人可能都听说过。每个学生（和大部分老师）不但有一个学术上的系院，还有一个生活上的学院，是剑桥牛津的特色。

学院的院长一般都是一些社会声望地位较高的人物，比如三一学院现任的院长是英国皇家协会的主席，前院长是诺贝尔经济学奖获得者阿玛提尔·森；比如现任的 Caius 学院院长以前是英国驻华大使；我的学院院长(Newnham 学院)曾经是 BBC 的董事。但是由于各个学院本质上是"学生生活住宿区",没有什么权力,所以一个比较滑稽的画面就是,那些曾经在国际某坛上风云一时的院长们虽然"社会声誉"很高,但是他们穿着黑袍子正襟危坐地讨论的往往是"学院前面那块草坪是不是该修了","图书馆门口那张桌子要不要移走","下个月我们院要不要再添置三台电脑"这样鸡毛蒜皮的问题。

客观地说,作为一个外来者,我觉得学院体系除了平添很多官僚主义的层级和条块,没有多少意义,就是个传统而已。但是学院有个意义重大的功能,就是组织吃饭。除了提供日常的食堂功能,还有就是周末或其他特殊场合组织师生吃 formal hall(正式晚餐)。

之所以说"Formal",其中一个方面就是大家要穿得比较正式,男的打领带领结,女的袒胸露背,总之大家都穿得跟去参加奥斯卡颁奖似的。但是比较奇怪的是,大家同时都要穿一种牧师式的黑袍子——既然外面都要穿黑袍子,还要求大家里面穿得活色生香,这不是存心"逗你玩"吗,一直没想通这一点。

Formal 还有一个含义就是吃得特别正式:餐前酒;面包;开胃菜;正餐;甜点;水果;餐后酒;咖啡和茶。一样都不能少。一顿饭吃下来,怎么也得 2 个小时。我吃过最长的一次近 6 个小时,最后活活给吃饿了。

Formal 还意味着吃饭比较繁文缛节,比如饭前大家聚在某个神秘大厅喝酒,然后到一定点由某神秘人物敲一个大锣,"咣"的一声,大家才在"院长"带领下纷纷走到餐厅。有时候还要按一定顺序座位坐下。坐下之前大家整整齐齐站着,默哀一样低着头,等另一神秘人物用拉丁文嘟嚷一段"感谢主赐予我们食物"之后才能入座。有一次我去三一学院吃

formal hall,吃到一半,还必须停下来,又像默哀一样起立,听旁边一个唱诗班唱几段拉丁文歌曲,然后才能坐下接着吃完。正式吃完的时候,大家再站起来默哀一段,听神秘人物念完另一段拉丁文,然后才鱼贯而出,你还不能走,还得接着去另一个神秘大厅喝酒。

餐厅的布置当然也很正式。剑桥那些古董房子都有几百年的历史,个个都像皇宫,餐厅也不例外。一般饭桌都是一眼望不到尽头的长条形桌子,桌子上方是枝形吊灯,桌子上面每个人眼前都摆着四五种酒杯,不同的酒用不同的杯子。为了增加情调,有时候还一人面前点个蜡烛。据晓旭说,有一次她的学院吃饭,外面还天亮着,桌上就点上了蜡烛,为了增加邪教"氛围",最后只好把窗帘拉上,大家就着烛光扒拉吃的。

餐厅的墙壁上,往往都是一些巨幅肖像。肖像大多是一些身份不明的古代白人男子,很有可能是女王的爷爷的舅舅的弟媳妇的三表哥什么的,个个戴着假发,穿着制服,挺着肚子,死死盯着我们盘子里的食物。

来剑桥 9 个月,由于同事和朋友的邀请,我已经吃过 10 来个不同学院的 formal hall 了。昨天这个,是社会学系一个同事邀请的,在 Emmanuel college。

先描述一下菜谱吧:

第一道菜(其实本来就在桌上的):面包和黄油。

第二道菜:一片鱼(凉菜),貌似半边红鲤鱼。

第三道菜:芦笋上面盖上几片生牛肉(这是整个晚上我最喜欢的菜)。

第四道菜:羊肉,盖在土豆泥上面,配芦笋、蚕豆。(到这时候我已经吃饱了,所以虽然羊肉很好吃,我已经心有余而力不足了)

第五道菜:冰淇淋加纸口袋里的清蒸水果。(清蒸水果说明这个

college 的厨师还是非常有创造力的）

第六道：甜点，包括巧克力、饼干和 cheese。（这时候我们从一个大厅转战到了另一个大厅，不知道为什么）

第七道：茶、咖啡。

顺便说一句，我是不喝酒的，所以对餐前、餐中、餐后的各种酒根本没有关注。事实表明，在剑桥不会喝酒似乎是一个重大损失。这里开学术会议都经常一边喝一边开。虽然很多学院在"研究经费"方面捉襟见肘，喝酒的钱却是一分都不能少。"穷什么不能穷喝酒，苦谁也不能苦教授"……

老实说，像我这样一个在第三世界国家街头啃甘蔗长大的孩子，是非常不适应吃 formal hall 的。前面一两次尝个新鲜还行，后来都是出于人情。穿个黑袍子、起立默个哀什么的，也就罢了，主要是不喜欢那种"强制性的谈话"过程。一般来说除了带你去的那个朋友，前后左右都是陌生人，谈得来谈不来都得不停地扯淡。昨天那餐饭，放眼望去，都是一些头发花白、胡子拉碴的中老年白人男子，我身边也不例外，导致我昨天一整个晚上：三分之一时间在和我同事讨论哈耶克和吉登斯（确切地说是我在忍受他老人家痛骂哈耶克）；三分之一时间和某物理系教授探讨正负电子对撞机和英国城市规划问题；另外三分之一时间和某卫星学家探讨卫星手机行业的最新进展以及台湾政治的走向问题。

兴趣爱好广泛的我，并不介意了解一下卫星行业和电子对撞机的发展动态，但是，四个半小时啊，同学们。关于卫星行业和正负电子对撞机哪怕台湾政治，我确实没有那么强烈的兴趣，而关于陈冠希绯闻和王石捐款数额问题，他们也缺乏必要的背景知识，但是在大锣被"吭"地敲响之前，我们还必须马不停蹄地说下去。

问题是如果你停止讲话独自枯坐就会显得过于反社会。这不像是国内那种圆桌式饭局，七八个人里面有一两个"主讲人"就行了，其他人可以洗耳恭听。这种长条形桌子造成了讲话必须两两进行（最多偶尔三人四人进行）的强制局面。这种必须两两进行的对话格局，加上身边的人基本都是陌生人这个事实，加上一餐饭要吃上三四个小时的事实，加上坐在你旁边的人很可能跟你根本谈不来的概率，使得每次吃 formal hall，都构成一次马拉松式的耐力考验。吃到最后，多么希望红十字会救援人员能够对我也伸出援助之手，将我从七零八落的豆腐渣谈话中给挖出来。

　　据说 formal hall 是牛津剑桥特别自豪的东西，因为它让背景不同、专业不同的人有一个交流的机会，这听上去非常有道理，但是当谈话进行到"So, how many grandchildren do you have"这样明显没话找话说的地步时，我还是开始深深地怀念那种国内小火锅店里吃火锅的情形。想吃什么吃什么，想跟谁吃跟谁吃，想吃多久吃多久，想聊什么聊什么，什么都不想说的时候，往椅子背一靠，伸个懒腰，看大街上的人来人往。那种惬意，哪是穿着黑袍子坐在皇宫式建筑里和白人老头子聊卫星手机能比。王怡写过，自由主义者有自由主义者吃饭的方式，追求的无非是低调、简单、随便、温暖、私密、惬意，而 formal hall，好像正是这一切的反义词。

　　当然也不是全无收获，仔细回想，一个晚上下来，我增加了如下新知识：1. 日内瓦有世上最大的正负电子对撞机；2. 吉登斯老师和我系某老师曾经有过重大死磕史；3. 卫星手机便是地处太平洋中心也能打通；4. 蚕豆的英文名字叫 broad bean。5. 桃子和李子可以清蒸着吃。

长达五分钟的爱意

1. Strawberry Wine

Strawberry wine 这首歌真好听。如果是午夜坐在窗台外面的防火梯上,面对着樟树掩映下的大街听,就更好听了。

Last night the street collapsed on itself

In fact, it broke right in two

And I fell in

The strawberry vines

Into a pool of strawberry wine

"昨天晚上大街突然塌陷了,事实上,它断裂成两半"……好像是一个历经沧桑的老头儿,坐在一个乡间小酒吧里,给你讲一个故事。语气悠远,故事简单,可听可不听,似乎只是给你们一个坐在这里看深夜大街的理由。

105街的这个家里,我最喜欢的去处,就是这个窗外的防火梯。几乎就是一个阳台,前面对着一条种满了樟树的小街,右边是百老汇大街,对面是一个餐馆兼酒吧。酒吧里时不时有个人出来,站在大红门前面抽烟。偶尔还有硕大的老鼠,噌,从街对面窜到街的这一头。我非常热爱这深夜的街道。路灯油渍渍的,将纽约浸泡成一个小镇,将21世纪浸泡成18世纪。

如果每次听到动听的音乐时,就觉得这个世界的一切丑恶都可以原谅。那么,是不是可以说,我骨子里的愤青,归根结底不是骨子里那个文青的对手呢? 是不是还可以说艺术比政治更有力量呢?

这首歌里,最喜欢的是这段:

This fella downtown, he jumped off a bridge

He was angry about a letter he received from his friend

He fell into the arms of the most beautiful girl

That have ever lived in the history of the world

And with nothing left to lose he got screwed

He sold his apartment before they made him move

Then he jumped straight in

To the san Francisco bay

Now he lives on Molly's farm

Picking berries all day

Don't spend too much time on the other side

Let the daylight in

尤其是"Now he lives on Molly's farm/Picking berries all day"这句。每次听到这里,都稀里哗啦地心碎。令人心碎的不是这个爱而不得其所的悲剧,而是讲述悲剧时,可以是这样若无其事的语气。

2. Cold Water

就像某一刻突然想吃某种东西一样,某一刻会突然想听某人的歌。那一刻突然就想起了张三。不能是王二,不能是李四,只能是张三的声音。

就像刚才,感觉自己被命运狠狠地扇了一巴掌,捂着脸上那个红手印,火辣辣的感觉慢慢烧到全身,又慢慢地冷却下去。不想思考,不想拿起手机拨任何人的号码,体温降到零下。

这时候想听 Damien Rice 的那首"*Cold Water*"。

那个近乎清唱的声音是一个贝壳,可以缩进去,抵挡所有的光线。

什么东西,可以让我肩膀上这个永远聒噪的大脑突然停电呢?那需要很大一只手,很暴躁的一只手,一把把那个插头拔下来吧。

Cold, cold water surrounds me now

And all I've got is your hand

Lord, can you hear me now?

Lord, can you hear me now?

Lord, can you hear me now?

Or am I lost?

从来就不能理解那些善于"倾诉"的人。我怎么一心烦就失语呢?除了贝壳,哪都不想去。

放一段清凉的音乐，算是一次假日停火。Cold cold water surrounds me now/And all I've got is your hand。脑子每一个血肉模糊、衣衫褴褛的士兵都放下武器，回到自己的战壕，默默地包扎伤口，注视自己，每一个对面的敌人都成了兄弟。

3. Roads

邂逅一首歌，Portishead 的"*Roads*"，毛骨悚然地好听。

主唱是一个女人，叫 Beth Something。声音极纤细，唱腔如同一只蝴蝶慢动作拍打翅膀。听这首歌时，你感到空气的振动，所有的家具，包括一只杯子，一个蜡烛，一根鞋带，都开始心跳加速。她唱道：How can it be so wrong? 而我感到：How can it be so right?

我喜欢那些听上去鬼里鬼气的音乐，Tom Waits 和 Portishead 的声音里都有鬼气，有种破门而入大步流星走进你心里放下一颗炸弹就走的蛮横。也许这就是传说中的"化学反应"。当你可以长驱直入地理解一个事物，一个碰巧与你以同样方式腐烂的事物，那就是化学反应了。

曾经有一个人，此人的其他一切我都不记得了，只记得有一次我们去听一场演出。那个萨克风的演奏者独奏时，该同学坐在我身边，竟然感动得泪流满面。而我那一刻则迅雷不及掩耳地爱上了他，爱了整整五分钟呢。

我想说的是，只有足够强大的人才会勇于脆弱。在该同学热泪盈眶的那五分钟里，我觉得他无比脆弱因此无比强大，眼里有通向神的道路。

4. Rain and Tears

在网上翻出 Beatles 这首歌，听了一晚上。甜蜜而惆怅，真好听啊。厕所都顾不得去上。

最早注意到这首歌,是看《最好的时光》时。说实话,整个电影,我就记得那个镜头:舒淇和张震在小饭馆里吃完饭出来,雨中过马路,等车流过去,两人并肩站着,张震轻轻地握住舒淇的手,背景音乐放的就是这首歌。当时觉得这爱真柔软干净,质地如小时候穿的棉绸。

侯孝贤电影里的爱情,都是淡淡的,仿佛两个老头儿午后下一盘棋。

那种安静,自里而外,整个世界模糊下去,撤退下去,听棋子轻轻起落的声音。

Give me an answer of love

I need an answer of love

Rain and tear

Both are shown

For in my heart there'll

Never be a Sun

真甜蜜,真惆怅,真 1970 年代的台湾,真想回到 20 岁,真希望手里有个谁的手。

5. Ruby's Arms

上个星期在网上买的一堆 CD 寄到了。第一个去翻找的,就是 *Heart Attack and Vine*,因为其中有一首自己一直在找的 Ruby's Arms。

N 年以前,有朋友跟我推荐高达的电影,于是我去 Kim's video 随便租了一个他的电影:*First Name:Carmen*。说实话,那个电影的内容我一点都不记得了,反正是一个典型的"欧洲艺术片"。还记得当时的情形:

刚来美国不久，冬天，一个无所事事的周末，一间小黑屋子，我趴在自己的小床上，为一个假惺惺的电影而昏昏欲睡。突然，一个低沉的男低音从电视屏幕里冒了出来，如同一条蛇慢慢爬上脊柱，我的血液顿时凝固了。

那就是"*Ruby's Arms*"。

那是我第一次听到 Tom Waits 的歌，完完全全的一听钟情。那个声音，宽厚，低沉，沙哑，拍打你的听觉，如同一只布满老茧的手温柔地抚摸一个婴儿。

于是去 google"First name：Carmen"的 credits，第一次看到 Tom Waits 的名字，胡乱买了一堆他的 CD。

然后 Tom Waits 就成了我的故乡了。

但由于不知道歌名，很长时间没有找到第一次听见的那首歌。直到那天，在某同学的家里，茶几上，看到一个条子，上面写着"Ruby's Arms"。我问：什么是 Ruby's Arms? 该同学说：就是你说到的那首歌的歌名。

于是，五年之后，一个阳光灿烂的下午，再次听到这首歌曲。世界再次停止，血液再次凝固，听到"Jesus Christ this goddamn rain/Would someone please/Put me on a train"时，再次热泪盈眶。灵魂惊慌失措时，总有一个方圆 6.5 分钟的故乡可以投奔，多么好。有我的世界里同时还有 Tom Waits，人生几乎变得有意义。

在死亡的强光中

可以绝望，但不要唠叨。这是我看完 *Synecdoche New York* 之后的感想和自我告诫。不要让绝望成为自恋的一种形式，尤其不要举着你的绝望，就像一个小孩子举着一根受伤的指头那样到处说：看，我的手流血了！我的手流血了！

Synecdoche New York 是查理·霍夫曼的导演处女作，由于霍夫曼之前写过几个颇有影响力的剧本，人们对这部电影的期望值很高——如此之高，以至于后来有些影评人发现该片其实挺烂之后，也都一致认为它的烂，是一种伟大的烂，而不是平庸的烂。

故事梗概是这样的：一个 30 岁的男人坐在床头哭哭啼啼地说：我太孤独了，我要死了。一个 50 岁的男人坐在床头哭哭啼啼地说：我太孤独了，我要死了。一个 70 岁的男人坐在床头哭哭啼啼地说：我太孤独了，我要死了。然后，他终于死了。

好吧，它的真实情节是这样的：纽约的戏剧导演 Caden 试图导一部复制现实的宏大戏剧，在制作这部戏剧的几十年中，他的第一个太太，一个画只有放大镜才能看到的小画的艺术家,一脚踹了他,跑了,虽然后来他不断读到关于她的消息,看到她的作品,甚至潜入她的公寓,但再也找不到这个人了。他的情人,一个住在一栋永远着火的房子里的女人,也一脚踹了他,跑了,虽然后来又回来了。他的第二个太太,一个对他的一言一行无限景仰的女演员,因为无法忍受他对前妻和女儿的念念不忘,一脚踹了他,也跑了。Caden 一边过着这种不断被抛弃的绝望生活,一边通过他的话剧哀叹这种生活。最后当话剧已经庞杂到失控时,他决定放弃导演身份,转而饰演剧中的一个女清洁工,让这个女清洁工来做导演。在女清洁工的导演下,话剧曲终人散,他自己也在女清洁工梦中的妈妈怀里死去了。

你可能会说,这都是什么乱七八糟的故事。对,我也是这么想的。对于具有侦探癖或者被教育癖的观众来说,他也许能从"着火的房子"、"无限小的画"、"文身上凋零的花瓣"、"彩色的屎"等密码中破译人生进而对霍夫曼"大师"的才华叹为观止,如果他还能联想到卡夫卡尤利西斯拉康,其侦探癖和被教育癖就境界更高了,我却,真的,什么都没有看到。

除了一锅烧糊的粥。

如果一定要说这部电影有一个主题的话,我猜想就是人如何在死亡的阴影下生活。该片从头到尾,一直在不停地死人:Caden 爸爸、妈妈、女儿、话剧男主角、情人、前妻、满大街的尸体,最后是他自己。Caden 最爱看的报纸版面也是讣告版。表现死亡的阴影这个"永恒的艺术主题",当然无可厚非,但霍夫曼对这个主题的表现则可谓拖沓、粘滞、陈腐,只见男主角从一个女人的怀里滚到另一个女人的怀里,哭了几十年最后一命呜呼。可悲的不是绝望,而是几十年如一日地以同一个姿势、同一个表情绝望。有的人面对死亡的通缉,会身手矫捷地逃之夭夭,像"猫和老鼠"里面的那只老鼠那样演绎人生直到落网,而 Caden 在死亡面前,却仿佛一头鹿被汽车的强光照射,完全不能动弹,彻底凝固在自己的惊恐里。

当然粥是逐步烧糊的。一开始电影还比较正常,貌似一部中年家庭危机片,颇有伍迪·艾伦式的荒诞。后来前妻出走后,Caden 的时空感开始错乱粥就煮得太稠了。再后来 Caden 找到饰演他的 Sammy 与其平行生活时,情节就开始彻底焦糊。到最后 Caden 和女清洁工互换角色,显然霍夫曼开始自暴自弃了。他像一个画家从写实派走向印象派,又从印象派走向超现实派,最后由于创作上的走投无路而干脆变成了泼墨派。在墨泼干之后,他让女清洁工对 Caden 说:Die。

Caden 让我想起情景喜剧 Seinfeld 里的 George。有一次 George 突然良心发现参加了一个帮助老人的志愿者项目。在得知老人已经 86 岁之后,他就一直困惑一个人这么老了怎么还能这么快乐。他不断追问老人:你害怕吗? 你知道自己活不了几年了吗? 你离死亡这么近,怎么能不害怕呢? 怎么可能呢? 你一定心里很痛苦吧? 最后老人忍无可忍,说:Get out!

论爱情之不可能

园丁与花园

　　两个人中,总有一个是园丁,一个是花园。这个话是谁说的,忘了,但是我一直记得这话本身。怎么能忘呢? 身边的恋爱,一对一对的,进行时,过去时,将来时,时时刻刻提醒着呢。

　　闺密 A,跟她的男友在一起,她给他做饭、洗衣、买各种小礼物讨他欢心、一次一次原谅他的各种错误和罪行,而他还是要对她挑三拣四。说她不够漂亮,不够聪明,不够有魅力。闺密 B,则刚好相反。她不会填税表,他帮她填。她电脑坏了,他帮她修。她两手空空,他两手拎四个包。她生病,他左手拿药、右手端水,递到她的眼前。

　　说园丁和花园,当然是好听的说法。难听的说法是,在一个婚姻或者恋爱关系中,总有一个是虐待狂,而另一个是受虐狂。

　　完全平等、相敬如宾的,大约也有。但是据我观察,很少。当然极端的 S/M,也不多。大多的情况,就是连续谱中间那段里面温和的受虐与施虐。很多时候,甚至不是两个人由于历史的惯性形成了这种"权力格局",所以不得不默默承受。而是,受虐与施虐的痛感——或者说快感——本身,成了爱情的防腐剂。说白了,不是因为爱而去忍受痛,而是通过痛才能感到爱。

一个有趣的现象是,流行歌曲百分之七八十都是关于得不到爱情或者失恋的痛苦的。越是"你怎么舍得我难过","等到花儿也谢了","独自一个人流泪到天亮",唱片就卖得越好。就算那个歌手像黎明那样身处热恋,像吴宗宪那样嬉皮笑脸,像陈晓春那样小市民,像成龙那样老大哥,像齐秦那样热情已经被耗尽,拿起话筒来,也要表情陡然一变,形容憔悴、声泪俱下地唱道:"给我一杯忘情水,换我一夜不流泪"。

商家精明着呢,知道全世界都等着被触痛呢,整个港台流行音乐界,一大半都是基于对伪痛苦的消费。

这事让我觉得,痛是一种很神奇的东西。它把模糊的东西,转化为清晰。把迟钝的东西,转化为尖锐。就是通过被伤害,爱的感觉变得清晰而尖锐,正如就是通过生病,我们突然感受到我们的身体的存在。

别说爱情了,就是爱国、爱党、爱社会主义,多多少少也有点施虐受虐的意思。革命年代,人人都要写思想汇报,动不动就要无情地鞭挞自己,这个精神上的自虐仪式,就成了表达革命忠诚的方式。古今中外,上帝也好,佛祖也好,哪一个不要求你禁欲?不准吃这个,不准喝那个,不准干这个,不准做那个,你不是爱我吗?爱我就要学会为了我承受痛苦。

每个人都有一部爱情的血泪史,上面记载着我们无情地踹掉别人以及无情地被踹的历史,也就是施虐与受虐的历史。据我的观察,人们最"刻骨铭心"的经历,一般都是"被踹"的经历,或者干脆是"得不到"的经历。换句话说,如果在感情的强度和受伤害的程度之间做一个统计回归分析的话,二者很可能是正相关的。

这能说明什么呢？人之初，性本贱呗。真要把一大块蛋糕推到你的面前，让你没完没了地吃下去，估计很快就倒了胃口。还是放在橱窗里，眼巴巴地看着，才有咽不完的口水。

所以一对情侣在一起，尤其是关系还没有稳定下来的时候，会有"欲擒故纵"、"声东击西"等等小把戏。其实也不怪谁爱耍那点小聪明。地球人都知道，你不让对方时不时地痛那么一下子，人家哪会把你当回事。痛就是爱的那么一个小容器。

当然有时候，这种小把戏玩得过火了，最后会弄假成真。为了逃避痛，也就逃避了爱。因为害怕当了冤大头园丁，所以看见花园就绕道走。安全倒是安全了，可这种安全靠麻木太近。所以那些为自己一次又一次地成功避开爱的"礁石"而洋洋得意的人，还真说不清人家是赚了还是赔了。从完好无损的角度来说，是赚了，但从极端体验的角度说，又是赔了。

同样道理，相比受虐的那一方来说，施虐的那一方表面上看是"占了上风"，但是要我看，还真难说谁比谁幸福。"占上风"无非就是"权力"的优势，而权力给人带来的快感，要我看，总还是有限。而且，权力就像是毒品，让人上瘾。今天抽 10 毫克就行了，明天得 20 毫克，后天得 50 毫克。所以施虐的快感，总是很快就溶解在你不断上升的胃口里。相比之下，受虐的那个，因为粉身碎骨的勇气，反而可以陶醉在自己的英雄主义气概里。当年那个爱啊，一不怕死二不怕累的，以后追溯起来的时候，还可以像个出生入死的抗美援朝老兵似的，来个英雄无悔。

存在感总是与痛感联系在一起，而安全又总是紧挨着麻木，这事再次证明，上帝就是个小气鬼，他交一分货，你就得交一分钱。当然你可以不掏那个钱，不要那分货，不过这个时候，你就得眼巴巴地看着人家热火朝天地"爱情麻辣烫"。就算第二天吃着会拉肚子吧，人家好歹也有过荡气回肠的那一刻。

约会文化

"来美国之前,我其实都不知道约会文化这种东西。"有一天,恩华突然说。

"什么约会文化?! 不就是个到处睡觉不用负责的文化!"我不屑地答。

是啊,我们这些从第三世界国家千里迢迢赶到美国来学习先进文化的女青年,哪里想得到,在这个号称文明民主富强的社会里,还有约会文化这样的大毒草。

Dating,用中文怎么说呢? "约会"是最合适的字眼。然而"约会"在中文语境中的重要性、使用频率、含义清晰度远远不及"dating"在英语境遇中的地位。比如,在中国,我们可能会问别人:"你有没有男朋友(女朋友)?"但是一般不会问别人"你最近在约会什么人吗?"事实上,这句话在中文里听上去如此别扭,简直就像是病句。但在美国,这么问太正常了。

这种区别绝不仅仅是用词的区别,而是文化的差别。在中国,两个人谈恋爱就是谈恋爱了,没有谈就是没有谈,基本不存在什么模棱两可的状态,而约会这个词在英语世界里,恰恰就是用来形容两个人之间模棱两可的状态。当一个人宣布自己在约会某个人,基本上就是在宣布:我已经跟这个人上过床了(或者很快会和这个人上床),但是她(他)还不是我女(男)朋友。

关键词是那个"但是"。

看过 *Sex and City* 的人也许有印象,其中有一集,Mr. Big 跟别人介绍 Carrie 说"这是我女朋友",把 Carrie 感动坏了——那时候,他们已经约会很久了,也就是在一起上床很久了,但是 Big 始终没有用过"女朋友"这个词来形容 Carrie,而一旦一个男人不再用"约的人"而用"女朋友"来指称一个女人,这时候她的地位才算升级了,交椅才算坐稳了。

约会的出现,可以说是对人的肉体欲望和精神依恋发展不成比例这个客观现实的承认。两个人肉体关系的发展,可以像电饭煲做饭那么快,而两个人感情的发展,往往像砂锅煲汤那样慢,怎么办? 约会呗。

迅速亲密,迅速上床,迅速分手,是约会文化里的主要景观。

这件事情,仔细想来,其实挺叫人沮丧。约会文化的风靡,在某种意义上等于人类承认了自己的双重无能:在抵制欲望面前的无能;在培养感情方面的无能。承认了这双重无能的人们,转过身去投入到走马观花的约会生活中去。ABCDEFG……一个接一个地出现,然后一个接一个地消失。毕竟,上一次床,只需要一点荷尔蒙,而要爱一个人,要有激情,恒心,意志,力气这些罗里巴嗦的东西,而人类永远是避重就轻的那么一种动物。

Sex and City 里,Miranda 承认自己跟 42 个男人上过床,《四个婚礼与一个葬礼》里,Carrie 也承认自己和 30 多个男人上过床。而 Miranda

和 Carrie,好像也不符合我们传说中的"破鞋"形象,相反,她们和蔼可亲、积极向上、聪明伶俐,和我们中国的那些可爱"邻家女孩"似乎没有什么不同。唯一的区别,不过就是她们成长在这种约会文化里。我们文化中的破鞋,可以是别人文化中的公主。

基本上在中国,至少近些年以前,没有约会文化,有的是"找对象文化":两个人从第一次手拉手开始,婚姻这个主题就扑面而来。从小到大,我们看过多少电影电视小说,里面有多少怨妇,因为和某个男人睡过了,就哭着喊着揪着对方衣领要人家对她"负责",甚至时不时还要派自己的哥哥、干哥哥什么的去扁人家,打到人家鼻子出血、满地找牙。

这当然不是说我们中国人在抵制欲望和培养感情方面比西方人更能干,所以才能越过约会,大步流星地步入爱情的圣殿。事实上,"找对象文化",只不过是对人的肉体欲望和精神依恋发展不成比例这个客观现实的不承认而已。明明肉体欲望和精神依恋的发展是不成比例的,非要做"同步发展"状,结果就是:既然上床了,那就结婚吧,既然结婚了,那就凑合吧,既然家里凑合了,那就在外面嫖妓或者找外遇吧。

如果说约会导致的是走马观花之后的麻木,"找对象"文化导致的则往往是深陷泥潭之后的麻木。死法不同而已,大家彼此彼此,谁也犯不着同情谁。

当然,我的悲观也许纯属自己的反社会、反人类倾向。事实上,我们也可以说,约会文化中的人们非常享受那种昙花一现的快乐,而找对象文化中的人们非常享受那种细水长流的快乐。轻盈的或者沉重的,都是快乐。

我有一个毫无根据的理论,并且对此坚信不疑:一个人感情的总量是有限的,如果你把它给零敲碎打地用完了,等到需要大额支出的时候,你的账号就已经空了。所以约会文化最大的弊端,就是它的挥霍性。现代人冲向 dating 市场,就像一个饥饿的人冲向一次自助餐,他东一勺子,西一筷子,每一个菜都是浅尝辄止,但每一个菜都没有留下回味的余地。虽说爱的深度和爱的广度之间,很可能有一个互换性,但我总觉得,真爱是一个对深度而不是对数量的体验。

Hello，Stranger

电影 *Closer* 里面，美丽的波特曼小姐出车祸，在马路中间摔倒在地，似乎晕了过去。英俊的裘德洛先生跑过去救她，波特曼小姐躺在地上，突然一回头，非常妖艳地笑着说：Hello，stranger。

就那么一瞬间，这个电影性感了起来。

爱情里面，最艰巨的部分，莫过于相遇吧。古人说：百年修得 blah blah blah，千年修得 blah blah blah。茫茫人海，说起来有几十亿，但是真正你生活中接触的，也就是百把来人。百把来人里面，身高体重长相工作学历性情人品才华年龄婚姻状况又令人中意的，很可能一个也没有。

剩下的，那在大街小巷里起伏的，不过是 stranger 而已。

于是人们寄希望于邂逅，像波特曼小姐和裘德洛先生那样的邂逅。汹涌人海中，他从宇宙的深处走来，她从宇宙的另一个深处走来，上帝得有多么宠爱他们，才能让他们穿越六度空间，在那一个时刻，那一个地点，砰，撞上了，并且说：Hello，stranger。

当然，电影是电影，生活是生活。电影的好处就是导演可以假扮上帝,把命运像面团那样揉捏,包子,饺子,馄饨,面条,想吃什么就捏什么。比如情景喜剧 *Will and Grace*,Grace 怎么遇上前夫的? 在中央公园里狂奔摔倒。再比如《西雅图夜未眠》来说,瑞安小姐"恰好"听到广播里汉克斯先生的倾诉……然而现实是怎样呢? 生活中你在街上摔倒了,也就是摔倒了而已。最好的情形是有一两个人走过来,问你"没事吧"? 你尴尬地笑笑,爬起来继续走路。最坏的情形就是你摔成了骨折,接下来要为一大堆医院的账单而痛苦半年。如果你想赖在地上等到一个帅哥来扶你,估计得等个一时半会儿。就算等到了,如果你猛一回头,非常挑逗地说"Hello, stranger",估计帅哥也会吓得呼啸而去。

邂逅是一个奇迹,让邂逅演绎出一个美丽的故事,是奇迹的平方。对奇迹的平方心存侥幸,可以被称做"hopelessly romantic",也可以叫做"花痴"。

那天走在时代广场的地铁过道里,一个 stranger 冲我走过来。

你好。

你好,不好意思,我认识你吗?

不认识。

那么——

我叫××,可以认识你吗?

这个,有什么我可以帮忙的吗?

能把你的电话告诉我吗?

啊,不好意思,我不把电话给陌生人的。

为什么?

不为什么,不是我的习惯。

那好吧，这是我的名片，如果愿意，请给我打电话吧。

哦，谢谢。

我揣着这个人的名片往前走，心里充满对该先生的敬意。上帝给了每个人一个偶然性的监狱，但是他竟然企图越狱。

但我可不想越狱。偶然性是残忍的，但偶然性之美在于它的独一无二性。可以无限复制的东西是不美的，可以被无限复制的东西是不珍贵的，可以被无限复制的东西是工业流水线而已。

偶然的美女偶然地年轻并偶然地单身着，她偶然地摔倒，偶然的帅哥偶然地经过，"Hello，stranger"，上帝对邂逅如此精妙的配方，和大街上举目四望、四下探照的缘分，怎能相比？虽然，不幸的是，现在的选择题是，守株待兔，or，花痴追兔。也就是，被上帝囚禁，还是被伪上帝羞辱。

已经太晚

　　电视里，女主角终于要嫁给自己爱的人，她一个人半夜爬起来，穿上婚纱，对着镜子，没完没了地笑。

　　吃着红薯粥、蓬头垢面地坐在沙发上，我突然意识到，自己这辈子可能都穿不上婚纱了，就是穿上，也未必有这样甜蜜的笑，就是有这样的笑，也已经太晚了。15 岁的时候再得到那个 5 岁的时候热爱的布娃娃，65 岁的时候终于有钱买 25 岁的时候热爱的那条裙子，又有什么意义。

　　什么都可以从头再来，只有青春不能。那么多事情，跟青春绑在一起就是美好，离开青春，就是傻冒。骑车在大街上大声唱走调的歌，冬天的雪夜里"嘎吱""嘎吱"踩着雪地去突袭一个人，紧皱着眉头读萨特的书并在上面划满严肃的道道，走在商场里悄悄拆一包东西吃然后再悄悄地放回去。

　　看一个朋友拍的一个"搞笑片"，但看来看去，我就是笑不出来，原因是这个片子里都是些 35 岁左右的"中青年人"。这样的片子，若是 15 岁的小孩子拍，会"很搞笑"。若是 25 岁左右的人拍，会"挺搞笑"。但是 35

岁的人拍，便觉得很不好笑。

连愚蠢，也只是青年人的专利。

张爱玲说，出名要趁早。我不知道别人怎么理解这句话，照我不堪的理解，就是早点出名，好男人就早点发现你，然后浪漫故事就早早地发生了。你若是 35 岁、45 岁出名，还不幸是个女人，这名又有什么用呢。对于女人，任何东西，若不能兑换成爱情，有什么用呢。

有一年，一个男人指着另一个男人跟我说，他以后会回国的，他以后会当总理的。然后我就看着那个会当总理的男人，一天一天在我身边老去。直到有一天，他已经变得大腹便便了，头发稀疏了，唠唠叨叨了，我慢慢意识到，已经太晚了。

我还认识一个人，他 26 岁的时候才来到美国，才开始学习英语，可是他学啊学，跟着电视学，请家教学，捧着书学，就是学不会。每次见到我，他总是特别兴奋地说，你听，我的英语有没有进步？然后结结巴巴地说一句火星英语，我看着他，心想，已经太晚了。

我外婆，直到 70 岁的时候才住上楼房，之前一直挤在大杂院里。可是等她好不容易住上了楼房，她又不习惯上楼下楼爬楼梯，不习惯那种邻里之间不吵架的生活，于是她变得失魂落魄，没事就往老房子那边跑。你知道，当好事来得太晚了的时候，它就变成了坏事。

我想我就是现在遇上一个心爱的男人又怎样呢？一个没有和我一同愚蠢过的男人，有什么意思呢，而我们就是从现在开始愚蠢，也已经太晚了。

爱情饥渴症

饥饿会影响人的判断力,这毋庸置疑。

最明显的例子就是,人饱的时候和饿的时候,去超市买东西,消费数额往往大相径庭。饿的时候逛超市,看见任何食物都两眼放光,有如与失散多年的亲人重逢,一旦抓住,就不肯松手。而饱的时候,则推着小车,从容不迫在货架间穿行,看见吃的,一般得风度翩翩地左右端详一番,多数时候还把它给扔回货架上去。

后来,我知道有一种病,叫"爱情饥渴症"。

我琢磨着,饥渴症都是一样的,不管前面的定语是不是爱情。

爱情饥渴症最大的临床表现,就是迫不及待地将随便什么落入手中的"食物"都飞速地塞到自己的车筐里去,并且不管那个食物多难吃都坚信它就是自己最想吃的东西,并且不管它的价格如何,都一定要把它买回家去。

总而言之,被饥饿冲昏了头脑。

一般来说,一个人要饿到老眼昏花的程度,总得饿了一阵。所以多年没有正儿八经谈恋爱的大龄男女青年,是爱情饥渴症的高发人群。尤其是大龄女青年,因为对爱情的胃口特别好,因为眼看着兜里的粮票就要过期,所以看见一个吃的在眼前,哪怕是发了霉的包子,哪怕是烂了心的苹果,都要一个箭步冲过去,不分青红皂白地往肚子里吞。

问题是,看都没看清的东西,直接往肚子里塞,能有什么好结果。

霉包子也好,烂苹果也好,看见你跑得这么快,吞得这么急,肯定要沾沾自喜。自然而然地,他会把你的饥饿感误解为他的内在价值。我是不是很牛啊?是不是很酷啊?是不是有种我自己都没有发掘的神秘魅力啊?霉包子、烂苹果照着镜子,抹着自己的大背头,越看越得意。不行,既然我这么牛,有这么神秘的魅力,哪能这么轻易就出手?所以,便是霉包子、烂苹果,看你跑得这么快,也要在你伸手的一刹那,把自己的价格上调个百分之五十、八十的。所以我们才看到无数的兄弟姐妹痛心疾首地抱怨:"什么东西啊?要才没才,要貌没貌,要钱没钱,架子倒是大得很⋯⋯"

那可不,你给人家那么多颜色,人家能不开染坊?

霉包子因为你给的那点颜色,把自己看成新鲜包子。新鲜包子因为那点颜色,把自己看成是红烧肉。红烧肉因为那点颜色,把自己看成是鲍鱼鱼翅。反正你的爱情饥渴症,造就了对方的自大狂。

对对方其实也不公平。因为患有爱情饥渴症,所以你寻找爱情的时候,寻找的是一剂膏药,牢牢地贴在你的伤口上。既然你找的是膏药,它最重要的性能就应该是安全、是杀菌、是保护。它要治疗你历史上所有的炎症,还要抵御将来所有可能的细菌。可是,爱情它不仅仅是狗皮膏药啊。人们说了,爱情要像鲜花一样美丽。鲜花无用,只负责美丽。

记得崔健以前在某次采访中说,他一般只和27岁以下的女孩恋爱,因为27岁以上的女孩总是太缺乏安全感,而且总是让这种危机感败坏了恋爱的其他乐趣。虽然这话里面充满了性别歧视和年龄歧视,但是我承认,他有他的道理。他不愿做一片膏药,被按在一个爱情饥渴症的伤口上,一按不起。

　　英语世界有一句被说得有点滥的话,叫做:"I love you not because I need you, but because I want you"。翻译成中文就是,"我爱你不是因为我需要你,而是因为我想要你。"这个"需要"和"要"之间的区别,就是把对方当作一个狗皮膏药还是一朵鲜花的区别。如果一个女人因为钱而嫁给某人,那她就是把他当作了钱包,狗皮膏药的一种。同理,如果一个女人因为感情的饥渴而嫁给某人,那她还是把他当作了膏药,工具的另一种而已。

　　据说真正的爱情,不是因为对方能带给你什么,而是因为你就是欣赏他的美好。

　　对于爱情饥渴症患者自己来说,找到她的膏药,也未必就是一件好事。饥饿是一种蒙蔽,所谓饥不择食,说的就是这个道理。等你把自己随手捞来的包子苹果塞进肚子,大半饱之后,也许会突然发现,其实你并不爱吃这些包子苹果,其实这些包子苹果并不美味。怎么办?把剩下的扔到垃圾桶里去?可是,浪费粮食缺乏基本的公德心。

　　所以说,当你推着购物车在爱情的超市里穿行的时候,再饥肠辘辘,也要有耐心。耐心是一种美德,其基本的道理就是,你的饥饿,不应该是让一个霉包子糟蹋你胃口的理由,也不能是你浪费一个好包子的理由。很多时候,冲动里面有一种快感,而另一些时候,远离则是一种操守。

你所能想到的全部理由

　　大学的时候，一个朋友和男友分手，是他主动提出来的。她问为什么，他说：你所能想到的全部理由，都是对的。

　　全部理由，听上去多么残酷。他不爱她了。他觉得她不够好。她从来不是一个合格的女朋友。他有另外一个她，而且更爱那个她。他从来没有爱过她……你所能想到的全部理由。

　　虽然我不是当事人，听见这话时，还是跟着心碎。整个世界，目力所及之处，全是理由。桌子不是桌子，是理由。书包不是书包，是理由。天空不是天空，是理由。整个世界团结一致，万众一心来对付这一个人。

　　我申请出国留学的时候最想去的那个学校没有录取我，我很困惑：我学习多好啊！我研究计划书写得多规范啊！我求学的心情多么热切啊！你们凭什么不要我。后来找工作的时候，有一个面试过的机构最后决定录用了别人，我很生气，我们不是聊得很开心吗？你们的问题我不都对答如流了吗？为了那场面试我还专门买了个 150 美元的职业女装呢！你们为什么不要我。还有一年春天，我曾经千里迢迢地跑到另一个城市,因为我很想问一位同学一个问题。但最后在 3 个小时的飞机,2 个小时的巴士,1 个小时的步行和一个小时的晚餐之后,我决定放弃那个问题。

好吧,我知道,我所能想到的全部理由,都是对的。

啊,当一个女人怀孕,甜蜜地抚摸着自己的腹部,她在抚摸一个多么令人心痛的事实:这个肚子里的生命,他会长大,等他长大,会有一天,有人对他说:不为什么,因为……你能想到的全部理由。

我想象心碎这件事,有点像一个大陆的塌陷。缓慢,沉重,不知不觉,然而慢慢地,现出越来越大的裂痕。

我想象那种惊恐:一个人曾被反复告知自己是未来的主人翁,然后有一天,不知道哪一天,突然,他必须开始学习接受自己的失败,必须开始接受某些,很多,那么多,太多,几乎所有,美好事物与自己的无关性。他眼睁睁地看着一块棒棒糖举到眼前,然后又晃了过去,他嘴里聚满了口水,然后他低下了头去。

我还想起小时候养的那只猫。它多么想吃桌上的饭菜啊,它每天都在桌子底下逡巡。它跳上桌,被打了下去。又跳上桌,又被打了下去。再跳上桌,还是被打了下去。后来,它不跳了。它路过那个桌子,桌上那些诱人的饭菜,眼神茫然地走了过去。

那天和另一个好友聊天,说起她和前男友的对话,前男友历数对她的不满之处:还在读书;打扮土气;不够酷;太多怨气……

闭嘴。闭嘴闭嘴闭嘴。

你所能想到的全部理由,都是对的。

不就是个心碎吗? 有人在跳楼,有人在挨饿,有人得癌症,有人被砍死，还有人不幸生在了伊拉克，那么多心碎的声音，那么多蚂蚁的哈欠。

就当上帝是一个小男孩，喜欢没事就切蚯蚓。没有什么理由，就是下了一场雨，屋檐下冒出无数的蚯蚓，而他手里正好有一把小刀而已。

独身主义

任何主张，加上的"主义"这个后缀，就变得恐怖。因为恐怖，人们就避而远之。比如"女权主义"，谁敢承认自己是女权主义者呢？那简直等于宣布自己长相恐怖性情变态脾气乖戾。又比如"环保主义"，保护环境，自然是好的，可是要上升到主义的高度，这个这个，有专家出来说了，还是要"以人为本"嘛。

大多数人不喜欢强烈的主张，何况是强烈成主义的主张。

我也是最近才突破了"主义"这个词的反动外壳，开始打量独身状态里的种种诱惑。那次和西影坐在商场门口的长椅上八卦。她结婚几年了，所以我们自然谈到了她的造 baby 计划。

唉，我现在很自私，她说，想到要把自己的时间、精力分给另外一个人，就觉得不甘心，所以暂时不想要孩子。

其实我比你更自私，我就势承认，也是因为不想把时间、精力分给另外一个人，所以连婚都不愿结。

一直觉得自己对于婚姻这件事，抱着叶公好龙的态度。一个女人，

30 了,整个世界都在忧心忡忡地虎视眈眈地幸灾乐祸地看着你,等你把自己用跳楼价大甩卖了。别等了,跳吧,也就 59 楼,我们脖子都仰酸了,你就跳吧,我们还赶着去吃午饭呢。

于是出于善良,这些年来也配合他们的目光,做出一副急不可耐的样子。相亲,上网交友,到各种 party 抛头露面。最严重的,就是放弃自己曾经有过的一切标准、原则、理想,在那些毫无感觉的人面前搔首弄姿,努力用老爸老妈的口气说服自己,其实婚姻就是找个伴而已,其实感情都是培养出来的,其实一切标准、原则、理想都只是自恋的表现形式而已。

可是,凭什么呀。

不就是个婚姻嘛?婚姻有什么了不起的。马克思说了,私有制是万恶之源,而婚姻本质上不过是爱情的私有制而已。

我的一个朋友说过,一个人占有得越多,就被占有得越多。说的多好啊。比如你有一个房子,得,下半辈子就忙着还贷款吧。婚姻其实也是一样,为了占有一个人,你被占有了多少啊。他本来习惯于三天洗一次澡的,可是实在无法忍受她的唠唠叨叨,只好一天洗一次。她本来习惯于饱一顿饿一顿的,可是他一日三餐一餐都不能少,只好睡眼惺忪地起来给他做早饭。他本来喜欢周末哪也不去,就坐在沙发上打游戏的,结果她非得拉他去丈母娘家。她今晚就想一个人安安静静呆着,看看小说喝喝茶,可是他在那个房间里看足球赛吵得她头疼欲裂。他其实喜欢挣多少花多少,今朝有酒今朝醉,可是她非得强迫他每个月存工资的一半。她其实喜欢上网聊天,可是结了婚的女人,还上网聊天,他说,真是老不正经。

为什么要结婚呢？他人即地狱啊，萨特说。

没有那么严重了，我的亲友 ABCDEFG 说，也有很多乐趣啊。一起旅行，一起做饭，搂着看电视，挎着逛商场，其乐融融啊。

可我总是疑心，有多少人的婚姻是乐趣在维系，又有多少人，仅仅因为惯性。他之所以结着婚，是因为他已经结了婚。他之所以结了婚，是因为别人都结婚。别人都结婚，是因为——你问"别人"去吧，我怎么知道。我恶毒地以为，大多数人结婚，其实仅仅是因为无所事事，于是决定用一种无聊取代另一种无聊。

小昭在清华时，同学申请出国，忙得不亦乐乎的时候突然问：哎？你说我为什么要出国啊？她答：因为出国是唯一不需要解释的选择。

唯一不需要解释的选择。听上去简直凄凉，仿佛人的所有主观能动性，在传统、趋势、潮流等等集体性的事物面前，都不堪一击。仿佛人只是一只陀螺，在外力的抽打下，机械地旋转。

其实我希望自己的怀疑是错的。我希望这样的胡思乱想仅仅是因为没有对谁爱到"那个份上"。我希望有一天，像在大街上拣到钱包一样拣到"那个份上的爱情"，而"那个份上的爱情"正如他们说的那样，魔法无边，让我五迷三倒，七窍生烟。我可以为了它，一天洗四个澡，存80%的工资，一辈子不打游戏，早上六点起来做早饭，一打开电视就找足球赛，像一个八爪鱼一样缠着他不放，成天跟在他后头，唱 S.H.E 的那首歌：你往哪里走，把我灵魂也带走。当然，到了 30 岁这一年，我知道，北极并没有住着一个圣诞老人，生活中的老鼠并不像动画片里的那样可爱，有志者事竟成只是个笑话，希望它也就是个希望而已。

求　婚

中国人好像不怎么求婚。两个人看顺眼了，然后在某天晚上，一家吃三鲜面的铺子里，男的抬起油乎乎的嘴，说：要不去领个证吧。

然后一口把面唰了进去。

然后就是一番分不清谁是谁也无所谓谁是谁的觥筹交错。

然后就有了挂着鼻涕到处晃的小不点们。

外国人不这样。外国人为了求婚这个事处心积虑。"Propose"这个瞬间的重要性，相当于我们国家政治生活中的"神六上天"。万众瞩目当中，神六冉冉地上天，观众掌声雷动，宇航员热泪盈眶。各家媒体，不，在求婚这个事情中，是三亲六戚，奔走相告。党中央，我是说，双方父母，欢欣鼓舞。

在洋人的求婚仪式当中，最重要的道具，当然就是钻戒了。这个钻戒，要求是真的钻石戒指，最好是 tiffany 牌的。据说它的价格，得是这个男人月工资的三倍。其实几个月的工资事小，重要的得让那个男人心疼。基本的原理大约是，让这个男人花钱花得心疼了，他才能意识到这件事情的严重性。要是一个钻戒像一盒巧克力那么便宜，难保他不见个人就求个婚、哪天嘴馋了顺便求个婚什么的。那首歌怎么唱的来着？"你问我爱你有多深，钻戒代表我的心……"

光有钻戒还是不够的，还得浪漫。吃三鲜面时候，从左边的裤兜里掏出一个钻戒，说："老板，胡椒在哪儿?! ……对了，小玉，嫁给我吧，这块金刚石，你拿着，三个月的工资呢!"这可不行。别听那流行歌曲瞎唱，什么"我能想到最浪漫的事，就是和你一起慢慢变老……"，纯粹瞎扯淡。结婚过五年，看彼此都跟看家具没区别了，还浪漫呢。所以最重要的，是把握花好月圆时的那一分诗意。趁着男人还没有完全变成混账的时候，把该浪漫的都给浪漫了，以后就是两个人为了苹果该不该削皮吃而打得头破血流时，还可以"回首"当年他递给你钻戒时眼里的柔情。记忆这个东西，新三年，旧三年，缝缝补补又三年。靠这点回忆，再往记忆里添点油加点醋，没准能多撑个 20 年呢。

为了满足广大女孩的浪漫需求，男人为了求婚的时机和场合绞尽脑汁。我的朋友里有一对，在金门大桥上，男的给女的单膝跪下求婚。这样的"公开场合求婚法"，好处当然是举世瞩目，盛况空前。就我的那对朋友来说，据说当时桥底下人们一看见有人单膝跪下，就知道发生什么了，立刻都停下来起哄鼓掌。坏处，当然就是这样的求婚，看上去有点像绑架。善良的女生们，多半不忍心当着众人的面，让男人下不了台。于是出于息事宁人的态度，说好吧好吧，你起来再说吧。结果这一再说，等了几十年，就没下文了。这一点，讲 Johnny Cash 的电影 *Walk the Line* 里面，有生动的演示，更别说我那位在金门大桥上的朋友了。

更多的人，在求婚场合问题上，选择温馨地"私了"。比如，吃甜点吃着吃着，突然吃出了一颗钻戒。又比如两人爬山爬到山顶，极目四望，江山如此多娇,引无数男人掏腰包。于是男人突然掏出一颗钻戒,深情地说"小玉,嫁给我吧……"。这种"温馨私了"的求婚方式,好处当然是给女生压力较小,她可以选择拒绝,也可以选择拿起钻戒就飞速逃离现场,反正不一定非要说"yes"了。坏处就是不够耸人听闻,效果不够震撼,有可能若干年后,自己都想不起来自己怎么就走火入魔、嫁给孩子他爸的。

我已年过30,还从来没有一个男人拿着一枚钻戒说"嫁给我吧"。我等啊等啊等啊等,等得三鲜面铺子都关门了。不过总的来说,也没有什么遗憾的。我年少时对求婚场景的幻想里面,从来就没有钻戒这种东西。就一个帅哥,和我。我们都才华横溢桀骜不驯武功盖世,所以我们彼此爱之入骨,又由于我们都刚愎自用顽固不化惟我独尊,所以我们又对彼此恨之入骨。由于这种爱之入骨又恨之入骨的悖论,我们今天爱得脑肝涂地,明天又恨得鸡飞蛋打。终于,在一个风雨交加的夜晚,在一场翻天覆地的大争吵当中,他,突然,一把抱住我,说,嫁给我吧。

我对这个 MTV 式的幻想是如此钟情,以至于都忘了在其中插入一个他掏出一颗三克拉大戒指的情节,可见女人一激动,就变得愚蠢。后来,我想,愚蠢也好,聪明也好,反正不过是幻想。如今我 30 了,不再充满幻想。什么金门大桥,什么温馨山顶,什么风雨交加,甚至什么三个月工资的钻戒,所需要发生的全部,不过是一个男人,我,和一家三鲜面馆子。他抬起油乎乎的嘴,说:要不去领个证吧。

然后一口把面嘬了进去。

然后就是一番分不清谁是谁也无所谓谁是谁的觥筹交错。

然后就有了挂着鼻涕到处晃的,我的,我们的,小不点们。

这个,那个以及其他的

我在美国最爱看的情景喜剧叫 *Seinfeld*。其中有一集,Seinfeld 和 Elaine,两个前男女友,早已分手,多年来一直保持哥们关系。可是有一天,他们突发奇想,决定两人可以"偶尔"发生性关系,但并不恢复男女朋友关系。说白了,就是达成一种"友谊加性"的关系。

当时他俩坐在客厅,指着客厅说,"我们要保持这个",然后又指着卧室说,"时不时再来点那个",最后指着空气说,"但是不要其他的"。总之,可以上床,但是不能掉入恋爱的陷阱。

尽管他们共同的好友 George 警告 Seinfeld 说,人类有史以来,男女之间从来没有、也不可能实现如此美好的关系模式,Seinfeld 还是一意孤行地奔赴了这个实验。结果可想而知,最后他们既不能"那个"了,也不能"这个"了,因为 Elaine 想要"其他的"。

这一集结尾的地方,Seinfeld 困惑地问 George:性这个东西到底神奇在哪里? 它怎么就那么有破坏力?

对呀,不就是一个物理运动吗? 怎么就那么有破坏力? 它怎么就可以将两个其实不怎么相爱的人死死捆绑在一起,也可以将一份本来挺美好的友谊糟蹋得支离破碎,它还可以将两个本来相爱的人扭曲成两个相互戒备、相互折磨的占有狂呢?它简直就是一场地震,所到之处,天崩地裂,生灵涂炭。

有一次和一个闺密聊天,她说:"我跟一个男人上床以后,就会死心塌地地爱上他。"我问为什么,她说:"跟一个人那么亲密地在一起缠绵过,我就会产生那种把自己全部身心交给他的冲动。"我说这事有这么严重吗?因为一场物理运动而爱上一个人,听起来怎么这么不靠谱,简直像是说某个气功大师摸一下某个人的头,他的病就会得到痊愈一样不靠谱。该闺密困惑地看着我,说:你,怎么这么不像个女人?

因为能够把性和爱分清楚,所以男人能够做到"外面彩旗飘飘,家里红旗不倒",能够做到前脚刚点清给三陪小姐的现金,后脚回来夸老婆全世界最好。因为不能够把性和爱分清楚,所以女人会因为发现老公的外遇而歇斯底里,会因为跟一个男人上了床而要求他对自己"负责",会因为一夜情而为一个男人失魂落魄、望断秋水。

女人总是混淆肉体的亲密与精神的亲密。她总以为肉体的亲密,只是一个序曲,更盛大的演出是在后面:两个人的耳鬓厮磨、朝朝暮暮。昨天我跟你上了床,今天我就等着你给我打电话,关心我今天吃了什么,跟谁闹了别扭。明天我家电脑坏了你就责无旁贷地要来修理。后天,我在公司听的笑话就一定会跟你分享。大后天你感冒了,我肯定会带着感冒药及时出现在你家门口……总之,两个人上了床,那就是推倒了多米诺骨牌的第一张。第一张牌是那个物理运动,最后一张牌是他威武不能淫、富贵不能屈地在汹涌澎湃的美女海洋里表示"我的眼中只有你"。

但对很多男人来说，上床不是序曲，而恰恰是尾声，是他漫长的征服旅程的终点。在这个终点，他的游戏"打通关"了，开始寻找新的游戏。

使事情变得更糟的是，女人还总是混淆爱情与占有欲。当《手机》里的两个妻子带着专业侦探的狂热，搜集丈夫出轨的证据时，我丝毫感觉不到她们对丈夫的爱情，我感到的就是四个字：阶级仇恨。对于很多女人来说，性之所以成为一个转折点，就是从发生性关系的那一刹那开始，她开始确立了对他的"人民民主专政"。从此以后，要像"反帝防修"一样防止他感情上的"资产阶级自由化"。从此以后，"阶级斗争要年年讲，月月讲，日日讲"。从此以后，要忆苦思甜，要定期向党组织汇报思想，要牢记"大海航行靠舵手"。

性让女人的幽怨，变得理直气壮。一个女人要求男人爱她的依据，不再是自己是不是可爱，而仅仅是他还跟她睡在一张床上。一个女人判断自己是不是爱一个男人的标准，也不再是自己是不是还关心他的感受，他的需要，而是自己还跟他睡在一张床上。当初因为性而复杂化的那些渴求，如今也因为性而变得机械，好像某个独裁政权，得不到人民的衷心拥护，但却禁止人民群众逃到邻国去避难。

说男人完全没心没肺，把爱和性分得丁是丁、卯是卯，也不对。除了性交，他也愿意帮你修电脑，也愿意祝你生日快乐，也愿意时不时给你打个电话，问题是，他愿意呵护的，不仅仅是你而已。他们走马观花，但不能画地为牢，而且有本事把关系平衡在那里。而这个平衡，这个既要"这个"、又要"那个"、但不要"其他的"的平衡，对女人来说，就像一只下坠的杯子停在半空中一样不可思议。

爱　是

真的,有"合理"的爱吗?

1959 年,15 岁的少年迈克,站在一个乡村教堂的门口,注视着 36 岁的女人汉娜,她独自坐在听众席上,听着儿童唱诗班的歌声,为歌声的美妙感动得热泪盈眶。那一刻他觉得她太美了,那些儿童的歌声太美了,那天下午的阳光太美了,那一刻他如此迷恋她,他此后的一生都成了那个片刻的囚徒。

这是电影《朗读者》里的一个镜头,也是该电影里令我印象最深刻的一个镜头。多年以后,成为法律系大学生的迈克,在旁听一场纳粹审判时与这个女人重逢,得知这个为儿童歌声而热泪盈眶的女人,曾经是一个纳粹,她曾经组织奥斯威辛里的囚犯来给她朗读小说,然后再无动于衷地将他们送往毒气室。

坐在法庭里,迈克泪流满面,他无法将"那个女人"和"这个纳粹"拼贴到一起,"那个女人"在艺术面前如此敏感,而"这个纳粹"则视生命为粪土。当他的同学指出冷静思考纳粹罪行之不可能时,迈克大喊一声:

"让我们试着理解！"

他试图理解。他试图理解为什么一个如此善感的女人可以如此残酷，一个对杀人没有羞愧感的女人却以不识字为耻。只要一个人还有羞耻心，他想，她就还有救。于是他开始了对她的救赎。他朗读文学作品，录音下来，然后寄给狱中的她。她根据这些磁带，对照图书，最终学会了阅读。影片结束处，汉娜自杀了，并要求迈克将自己全部积蓄交给一个纳粹大屠杀幸存者。如果必须总结这个电影的中心思想，它就是：在对一个纳粹文盲的救赎过程中，新一代的德国青年洗刷了自己的罪恶感，完成了对自己的救赎。

又或者，真的存在所谓救赎吗？

在这个电影中，比"为什么一个如此善感的女人可以如此残酷"更难理解的，是为什么一个无辜少年会这样热爱一个残酷的女人。抛开她的纳粹史不说，她对他也只有粗暴可言：她对他招之即来挥之即去，辱骂他，扇他耳光，理所当然地使用他的身体，最后她一言不发地抛弃他，留下这个心碎的少年穷其一生也没有恢复爱的能力。

比为什么纳粹也会爱更难理解的，是为什么纳粹也会被爱。比一个纳粹的爱更难理解的，是爱的纳粹性。

在所有对"爱"的定义中，有一个曾最深地打动我："True love is love for humanity"。我想它的意思是，只有真正爱人类的人才可能爱上一个具体的人。就是说当一个人爱上另一个人，这份爱是在表达这个人靠近真善美的决心，就是说爱是一种能力而不是一个遭遇，就是说真正的两性之爱是对正义与美之爱的一个分支。

但，如果"真爱是对人道精神的爱"，又如何理解一个人对一个纳粹无怨无悔的爱呢？如果迈克不能宽容汉娜残酷地对待犹太人，他又怎么能宽容她那样残酷地对待自己？更可怕的是，如果他不仅仅是在"宽容"她，而是，他对她的爱就建立在这份残酷之上呢？

也许爱与人道不但没什么关系，它甚至是它的反面。爱的非理性、破坏力以及它将人引向毁灭、疯狂、痛苦诱惑的引力，都与人道精神背道而驰。正如政治世界是一个弱肉强食的世界，爱情世界也是。正如政治不可能合理，爱也不可能。所谓爱，就是人被高高抛起然后又被重重砸下的那种暴力，就是被征服者，在自我的废墟上，协助那个征服者残杀自己。

又或者，汉娜并不反人道，她只是以纳粹的方式重新定义人道秩序。在那个秩序中，美，文字的音乐的美，至高无上，而生命，那些密密麻麻的肉体，却可有可无。对她来说，坐在教堂里被歌声感动和把儿童送往地狱并不矛盾。别忘了，希特勒也曾一边坐在瓦格纳的歌剧中热泪盈眶，一边把600万犹太人送往集中营。从这一点来说，汉娜是整个纳粹美学的化身。在这个美学中，生命并没有什么内在价值，它只是权力意志的容器。

影片最后，中年迈克问老年汉娜是否会想起那些犹太人，汉娜冷冷地答："我怎么想无关紧要，反正死的人都死了。""我以为你学到了更多的东西。""我学到了，我学会了阅读。"汉娜学会了阅读，也仅仅是阅读而已。

没有人比我更懂你

有一次小昭对我说了一句很肉麻的话，她说她觉得我就是另一个她。

这么肉麻的话她怎么说得出来，这可是写社论写得铿锵，写随笔写得飘忽的刘天昭啊。

有一件事，我不知道是好事还是坏事，就是很多我觉得知己的人，了解得足够多，就会发现我们其实在"有些地方"很不一样。比如，我觉得跟 A 挺知己的，但我们为西藏问题吵得不可开交。我觉得我跟 B 挺知己的，结果我们为"一人一票制"辩论过两个小时。我觉得 C 挺知己的，结果他竟然觉得 *Friends* 比 *Seinfeld* 好看多了。我觉得跟 D 挺知己的，结果我们在全民医疗制度问题上发生严重分歧。跟蚊米就更不用说了，我们分别为以下问题发生过斗殴：美国会不会打伊朗；石油为什么涨价；某朝太祖是不是个混蛋……多少次，吵得我恨不得把他给崩了，然后顺便崩了他周围 31 个人。

到目前为止，我还没有在重大问题上跟小昭发生过歧见，这是多么令人欣慰的事啊。虽然她爱看韩剧我不爱看,但我觉得也没什么,因为我偷偷觉得她其实也不是真爱看,就是喜欢看韩剧时智力休息的状态而已。

她太累了。做另一个我,多累啊。

如果可能,我真想把她体内那个"我"给拽出来,让小昭从此成为李红王丽或者张东梅。

我跟小昭聊天,那才叫累呢。在一个自我分析的漩涡,不停地往下坠。见过晕车晕船的,见过晕对话的吗?那就是我和亲爱的小昭在一起。

但那是不是仅仅因为我们还不够了解呢?

2000年的冬天,某同学到纽约来看我,我们去参观自由女神像。那天冷得要命,我穿着一个肥嘟嘟的粉色棉袄,他穿着一个肥嘟嘟的黑色棉袄。我们排漫长的队,冻得直抽抽。可是,不知道谁发起的话题,我们突然为邓小平吵了起来,越吵越大声,越吵越愤怒,吵得都忘了冷,都忘了我们半年没见了,都忘了其实邓小平跟我们真的没有多大关系。

多认真的俩小孩啊。说吧,你选邓小平,还是选我。

后来他跟我说那天他特别伤心。他远隔万里来看我,而我对他这样无情。他说他当时恨不得一转身就走了。

而我也特别委屈,因为发现我们不是知己。

那么冷的天,那么长的队,站在自由女神像下,他那么远地跑来,24岁的粉棉袄和25岁的黑棉袄,而我们不是知己。

我喜欢《冬季到台北来看雨》那首歌,尤其喜欢里面那句"没有人比我更懂你"。年少的时候,我总幻想着有人能够对我说,"没有人比我更懂你"。我想象我们生活在文革，整个世界来揪斗我们，我们彼此看上一眼，然后对着黑压压的血淋淋的整个世界说：我呸。

她们在乎礼物、在乎电话、在乎每一个纪念日，这些我都不在乎。我的要求多么卑微啊，我的要求多么贪婪啊，我要的是一个知己。

电视里的爱情

出于强烈的求知欲,看美国肥皂剧 20 分钟,其中一段精彩对话:

美男:"I'm sorry! I have been lying to you. I'm not a struggling artist! I'm just a rich, lazy ass. My last name is Darling and my family has 35 billion asset. Could you please forgive me and love me as who I'm? Please!"

美女:"What?! You lied? How can you lie to me! Is this the way you treat people?!"

然后美女愤然摔门离去,美男陷入痛苦的沉思。

一个问题:一个女人得具有多么伟大的情操,才会觉得该美男的那段话中关键词不是"35 billion",而是"lie"呢?

疑心电视肥皂剧是各国政府统一组织的慈善活动,目的在于令所有智力上缺乏信心的人认识到自己还不是垫底的,并因此重新扬起生活的风帆。

让世界充满爱,让世界充满马景涛和刘雪华。

Crush

英文里有个词，叫 crush。如果查字典，它会告诉你，这是"压碎、碾碎、压垮"的意思。后来我到了美国，才知道它作为名词，还有一层意思：就是"短暂地、热烈地但又是羞涩地爱恋"。比如，"I had a crush on him"，就是"我曾经短暂地、热烈地、但又羞涩地喜欢过他"。

Crush 的意思，这么长，这么微妙，我一直没有找到一个合适的中文词来翻译。"心动"似乎是一个很接近的译法，但是"心动"与"crush"相比，在感情强度上更微弱、在时间上更持久，而且有点朝恋爱、婚姻那个方面够的雄心。Crush 则不同，它昙花一现，但是让你神魂颠倒。

我觉得 crush 是一个特别实用的词汇。它之所以特别实用，是因为我意识到，其实人生体验中的大多数"爱情"，都是以"crush"的形式存在的。如果让我掰着指头数，我这 30 年来到底真正"爱"过多少个人，那恐怕绝对不超过三个。但是如果让我想想，自己曾经对多少人有过 crush，那就多得，这个这个，反正我都不好意思数了。

爱情是一场肺结核，crush 则是一场感冒。肺结核让人元气大伤，死里逃生，感冒则只是让你咳点嗽、打点喷嚏，但是它时不时就发作一次。

Crush一般来势迅猛。初来乍到的时候，会让你误以为那就是爱情。它的爆发，一般是受了某个因素的突然蛊惑，导致你开始鬼迷心窍。比如，你就是喜欢某个人长得好看，帅得天理难容。比如某个人说话的方式让你特别舒服。比如你在网上看了某个人的一篇文章，你觉得，写得真好啊，这么好的人，怎么能允许他和我没关系。有的时候，crush的原因小到莫名其妙。可能仅仅因为一个人的手长得特别好看，而那天他亲自用那双手给你夹菜来着，你就会喜欢他三天。还可能因为一个人笑起来的神态特别孩子气，你整整一个星期都无法忘记那个表情。

但是开始时，你不知道那只是三天、一个星期的crush，你捧着自己"怦怦"跳动的心，想，他真好，真是无与伦比，真是我找了一辈子的人啊。

然后你开始幻想。有那么一段时间，少则几天，多则几个星期，你活得腾云驾雾。你幻想他来看你。你幻想你们走在大街上，过马路的时候，他拉住你的手，然后不肯放开。你幻想你们呆在房间里，换了三百八十种拥抱的姿势，却还是没有把要跟对方讲的话说完。

等你把该幻想的幻想完毕之后，这个crush也就燃油耗尽了。

Crush和爱的区别就在于，那份幻想还来不及变成行动，它就已经烟消云散。它之所以没有转化成行动，也许是因为你很羞涩，不好意思表达，然后一不小心就错过了这个人。也许是因为你们没有"发展"的机会，时间或者空间的距离，让那份心动慢慢因为缺氧而窒息。也许是因为等到对方走得更近，你看清他的全部，他身上那个亮点慢慢被他的其他缺点稀释，以至于那份感情还来不及升华，就已经腐朽了下去。

爱情它是个小动物，要抚养它长大，需要每天给它好吃好喝，没有点点滴滴行动的喂养,crush就那么昙花一现,然后凋零了下去。

对方可能甚至不知道你曾经"短暂、热烈而羞涩地爱恋"过他,你自己事后可能都不承认或者不相信自己曾经"短暂、热烈而羞涩地爱恋"过他。但是,的确有过那么一小段时间,因为这个人,你心花怒放七窍生烟六亲不认,你摆脱了地球吸引力而在火星上腾云驾雾。

Crush是速朽的。它的残酷和优美,都在于此。

当crush试图从一个火花变成一个种子,在现实中生根发芽时,种种"计较"开始出现:哎呀,其实他好像挺尖刻的……"事业"不怎么样……他还挺花心的……长得也不是那么好……然后"责任"啊、"道德"啊、"家庭"啊,世俗的一切噪音,开始打着"爱情"的名义,潜入crush,把它从一声口哨腐蚀成一个拖沓的肥皂剧。

糟糕的是,人们总是把crush误以为是爱情,败坏那份幻想的轻盈。人们迫不及待地要从那瞬间的光亮中,拉扯出一大段拖沓的故事,最后被这拖沓淹没,深陷泥沼、积重难返。

然而闪电怎么可能被固定住呢?某同学说,面对有些可能性,转过身去,是个美丽的错误,但是迎上前去,则是一个愚蠢的错误。

所以当crush来临的时候,放任它,但无需试图抓住它,把它的头强行按到爱情的粮草当中去。你可以托着下巴,设计那些明明不可能发生的事情的每一个细节,与自己辩论下一次见到他时该穿的衣服、该说的话,与此同时,你深深地知道其实下月,你就会将他忘记。你看着手中的那根火柴,那么短,慢慢地烧到了指尖,然后熄灭。熄灭之后,你心存感激,感谢它的光,也感谢它的稍纵即逝。

欲望都市

虽然我生活在纽约，虽然我也有几个死活嫁不出去的女朋友，但是我特别讨厌看《欲望都市》。我讨厌看《欲望都市》的原因很简单：这些女人得到男人们怎么就那么容易?!

这事我想想就妒火中烧。瞧那四个女人，除了 Charlotte，也没觉得谁长得咋的。Carrie，大马脸。Maranda，干巴巴的。Samantha，五大三粗不说，还恨不得看到一头公鸡都要发情。怎么男人们在她们跟前就那么前仆后继呢？怎么她们搞定一个男人，就跟超市里买棵大白菜似的，而我们要搞定一个男人，就跟抢银行似的？

何况此男人非彼男人。她们络绎不绝的男朋友们，一个比一个有型，一个比一个成功，全都帅死人不偿命。而我们周围的男人⋯⋯哎，不说也罢。反正就是这样，人家还都是"你呀，把简历留这吧，我考虑好了再通知你"的架势。

这世界，贫富分化的，岂止是财富，岂止是色相，岂止是智力，还有爱情。

好朋友 X,在电话里问她的他:"我算不算你女朋友?"

"你说算就算,你说不算就不算呗!"

靠。

好朋友 Y,和她的他暧昧半年之后,觉得终于可以更上一层楼了,于是非常深情地给他写了长长一封情书,其中提到了"风景"、"月光"、"诗意"、"浪漫"、"未来"等一系列美好的词汇。对方两天后回信,只有一句话,"文笔还挺好的,看不出来呀。"

好朋友 Z,干脆两年来根本就没有任何感情生活。没有就没有吧,她每天勤奋工作,老实做人。有一天打电话,她说:"人家都说,爱情总是在你已经放弃希望的情况下不期而至,我都绝望两年了,它怎么还没有不期而至啊?"

我们卑微渺小的欲望,闪烁在她们灯红酒绿的都市。

当然你可以说,电视是电视,而生活是生活。

那就更可气了,他们为什么要拍这样的电视,我们已经鼻青脸肿了,还嫌我们不够惨,还要拿这样美轮美奂的童话来给我们落井下石。真是朱门酒肉臭,路有冻死骨。

那天看一个 reality show,叫《如何找到他》,两个"爱情教练"教导几个大龄女青年如何找到真爱。有一集,他们让一个女青年练习在公共场所吸引男人,还教了诀窍一二三。女青年在书店逡巡了半天,发现根本没有一个男人直视他。她跟人家搭讪,人家冷冷地回答。最后,这个女青年问了十几个人"请问几点了",还是没有成功地吸引到一个男人。

这个电视节目,我看得津津有味。我觉得,它比《欲望都市》好看多了。

兔子跑什么跑

　　哈利先生 26 岁,他有个两岁的儿子和怀孕六个月的妻子。他曾是全国篮球明星,但目前在超市里卖果皮刀。哈利开车狂奔在高速公路上。这是一个普通的郊外黄昏,他本来应该去爸妈家接儿子的,但是他突然希望明天早晨能够醒在一片白色沙滩上,于是他拐了一个弯,拐上了高速公路。哈利此刻很累,因为他在公路上迷路了,因为他开了很久还是在美国东北无穷无尽的小镇上。时间是 1959 年,哈利先生的外号叫兔子。

　　《兔子快跑》是厄普代克的兔子系列小说的第一本。该书的封背上这样介绍它的内容:"26 岁的哈利被困在二流的生活当中,一个酗酒的妻子,一个到处是脏碗盘的房子,一个幼儿和一份毫无意义的工作。意识到自己无力改变这一切,他从自己宾州的家里逃跑了。"

　　当然兔子没能跑远。一个不甘平庸的男人试图从二流的生活中私奔,但是作为一场私奔,他缺少一个女主角,一个地图,一个敌人,一个明确的目的地,一种悲壮感……总之他缺少传说中的私奔所需要的一切构件。于是,在公路上狂奔了一夜之后,他回到了小镇。

他没有回到妻子詹尼丝身边。路上他认识了妓女露丝,他跑去跟她同居了。在跟她同居几个月后,他又跑回了刚刚生产的妻子身边。跟妻子共处几天之后,他忍无可忍,又企图跑回露丝身边。在新生女儿意外死去之后,他又跑回了妻子身边。在女儿的葬礼之后,他又跑回了露丝身边。

总之整个小说中兔子先生一直在妻子和情人之间跑来跑去。如果说《兔子快跑》展示了一个关于爱情的道理的话,它就是:一个人是多么容易把对自己的鄙视误解为对爱情的需要。兔子先生厌恶自己的平庸空洞,于是他不断制造爱的泡沫。他在妻子和情人之间蹦来蹦去,就像一个得了肺病的人在胃药和心脏病药之间换来换去一样。情人或妻子当然不可能拯救他,因为胃药是用来治胃病的,心脏病药是用来治心脏病的,而他得的是肺病。爱情的伟大之处在于它可以遮蔽一个人存在的虚空,爱情的渺小之处在于它只能遮蔽这个虚空而已。对于解决自我的渺小感,爱情只是伪币。

这本书让我想起电影《好女孩》。女主角嘉斯丁和兔子一样,是个小镇上的售货员,她也和兔子一样风流,在丈夫和情人之间蹦来蹦去。但她的问题不是如何在道德和风流之间进行选择,甚至不是如何在丈夫和情人之间进行选择,因为其实她并不爱两个人中的任何一个。她的问题仅仅是如何用他人的爱来遮蔽自己的平庸。她的风流不是风流,是恐惧。也许任何人的风流都从来不是风流,是恐惧。在终于和年轻的男同事勾搭上之后,嘉斯丁叹息道:I'm finally a woman with a secret.

我想之所以永远有这么多人在忙着得到爱失去爱抱怨爱唠叨爱,除了伟大的化学反应，还因为爱情是成本很小、"进入门槛"很低的戏剧。如果要以做成一个企业、创造一个艺术品、解决一个科学难题、拯救一个即将灭绝的物种……来证明自己，所需才华、意志、毅力、资源、运气太多，而要制造一场爱情或者说那种看上去像爱情的东西，只需两个人和一点荷尔蒙而已。于是爱情成了庸人的避难所，于是爱情作为一种劳动密集型产品被大量地生产出来。说到底一个人要改变自己太难，改变别人更难，剩下的容易改变的只是自己和别人的关系。在一起，分手，和好，再分手，第三者，第四者……啊，枝繁叶茂的爱情，让一个可忽略可被替代可被抹去而不被察觉的存在，看上去几乎像是生活。

　　这也是为什么我始终没法喜欢上兔子先生。我不知道他这样在两个女人之间跑来跑去有什么可亲或者可爱的地方，甚至有什么值得被书写的地方。也许厄普代克先生看中的正是兔子先生的这种无力感。他在为 26 岁的兔子写完《兔子快跑》之后，还为 36、46、56 岁的兔子写下了《兔子回家》、《兔子发了》、《兔子安息》。据说很多人从兔子系列中看到了 20 世纪美国中产阶级的灵魂变迁史，但人在爱情中逃避自我的习性，似乎和 20 世纪、美国或中产阶级没什么必然关系。我看到的只是，自我是一个深渊，它如此庞大，爱情不可填补。

其实女人也很色，虽然这事大家不大承认。

一听到他们说"男人嘛，长相无所谓的"，我就来气。一想到这句话的潜台词是"男人嘛，有事业就行了"，我就更来气。一想到这个"事业"，其实说白了就是指钱，我就气得浑身上下都胃疼。

说男人长相无所谓，那是纵容。说男人有"事业"就行了，那是势利。这种观点又纵容又势利，用一种虚伪来掩盖另一种虚伪，我不同意。

男人怎么就长相无所谓呢？这简直跟说"美国人嘛，国际法无所谓的"一样没道理。你想想，人家说美国人无所谓国际法，你同意吗？你要是同意男人长相无所谓，就相当于同意美国人无所谓国际法。你要是同意美国人无所谓国际法，就是支持美国士兵虐待战俘。你要是同意美国士兵虐待战俘，就没人性。简而言之，你要是认为男人长相无所谓，你就是没人性。

我很有人性，所以我很色。

我的色，可以追溯到初中时代的初恋。初中的时候，我们班最英俊的男生,坐在我后面。他有全班最酷的平头,最长的腿,最白的皮肤,最小的眼睛,最羞涩的笑容,而且还在长跑队里跑得最快。当他在校运会中,从操场那头迈着他长长的腿,迎着晚霞飞快地跑过来时,我的瞳孔里,只有一个不断放大的"帅"字,当这个帅字放大成 72 号狂草黑体字时,我的眼里就只有他了。可惜那时候我们都还太小了。只在晚霞中站了一小会儿,我们就初中毕业了。然后我去了一中,他去了二中,两个人之间有了长达 15 分钟的自行车车程,无情的距离,生生是把我们对彼此的仰慕给粉碎了。

一失足成千古恨。从那以后,我的生命中再也没有出现过真正的帅哥。多年以来,从江南到北国,从北京到纽约,我不停地问,不停地找,不停地想,却不停地碰壁。在寻觅帅哥的道路上,我风餐露宿,饥寒交迫,有上顿没下顿。出国以后,更是目睹了中国留学生中帅哥严重脱销的局面。每次开一个 party,但凡有一个五官还比较对称、形状还比较科学的雄性,众多女色狼们就会蜂拥而上,将其包围得水泄不通,我只能不断吞咽着口水站在数层包围圈之外望梅止渴。

长太息之掩涕兮,哀女生之多艰。

这一点,我的小说《那么,爱呢》里的女主人公唐小瑛也可以证明。在一次复杂的心理活动中,她恶毒地想:"瞧瞧那帮男留学生,一个个长得丧权辱国的⋯⋯"固然,她这话有以偏概全之嫌,但也从一个侧面,反映了当今华人世界里帅哥供不应求的严峻形势。后来,我一个网友干脆根据这句话,整理出了男人长相的几个档次:丧权辱国,闭关自守,韬光养晦,为国争光,精忠报国。

随着对形势越来越清醒的认识,也随着自身条件的恶化,我的审美标准开始了全面溃退，从精忠报国退到了为国争光，从为国争光退到了韬光养晦。举目四望，不能再退了。我毕生的理想，就是找个高高大大的男生，他就那么随便一帅，我就那么随便一赖，然后岁月流逝，我们磨磨蹭蹭地变老。现在，一个理想主义者，已经退成了一个现实主义者，再退，就成了卖国主义者了。做人还是要有底线的。

　　看来在一个"姿本主义"的时代，无论是男是女都得面对现实。男人尽可以每天捧着美女杂志，点击着美女图片，观赏着层出不穷的选美比赛，开着恐龙的玩笑，但女人也开始看着一波未平一波又起的肚腩，憧憬风平浪静的肚子。别说什么帅哥都是花瓶。三百六十行，行行出帅哥。把帅哥说成都是花瓶，就像把才女说成都是丑女一样，是男权文化的两大神话之一，是当权的糟老头子们制造出来的文化霸权。那种"男人有钱就会应有尽有"的说法，也许可以成为一个男人在外形上不思进取的借口，但"人家爱的是你的钱，而不是你的人"这事总归不大美好，何况大多数男人永远也挣不到"应有尽有"的地步。与其挥金如土地争取拜金女的不可靠爱情，不如买张健身卡到体育馆去挥汗如雨。

但是不要只是因为你是女人

我承认，有时候我会想，如果我是男人就好了。原因是，拿我认识的男人和女人比，男人总是更能用一种"悠然自得"的心态恋爱，而女人，总是在用一种视死如归、赴汤蹈火、同归于尽、爱得伟大死得光荣等一切能让你联想到"血雨腥风"的态度恋爱。"悠然自得"，比之于"血雨腥风"，更健康，更美好。

真的，爱情这事，有这么严重吗，犯得着这样咬牙切齿吗。

其实现在的社会，至少在我从小到大的生活环境里，男女还是比较平等的。我自我感觉好像没有谁歧视过我。对我来说，女性这个性别之所以成为一个负担，只是因为女性都太沉溺于爱情这档子事了。得不到爱情时就天天叹息，失去了更要叹息，就是得到了，也不知道怎么搞的，好像总不是她想得到的那个。所以我认识的女孩女人，从十几岁的到几十岁的，个个都像是职业恋爱家，每天翻来覆去地分析她那点破事，她说不厌，她的闺密也听不厌。

他今天竟然说我笨，真是的！

他昨天竟然说我笨，真是的！

他前天竟然说我笨，真是的！

他大前天竟然说我笨，真是的！

凡此种种，没完没了。

这事我觉得上帝很不厚道。他怎么就把女人给设计成这样了呢？居心多么险恶。如果这些女孩把她们得不到的痛苦、失去的痛苦、不得其所的痛苦统统给转化为创造性活动中的生产力，这该是生产力多么大的一次解放啊，这个世界又会冒出来多少女爱因斯坦、女托尔斯泰、女贝多芬、女比尔·盖茨啊。

可是女人不。她们不要生产力，非要蹲在那点感情坑里死活不出来，与自己那点小伤痛战斗得血雨腥风。

男人却不一样。男人在年轻的时候，可能会有一阵子沉溺于一点小初恋小心动什么的，甚至可能干出过买一束鲜花痴痴地站在女生楼下等一晚上直到对方和另一个男生出现然后再跟那个男生打一架这样的傻事。但是对于男人来说，爱情这个东西有点像出麻疹，出个次把基本就有免疫力了，以后不大会得，就是再得，也是一点小伤风小感冒，不耽误他朝着通向牛逼的道路一路狂奔而去。

女人爱起来哪里是伤风感冒，上来就是肿瘤，良性的也得开刀，恶性的就死定了。更可气的是，她就是不爱的时候，也要把"不爱"这件事整成一件轰轰烈烈的大事，天天捂着心口寻寻觅觅冷冷清清凄凄惨惨切切，那窝囊样，烦死我了都。

这深深地让我感到，女人跟男人根本不在同一个起跑线上。女人背着感情的包袱跟男人职场竞争，好比一个人戴着脚镣跟另一个人比赛跑步，没法比。

当然我自己就是女人，所以也没有彻底摆脱性别的劣根性，所以有时候我才憧憬自己是个男人。如果没有感情的风云变幻，我这艘快艇得在知识的海洋里飕、飕、飕地跑得多快啊，想不牛逼都很难啊。

别跟我说为情所困也有为情所困的美好之处，"美丽的忧伤"这个姿势，摆久了累不累？何况忧伤它有什么美丽的呀，何况有时候你其实也不忧伤，所谓忧伤不过是空虚的一种形式而已。再说了，有时候我真的搞不清女人是真的被上帝陷害成这样，还是在用爱情来逃避更大的责任与自由。

所以我现在劝别人也好，劝自己也好，一概都是：年纪不小了，该干吗干吗去，别一头扎进那美丽的忧伤，一边拼命往里钻一边喊救命。林忆莲有一首歌叫《伤痕》，其中有一句歌词唱道：让人失望的虽然是恋情本身，但是不要只是因为你是女人。虽然我不能肯定这句话什么意思，事实上这句话简直有点语法不通顺，但是，莫名地，就是觉得它很有道理。

她怎么记得那么清楚呢？几十年前的细枝末节，金色阔条纹束发带，淡粉红薄呢旗袍，白帆布喇叭管长裤……她记得每一件衣服的颜色和布料，但是不记得那场轰轰烈烈的战争。

那有什么奇怪呢，她是张爱玲。

《小团圆》不好看，情节杂乱，语言急促。张爱玲写这个书，大约是想终老之前把这一生交待清楚，但是又缺乏交待的耐心。于是就像一个困极了的人，急着上床睡觉，把衣服匆匆褪在床边胡乱堆成一团。

缺乏耐心又实属自然。隔着大半生和千山万水，去回顾那个女人的小心动和更小的心碎，哪里是自己的前半生，简直是自己的前生，简直是别人的前生，简直是霸王别姬小乔初嫁孟姜女哭长城。

大家看《小团圆》都是冲着盛九莉与邵之雍的爱情而去的，我当然也是。但是在很多人眼里的悲剧，在我眼里却是个喜剧。倒不是因为他们没有将爱情过渡到柴米油盐的生活所以可喜可贺，而是，看来看去，觉得基本可以确定：第一，她是真心爱过他的；第二，他也是真心爱过她的——就算是他在真心地爱着另外的她、她、她时,他也是同时真心地爱着她的;第三,他对她的爱以及她对他的爱,是建立在"懂得"的基础上的;第四,他们都是有内容因而值得被"懂得"的人。有了这四条,一个人就已经很幸运了。这样大的宇宙,这样漫长的时光隧道,造物主让两个人这样相遇,他们真的已经是万幸了。

如果他能只爱她并且厮守终生,也许更好,但也未必。和"金色的永生"比,短短一生算什么呢?如果我们不用斤来衡量芭蕾舞、用米来描述莫扎特,又怎能用一生、半生、九又三分之一生来衡量爱的质地。

相对于这本小说本身,我更好奇的是张爱玲写这本小说时的状态。张动手写这本书时已经 55 岁,后来搁置许久,再动手改时,已是 73 岁。对我来说,一个干瘪苍白、戴假发、穿一次性拖鞋、只吃罐头食品的老太太,坐在洛杉矶公寓的一堆纸箱子前,写 40 年代沦陷上海一个女孩细细密密的小心事,这个画面比这个女孩的小心事本身要有冲击力多了。

一个困扰我很久的问题是,张爱玲晚年为什么不自杀? 60 年代末其第二任丈夫去世后——各种来源的资料表明——张爱玲就过上了完全离群索居的生活。她昼伏夜出,家里几乎没有任何家具,有人来访不开门,访大陆访台湾机会一概拒绝。后来还染上了"恐虱症",总觉得有虫子骚扰,隔三岔五搬家。有个狂热粉丝为了刺探她的生活,偷偷搬到她家对面作邻居,一个月只见她出门扔垃圾一次,而且在得知该邻居是个粉丝之后,张爱玲立刻搬家离开。

那么,从 70 年代初到 90 年代中,几乎四分之一个世纪里,她每天一个人在空荡荡的公寓里,都在做什么呢? 一个幽灵在四面白墙之间飘来飘去,瞪着时间一点一点蛀空自己。张爱玲的作品里对自己的晚年生活几乎毫无涉及,那么,不值得书写的生活值得度过吗? 真的,不值得书写的生活值得度过吗? 对于别人来说这也许不是一个问题,但她是张爱玲。她曾经那么热衷于表达,她还那么骄傲,而无动于衷被死亡的纤绳一点一点拽上岸,又是多么不骄傲的一个状态。

好在她还有回忆。张爱玲 10 岁时在期盼爱,20 岁时在书写爱,40 岁时在放弃爱,60 岁时在整理爱……短短三五年的爱情,这样细水长流地被思量、被咀嚼、被雕刻,好比写一本书,前言花去 20 年,后序花去 50 年,最厚重的却仍是青春那三五年。也许晚年张爱玲不需要生活,就是因为她曾经拥有的不可超越,与其用力不从心的文字去冲淡曾经的光芒,不如用沉默来守护它。从这个角度来说,张爱玲晚年的少产和她早期的多产一样是因为骄傲。

这个说法当然令人伤感。如果人生只是弹指一挥间,那青春是什么呢? 能发生的已经发生,尚未发生的将永远不会发生。青春多么短暂,青春多么漫长。它是梦中的一个抚摸,你醒在它的温暖里,却不知其去向。据说张爱玲临死前知道自己不行了,她把自己收拾干净,还穿上了红旗袍,整整齐齐地躺在床上。也许因为她曾经拥有过"金色的永生",才能死得如此安详。如此安详,合上书,真的觉得结局其实是个团圆。

论婚姻制度的演进趋势

有报道说，目前美国单身成年女人在数量上已经超过了已婚女人。这条消息虽然反映了广大老中青妇女感情生活的悲惨状况，但对她们来说也未尝不是一个好消息：虽然我不如意，跟我一样不如意的很多呀。在一定意义上，共同贫穷才是和谐社会的真谛。

鉴于目前离婚率越来越高，单身成人越来越多，婚姻中各类出墙行为的泛滥成灾，作为一个忧国忧民的社会科学工作者，我不禁开始思考婚姻制度的走向问题：等到有一天单身成人女性不是51%（今天的美国数据），而是71%、81%、91%的时候，婚姻制度还会存在吗？如果存在，会是什么样的形态呢？

现在有点理智的人都愿意承认，维持婚姻的动力绝不仅仅是"爱情"，那些哭喊着"我不够爱他/她，所以不能跟 it 结婚"或者"我不够爱他/她，所以要跟 it 离婚"的人，经常被耻笑为"幼稚"、"琼瑶小说看多了"以及"吃饱了撑的"。那些发出此类耻笑的，也自得于自己的"成熟"、"冷静"以及"透过现象看到本质"。

从历史唯物主义的观点出发,显然,除了"爱情"这样的美好情感,婚姻的动力还包括:第一,孩子的抚养;第二,"亲情"。据说爱情时间长了,就会发生某种化学变化转化为"亲情"。第三,经济上的相互扶持;第四,生活上的互助。就是说,即使没有"爱情",一般来说,人们也往往会因为以上四个原因而维持婚姻。

但是,不是你不明白,这世界变化快。

第一,就孩子的抚养来说,随着法律在抚养费、监护权方面的发展健全,DNA 亲子鉴定技术的发展,以及儿童保育工作的社会化,孩子的抚养越来越不依赖一个稳定的一夫一妻家庭结构。虽然据说一夫一妻家庭更有利于孩子的健康成长,但是成天鸡飞蛋打的一夫一妻,很可能还不如各自轻松快乐的单身父母更有利于孩子的身心健康。

第二,就"亲情"来说,众所周知,亲情固然美好,但亲情并不是"排他性"的。除非你爸教唆,你不能因为爱你爸就不爱你妈了。同理,如果一夫一妻婚姻充满了"亲情","二夫二妻"、"一夫二妻"、"一妻三夫"也可以是充满"亲情"的。

第三,就经济上的相互扶持而言,婚姻的必要性也在衰落。当经济发展使得单个人(尤其是女性)工资提高到了大多数人都能养活自己的程度,当社会的保险福利养老制度完善到大多数人都能"老有所终"的程度,当法律上婚前财产协议、离婚财产协议都成熟到"谁也不可能通过结婚离婚占谁便宜"的程度,当全世界女性变得不再像李湘那么好骗的时候,实在看不出婚姻在经济上还有什么不可或缺的功能。

第四,就生活上的相互帮助来说,妻子需要丈夫抬煤球、丈夫需要妻子打毛衣的时代已经一去不返了。越来越多的家务被社会化,男人可以去餐馆吃饭,不结婚不至于饿死,女人可以找搬家公司搬家,不结婚不至于累死。

综上所述,那些深刻地看出"婚姻和爱情不是一码事"的人,其深刻性已经开始受到历史的挑战了。虽然纵观历史和现状,他们是大体正确的,但是在将来,他们将越来越不正确,因为人们将越来越难找到"爱情"之外的结婚或者维持婚姻的理由。虽然他们能够"透过现象看到本质",但是本质越来越会是:你懒,你懦弱,所以你才好离不如赖婚着。

Like it or not,这个世界真的越来越"琼瑶化"了。

如果爱情越来越成为婚姻的唯一基础,接下来最显然的问题是:爱情这个东西,保质期很短啊! 不可否认,总有一些相爱一生的伴侣。但是更多的人,一生 n 次地坠入爱河和坠出爱河,有些都摔成肉饼了。甚至有人说,一般来说那种热烈的、还没有转化为"亲情"的爱情,往往只能维持六个月左右。

因此,

事实一:爱情越来越成为婚姻的唯一基础。

事实二:爱情往往是短暂的。

结论:婚姻会越来越短暂。

推论:婚姻的平均长度将会短到人们觉得"得不偿失"、"结婚太麻烦"的地步,于是越来越多的人选择不结婚。

问题是,虽然婚姻这个上层建筑已经越来越不能适应经济基础的发展,但多数人对"亲密关系"又有不懈的渴望和追求。多么矛盾啊,既想得到,又不想为得到所束缚。鉴于多数人不想被一棵树吊死而希望五马分尸而死,我预计,将来的"婚姻",会变成一种"自由人的联合体"。我说的不是"n 妻 n 夫",因为"夫"和"妻"这种概念还是"婚姻"的产物,我说的就是 n 个男男女女(可以是一男一女、也可以是两男两女,一女三男、二男三女、四女三男……)由于彼此欣赏而组成的、开放性的"和谐公社"。他们不一定住在一起,也不一定一起上床或者财产共享,更不一定要永远在一起,至于怎么在一起,权利义务如何,可以根据八荣八耻的原则自行签约。

有人可能会说,那"嫉妒"呢? 人是不可能摆脱嫉妒心理的呀!

你嫉妒就不加入这个联合体、或者随时退出这个联合体呗,只要能找到你情我愿的伴侣,谁也不会拦着你跟他或者她单独白头偕老。如果找不到,那你只好追忆 21 世纪以前的黄金时代了。

其实,*Friends* 里面那六个人、*Seinfeld* 里面那四个人、*Will and Grace* 里面那四个人,就有点"自由人的联合体"的意思,友谊、爱情、亲情非常有机地融为一体。试想,如果 *Friends* 里面只有 Rachel 和 Ross 两个主角,*Seinfeld* 里面只有 Jerry 和 Elaine,*Will and Grace* 里面只有 Will 和 Grace,或者《阳光灿烂的日子》里只有米兰和夏雨,那该是多么乏味的肥皂剧啊。

当然,"自由人的联合体"时代的出现,还需要相应社会条件的进一步发展,比如儿童抚养的进一步社会化,女性经济地位的进一步提高,孕育哺乳期间对女性福利的增加(比如给每个孕哺期间的妇女配备一个男保姆),等等。但历史的潮流,浩浩荡荡,势不可挡,那些感到婚姻是一个桎梏的人,庆幸你们的时代即将到来吧,那些感到婚姻是一个港湾的人,庆幸你们的时代还没有过去吧。

论社会之既不可知又不可能

当他们开始用脚投票

1961 年 8 月 15 号, 19 岁的下士舒曼在一团铁丝网边站岗, 他的西边, 一大堆示威者在咒骂他; 他的东边, 也有一大堆示威者在咒骂他。后来他回忆说:"我只是在尽责而已, 但所有人都在咒骂我……作为一个年轻人, 我难过极了。"可能是他眼神里的惊恐被察觉了。西边的人转而对他大喊: 过来! 过来! 舒曼犹豫了一阵, 突然把手里的香烟一扔, 向西跑去, 纵身一跳, 越过铁丝网——

跳到了西柏林。

这是东西柏林被正式封闭的第三天。后来那道著名的柏林墙所在的位置, 当时还只是高低不齐的铁丝网。舒曼跳过铁丝网的情景, 正好被记者拍下, 成为冷战德国的一个经典照片。

在 Frederick Taylor 的这本《柏林墙》中, 舒曼的跳跃是一个意象: 书中形形色色的舒曼在以各种各样的方式"跳"到西柏林——有趁着夜黑风高从易北河游过去的, 有从下水道的屎尿中爬过去的, 有冒生命危险挖地道过去的, 有干脆直接冲过去的, 当然更多的是通过假证件从关卡穿行。当然不是所有人都像舒曼这样幸运：18 岁的费希特强行闯关时被当场开枪打死，25 岁的杜利克在潜游时遭到机枪追击，慌乱中淹死。据统计，柏林墙有 100 多个这样的牺牲品。

到西柏林去本来是不用"跳"的，"走"着去就行。但从 1949 年民主德国建立开始，走着去西柏林并且一去不返的人实在太多了：1953 年，40 万东德人涌向西德；1954 年，20 万；1955—1959 年，每年 25 万；1960 年 20 万……12 年里，东德失去了 1/6 人口。照此下去，东德的天堂不久就会空空如也了。为了将人民挽留在天堂，东德总书记乌尔布里奇在苏联的批准下建造了柏林墙。对他来说，这堵墙是对西方斗争的伟大胜利，但是肯尼迪却嘲讽道，这堵墙是他对失败的公开承认。

今天回头看西方的 1960 年代，不得不承认它是一个左翼年代。我看过一个反映西德左翼恐怖组织"红色军系"的电影 *Badder Meinhof Complex*，审判该组织时，法庭上广大听众简直可以说是在为其热烈喝彩。掌声虽然热烈，但是鼓掌的人似乎也没有谁穿过下水道爬到东德去。理想主义青年们也许会高举乌托邦标语喊口号，但是他们的双脚却精明地留在了腐朽的资本主义。

好在这世上有"用脚投票"这事，让我们能够拨开口号的迷雾去判断制度的优劣。世界头号公共知识分子乔姆斯基痛批西方的书尽可以永远占据排行榜第一，G20 或者 WTO 开会时示威者尽可以一次一次宣布资本主义死刑，但是非洲人、拉美人、亚洲人往欧美移民的脚步却不会因此停止。人类的头脑充满智慧，但是我们的脚却自有它的主张。它不善于表达，但爱自由，而且嗅觉无比灵敏。更重要的是，它往往比我们高举标语的手、能言善辩的嘴、荷尔蒙涌动的头脑更诚实，因为它有足够的谦卑去屈从于常识。

　　应该说,和兄弟国家相比,东德真够倒霉的:它的统治并不比它们更严酷,不幸的是从地缘上来说,这座天堂离人间太近。制造幸福感有两种方式,一种是增进福利,一种拉紧窗帘指着墙上画着的那张大饼说:看见没,这就是天堂。后者显然比前者要简便得多。但可惜 1950 年代东西德之间没有窗帘,当东德人瞥见窗外的西德人拿着真的烧饼走来走去时,墙上的那张烧饼就不再有说服力了。

　　这本书读下来,我最大的感受就是当时东欧各国的统治程度真"薄"。从 1953 年东德政府朝示威工人开枪,到 1956 年苏联坦克开进布达佩斯,从波兰的抗议到捷克的布拉格之春,东欧政府可以说基本只是靠强力勉强将其政权"糊"在一起——甚至连强力都是从苏联借来的。我们知道,世界有一种富人"穷得只剩下钱",套用这个句式,世界上有一种强权,"虚弱得只剩下暴力"。

　　书里有个情节颇有趣。在一个横跨东西柏林的建筑里,一个东德人试图从二楼窗口跳到楼下的西柏林。楼上,东德警察从窗口拽住他的胳膊,楼下,西德人则从下面拽住他的脚踝。"一场拔河比赛就此展开,不过在这种情况下,由于重力在西德人一边,这个逃跑者取得了胜利。"我想,在这里,作者的"重力"一词,也许可以做很多意味深长的解释。

一整个晚上,我都在和一个科学工作者严肃地探讨未来世界。

他告诉我,由于生物技术和信息技术的发展,未来的人类会生活在虚拟的现实里。人就躺那什么都不用干,想吃什么想象一下就行了,想跟谁好,也是想象一下就行了,想象可以解决一切问题。

那种人光躺那什么都不干的情形多么可怕啊,我不知道该不该相信他。

那上厕所呢? 我问。

上厕所你可以想象啊。

那你现实中躺在那里的那具肉体就不需要真的上厕所吗?

那到时候肯定早发明流水线自动解决了。

可是,如果你光躺那不动,没有生活,你想象力的来源是什么呢? 比如,你总得吃过红烧肉,觉得好吃才会想吃红烧肉吧? 比如你总觉得见过某一个女孩,喜欢上了她,才会想象跟她谈恋爱吧?

不用,数据库里都有呢,你通过数据库比较就行了。

我哑口无言。

什么都不干,脑子里装个芯片,浑身插满管子,整整齐齐地躺那儿傻乐。这就是我们的未来世界么?

可是,我又想出一个新的辩驳方式:其实人类的科技发展走向,并不一定按照我们当前的发展趋势前进的,比如,30 年前我们想象到 2000 年,人人家里都有一个机器人保姆什么的,结果呢,网络信息技术和生物技术才是 21 世纪的大势所趋。

"不过不管机器人还是信息技术,本质上都是人工智能对人的智能的替代,这个趋势是不会变的",该科学工作者回答道。

这个世界怎么能这样呢?我们进化了几百万年,就为了个浑身插满管子一动不动躺那里等死?这好像跟马克思许诺的终极解放有些差距呀,我以为免费鸡蛋才是我们开拓未来的动力呢。

虽然说科学是"中立"的,它起到什么作用完全取决于人类自己的选择,可是它的出现、它的发展,就像伊甸园里的苹果一样,人类怎么可能经得起它的诱惑。现在我们看的电视,上的网,用的 ipod,坐的飞机……这一切,其实都是"一小撮"科学家发明设计的,他们越聪明,民众就越白痴。人类的智能,就像人类的财富一样,越来越向金字塔顶尖的一小撮人集中,这真叫我忧心如焚。

科学工作者同情地看着我。

那么,如果记忆是数据,想象是芯片,为什么还需要人类呢?为什么还需要那一具具肉体躺在那里呢?那和一排排的电脑有什么区别呢?

最后,我想累了,只好放弃。我儿子的儿子的儿子……也就是儿子的 78 次方到底还有没有人性跟我有什么关系?明天早上起床我不还得该干吗干吗去。说到明天,我想起一篇要赶的稿子,一个要见的人,几封没有回复的 e-mail,两本要看的书,于是我决定,洗洗睡去。

心型卡片

看了一个电影 *Secuestro Express*，拉美的犯罪片，讲的是一伙罪犯绑架一对有钱情侣的故事。有点黑色喜剧的意思，但我却是越看心情越沉重，看到最后，有种找间小黑屋子，缩进去、闭上眼睛、捂上耳朵、把头埋进膝盖里、再也不出来的愿望。

委内瑞拉。关于委内瑞拉，我知道什么呢？南美洲偏北的一个国家？总统是个反美斗士叫 Chavez？前一段有过一次不成功的政变？一个石油出口国家？唯一不需要划问号的知识，就是无数委内瑞拉人民生活在水深火热当中，正如其他亚非拉国家的无数人民。

每次走在我家门口的河边，看到三三两两的人牵着狗溜达、带着耳机跑步、铺着毯子在草地上读书……脑子里都浮现出四个大字：国泰民安。然后，会有那么一个瞬间，又想到，这个世界上，人类历史上，其实只有"一小撮"人能够享受这样的生活。绝大多数的人，中国的，菲律宾的，泰国的，刚果的，都在手脚乱蹐地挣扎。然后，在那个瞬间过去之后，又会继续在公园里散步，心安理得地嵌入这国泰民安的美好画面。

事实是，这个世界本来是一个血肉模糊的伤口，而 *Secuestro Express* 这样的电影，就是掐着你的脖子，掰开你闭着的眼睛，让你注视这个伤口，在你的耳边吼叫：Look at it! Look at it!!

　　一个小孩在你眼前的池塘沉溺，而你见死不救，这是一种罪恶，那么如果这个池塘在更远的地方呢？仅仅因为那个池塘离得稍远，你就可以若无其事地谈笑风生？难道一个人的无辜可以仅仅因为他近视——或者——选择性近视？觉得一个遥不可及的人的痛苦，与你相关，这到底是一种自作多情，还是一种真诚的责任心？

　　Secuestro Express 其实是一个恐怖电影。虽然其中没有《午夜凶铃》里面的幽暗天井，没有《闪灵》里面的恐怖楼道，没有《沉默羔羊》里面的变态杀手，它却比所有这些恐怖片更恐怖。当恐怖是来自想象，观众不会真的害怕，因为你知道把悬念的包装盒一层一层拆开之后，里面会有一张心型的卡片，上面写着"坏人都被干掉了，请破涕为笑吧"。你知道当你走出这个电影院，你所刚刚经历的所有恐怖情节，都已经烟消云散。而 *Secuestro Express* 的结尾，没有埋藏着这样一张心型卡片。它所讲述的恐怖，并不烟消云散，相反，它粘着你跟踪你占有你。说到底，它恐怖，是因为它现实。而这个现实，是我们今天已经不太听到的一个词汇：阶级斗争。

　　印象最深的，是女主角 Carla 和绑匪之一 Trece 坐在地上的一段对话。

　　"你为什么绑架我？我不是坏人，我在一个天主教小学里做志愿者，帮助小孩，你为什么要这样对我？"

　　"谁让你开这么时髦的车呢？"

"为什么？为什么有钱就是罪恶？我爸爸非常勤奋地工作！"

"当这个城市里那么多人挨饿你却开这么时髦的车，你还指望我们不恨你？！"

可惜我也记不清了，反正大意如此。两个人争论了一会儿，公说公有理，婆说婆有理。这个电影残忍的地方就在于此：它没有——也不可能——完全指出谁是"坏人"。穷人说是贫困导致了所有问题，所以他们无辜。富人说他们努力工作不但努力工作还做志愿者还帮助小孩，他们不应该被这样对待。每个人都无辜，而无辜的人在罪恶中相遇。

此时此刻我们多么希望好人坏人就像金庸爷爷的小说里一样清晰可见啊，哪怕是岳不群那样隐藏很深的坏人呢，哪怕是梅超风那样为情所困的坏人呢。坏人在哪呢？找到坏人，杀掉坏人，难道一个好的故事不应该这样简洁明了吗？杀人多么容易。杀人据说甚至成了暴力美学。对于一个充满了壮志豪情的斗士来说，最恐怖的，就是没有了一个明确的坏人，而这就是当今"阶级斗争"的形势。

"阶级斗争"曾经是多么豪迈的一件事。格瓦拉，游击队，红色旗帜高高飘扬，刑场上临死前的振臂高呼。现在却像是一笔做不下去的生意，负债累累，人去楼空，只剩下几个混混，在空空的旗杆下面，靠着绑架、人体炸弹、恐怖袭击做点"小偷小摸"的买卖。失去了意识形态的地图，历史重新变成了漫无目的的流浪。

想起有一次开会，听见有个学者为文革辩护，说文革是穷人对精英的造反，所以它是对的，好的。我当时站起来问：为什么精英就一定是贬义词？为什么贫穷就可以占据道德优势？

然后几年之后，我听见 Carla，这个开好车但是帮助贫困儿童的委内瑞拉女孩,在一个绑匪片里,问一模一样的问题。

请让我们找到坏人吧。

请让我们在发疯之前找到一个简洁明了的答案。

又想起国内网站上掀起的几次风波。宝马事件,郎咸平事件。那么多人站出来义正词严地谴责富人的罪恶,那么多人可以在对事实的细节缺乏探究和了解的情况下坚定表态。也许所有义正词严的人在义正词严的片刻都能感到一种英雄主义的气息,从而减轻自己面对那个血肉模糊的伤口时的愧疚感,然而如果英雄主义的前提是一个卡通化的世界观,我宁愿不做一个英雄。我宁愿做那个罗里巴嗦地说着"虽然……但是……一方面……另一方面……可能……大概……也许……"的小人。在英特纳雄奈尔之歌消失以后,这个世界的得救,需要的也许不再是振臂高呼时的豪迈,而是一个外科大夫对待一颗跳动心脏时的纤细。

我家墙上有个招贴画。上面是一个大大的切·格瓦拉的头像。经常有到我家的客人问:哇,革命家啊,你是不是特崇拜格瓦拉啊? 我就指着那个招贴画的右下角说,你看这副照片的角落,还有一个要饭的老头儿乞丐,坐在地上打瞌睡,我喜欢这个招贴画,不是因为喜欢格瓦拉,而是喜欢这个对比。

因为这个对比在我眼里,也是一个心型卡片。虽然这个卡片上字迹难辨,信息模糊,却是一封更诚实的情书。格瓦拉也许是个"好人",一个"理想主义者",但是同时,相比一个英雄对一个穷人的拯救欲,我总觉得,一个穷人对一个英雄的嘲讽里,有着更加无穷的道理。

自我一代

看了《时代》上那篇关于"自我一代"的报道，又看了各个方面的反应，写一下读后感。

那个报道对中国"80后"的描述很可能较偏颇甚至失实，对此应该"立场鲜明"的批判。但是我个人感觉这个报道对当今中国年轻人精神状态的描述，是大体靠谱的：追求个人发展，不关心公共事务。不过我奇怪的是，难道这仅仅是所谓"自我一代"的精神状态？这跟出生年代有重大关系吗？就算是60年代出生的"文化热一代"，现在有几个在关心政治？就算50年代出生的"知青一代"，又有几个人在关心公共问题？当年都是热血沸腾过的呀。

事情其实也没那么复杂，这跟"代际"没有太大关系。制度让关心政治的成本太高了，相比之下，个人发展的诱惑又太大了。作为"趋利避害"的动物，大部分人都选择不关心政治，追求个人发展，不过是理性选择而已，犯不着单拎出80年代出生的小孩苛责。

理解理性选择是一回事，但是将这种理性选择道义化，好像冷漠是一种美德，则是另一回事。在当今中国，关心政治的成本不单单是可能受到有关部门的关注，而且往往是整个社会的冷嘲热讽。就好像一个长得特别漂亮的女孩出现在一个丑女成堆的房间里，她的出现立刻会引起丑女的警觉和反感一样，一个关心权力和权利的人往往会引起那些冷漠的人的警觉与反感，"这人是不是有病啊？""吃饱了撑的！""搞政治投机吧？""野心家！""出风头！"或者不这么极端，其警觉与反感表现为对维权人士的道德水准和智力水平惊人的苛刻，拿放大镜照他们"弱智"、"投机"的蛛丝马迹，但是对另一些人却表现出惊人的宽容和理解，"他们也不容易啊……"

所以在当今的中国，真正关心政治，是王小波所说的"反熵"行为。

对了，我说的"关心政治"，并不是指关心某领导人最近又亲切接见谁了，或者某美女到底与某领导什么关系。我记得我上中学时，同学们写的思想汇报中常常有这么一句：我很关心国家大事，经常看某台某报……拜托，那不是关心政治，那是关心宣传。还有人曾经跟我说："你连那谁谁谁是谁谁谁的人都不知道，你不是研究中国政治的吗？"嗯，我是不知道谁谁谁是谁谁谁的人，我还不知道莫文蔚现在在跟谁谈恋爱呢。把政治关心成八卦，关心成宫廷秘录，而且明明天高皇帝远还说得绘声绘色，可以说是中国文化的一大特色。事实上中国正史的写法，就有点八卦集锦的意思。但真正关心政治，不是关心领导人的起居和病历，而是关心普通人的日常生活；不是关心"事件"，是关心正义。

亚里斯多德说："人是天生的政治动物"。就是说，人类对公共生活的关心和参与是人类的本能和人性。政治并不比我们去春游野炊时大家自发讨论分配谁带水、谁做饭、谁洗碗、怎么分摊费用更高深或者更丑恶,但是,在今天,这种天然的、自发的人类本能成了"反熵行为"。就是说,在一定意义上,只有非理性的"神经病"才会关心政治。

这是一个无奈的现实,但是不断有人跳出来说:"我们凭什么要关心政治? 就爱吃喝玩乐自己挣钱自己花怎么了?!"当然,享乐主义是人权,谁也无权干预。但是千万不要以为"政治冷漠"就是没有政治态度,冷漠就是你的态度。更重要的是,享乐主义得以存在,是有一系列公共制度的前提的,而这些前提是政治斗争的结果。以为私人生活与政治没有关系的人,忘记了私人领域从边界的界定到秩序的维护都是政治问题。难道60年代全中国人穿灰黑蓝和今天大家穿得花枝招展仅仅是"个人品位"的不同? 今天的中国从房价、到学术腐败、到电话费、到你在医院要排多久的队、到奴工、到孩子上学、到交通……哪一个归根结底不是"政治问题"? 那些"我就是我,去他妈的政治"的说法,就像是"我就是我,去他妈的空气"一样,貌似充满个性,其实无比滑稽。我理解在一个关心政治成本太高、追求个人发展动力很大的时代里大多数人的政治冷漠,但是我不能理解为这种冷漠而感到的洋洋得意。

在一个网友的博客上看到发问"美国年轻人关不关心政治"? 说实话,我个人的观察是,至少在我所待过的两所大学里,美国年轻人非常关心政治。我给国内刊物写的时政专栏里,至少有五篇提到大学生对政治的参与,一篇提到美国大学生以志愿者的身份积极参加助选;一篇写大学生在非法移民问题上对右翼演讲者抗议示威;一篇写哈佛大学生为本校被解雇的清洁工发出呼吁;一篇提到大学生组织在全球变暖问题上的积极行动;一篇提到大学生对教授的"反犹言论"向校方控诉。最近一篇提到在苏丹达尔富尔屠杀问题上,几百个学生发起"向本州议员施压"的活动。我在哥大校园的主干道上，时不时看到各种学生组织或者发起的活动，比如抗议以色列政府的活动、纪念二战中犹太死者的活动、争取助教加入工会权的示威……走在哥大附近的大街上，经常时不时就有学生模样的人，拿着小本走过来问我："你想拯救北极熊吗?"或者"你想赶布什下台吗?"……

当然我不想用"个人觉悟"来解释这些。政治环境不但解除了他们被打压的咒符，而且带来学生政治团体的繁荣。这些团体的存在及其在学生中"代代相传"，无形中为年轻人参与政治提供了"基础设施"。就是说，你不需要自己点火柴摸黑找路去参与政治，而且一不小心撞到了枪口上，在那个社会，参政的"高速公路"都修到了你家门口，而且到处路牌清清楚楚，你一踩油门就成了公共生活的一分子。

至于有人在读了"Me Generation"一文后得出那个结论说"西方媒体就爱报道中国的负面新闻"，我觉得这是典型的"谎言重复了一千遍就变成了真理"。首先，西方媒体上肯定中国经济发展成就的文章比比皆是。其次，西方媒体对自己国家、政府的"负面报道"也比比皆是。在哈佛有一次参与一个中国学者的报告，她为了证明美国媒体如何"妖魔化中国"，说："从××年到××年，纽约时报关于中国政府的负面报道占据了一半以上……"我当即提问："那你统计了同一时期纽约时报对布什政府的负面报道占了多少吗? 更重要的是，你统计了同一时期，美国社会的问题和中国社会的问题是几比几吗?"

"妖魔化中国"这个命题的出现，隐含的前提还是那种把报纸当成政府宣传工具的思维。负面的事故容易成为新闻，而新闻只管真实不真实，你管它好话坏话的比例干吗呢? 统计这种比例，多怨妇啊。这种被迫害妄想症一旦流行起来,还越来越理直气壮了。既然新闻媒体的职能之一是监督政府,负面报道对于政府也许不是好事,但是对于社会难道不是一件好事吗? 就是在中国内部,关于孙志刚、Sars、黑窑工这种"负面新闻"不恰恰是"帮助"政府纠正了很多社会问题吗? 你去读读文革或者大跃进期间的中国报纸,一点也不"妖魔化中国",So what?

扯了这么多,我想说的是,也许《时代》上那篇文章关于某些个人的报道有失水准,但是如果大家读到那篇报道之后想到的仅仅是如何"反思西方媒体",而不是我们自己的社会和政治,在我看来,实在是避重就轻。当然,避重就轻是皆大欢喜的必由之路,作为一个热爱皆大欢喜的社会,我们又取得了一次胜利。

那个搬起石头砸自己脚的人

"那么，您这位中央委员，为什么不挺身而出捍卫改革呢？"1977 年，斯塔夫罗波尔党委书记戈尔巴乔夫追问总理柯西金为什么没有坚持国企改革时，柯西金这样反问他。

8 年之后，戈尔巴乔夫成了苏共总书记。由于始终笼罩在上述问题的阴影中，他决定利用自己的职位走出这个阴影。这一走他走出很远，他精简党委让党委退出经济，他平反政治犯放开言论管制，他让立法机关自由选举，他放开私有经济，他停止军备竞赛从阿富汗撤军并且在柏林墙倒塌之际一反"老大哥"的做派，说：德国是德国人的德国。他走得如此之远，以至于当一个叫做苏联的庞然大物轰然倒塌时，人们开始抱怨他走得太远了。

最近和一个小朋友谈到戈尔巴乔夫，小朋友道：啊，那个搞垮苏联的人！"那个搞垮苏联的人"，就是历史对这个老头的结论。他已经戴着这顶帽子过了 20 年，还将戴着它度过余生，在"由人民书写的历史"上，他将永远是那个"搞垮苏联的人"。

我对这位小朋友说：没有一个人能搞垮一个国家，能搞垮一个国家的，只有这个国家的制度本身。"问题不在于戈尔巴乔夫想不想搞垮苏联，而在于当他'搞垮'苏联的时候，人民群众怎么就答应了呢？"

人民群众岂止答应，在立陶宛，在格鲁吉亚，在阿塞拜疆，甚至在莫斯科，民众风起云涌地推动了苏联的垮台。雨果说：当一种观念的时代已经到来，没有什么力量能够阻挡它。这话的反面是：当一种观念的时代已经过去，没有什么力量能够挽留它。戈尔巴乔夫没有搞垮苏联，他只是给正在垮掉的苏联最后吹了一口气。

二战之后苏联的经济增长基本在逐年递减。1946—1950 年 GNP 增长率 8.9%；1961—1965 年 4.8%；1971—1975 年 2.9%；戈尔巴乔夫上台前的 1981—1985 年则为 1.7%。不错，戈时代经济继续下滑，但这不过是继承了前辈"传统"。问题不在于斯大林是个经济天才，而在于这种靠政府投资拉动和技术模仿实现的经济增长本来就不可持续。1970 年代初苏联实力最接近美国时，人均 GDP 也只有美国的 1/3，军工占国民产值的 40%。

更不用提布拉格之春、阿富汗战争、乌克兰饥荒以及古拉格群岛了。

当然在一个观念的过时和消亡之间，还需要一个推动力，还需要一个人，一个搬起石头砸自己脚的人。

读《戈尔巴乔夫回忆录》，你会对这位老头产生同情。1985 年他接过一块滚烫的石头，他可以将这块石头放手，也可以将它传下去。就是说，在砸自己的脚和别人的脚之间，他只能二选一。如果选择放手，他无法向列祖列宗交代。如果传下去，他无法向子孙后代交代。也正是因此，你又会对他产生敬意。他选择了搬起石头砸自己的脚。他在这个庞大的官僚机器里爬行了几十年,爬到顶峰,却一脚踹开了这个机器,而这个机器的倒塌也意味着他自己的坠落。

为什么激进改革?为什么不渐进?很多人对此不能释怀。但是自由的性质类似于死亡。你要么死了,要么没死,你不可能"有点"死了。当政治自由被打开一个口子,它就会一泻千里。你不可能对着人群甲说你可以拥有言论自由,却对着人群乙说你不能。

这也是戈尔巴乔夫始料未及之处。他以为他可以放开管制的同时强化专政,但多元社会和权力垄断不相容。他必须做出选择,是继续支撑这个空心帝国,还是捅破那层纸。最后他说,如果不是我们,是谁?如果不在此刻,又待何时?

如果追求自保,他可以继续趴在那个官僚机器上打瞌睡。但不幸的是,他在官僚机器的鼾声之外还听到历史的轰鸣。欠账的是别人,还钱的却是他。欠了70多年账,当然不可能一夜还清。于是,在"人民书写的历史"上,他成了那个企图还债却又还不起的笑料。站在东德街头对戈尔巴乔夫高呼"戈比我们欢迎您"的是人民群众,哀叹他背叛苏联的也是人民群众。历史,我们知道,它水性杨花又冷酷无情。

道德极限

晚上,就一个问题我和蚊米发生了重大争论。

事情是这样的,我问他:如果你几乎不会游泳,但是发现我掉到水库里了,你会跳下去救我吗?

蚊米说:那当然了。

可是你几乎必死无疑啊!没法救活我,自己还白白送上一条命,多不值啊!

可是生死这个东西,没必要看的那么重……

我不禁陷入了深思。确切地说,是陷入了焦虑。如果换了我,我会不会去救他呢?更糟的是,如果把那个"他"换成"我妈"、"我爸"、"我儿子"呢?

这样想着时,我脑子里清晰地浮现出一个画面:我的一个亲人消失在漫漫的水面之下,我抖抖瑟瑟地站在岸边不知所措。与此同时,我不可避免地想起电影里,一个母亲看到自己的孩子面临威胁时,奋不顾身地冲进刀山火海的架势。

我更加焦虑了。如此焦虑，似乎这事已经发生过了。

事实上，这个场景是我经常假想的类似的"道德极限"场景之一而已。除了"水库救人"命题，我还分别思考过以下命题：

如果一个疯子拿着刀在街上追砍一个儿童，我会不会冲上去与歹徒搏斗？

如果我的小孩掉进养熊的围栏，一只熊正在向他靠近，我该怎么办？

如果我家突然发生大火，我被成功救出，但是我孩子还被围困在火海当中，我要不要冲回去？

……

这些道德极限场景都有一个特点，就是在危险面前我的努力几乎于事无补，但问题是：相比于事无补的努力并为此付出生命的代价，我是否能够忍受自己在别人极端的痛苦面前无所作为？

想这些干嘛？蚁米说，这不是自寻烦恼吗？

你不能把自己侥幸没有遇上的事情当作假问题啊，我辩解道，就像你不能把自己没有机会犯的错误当作自己不会犯的错误。

对极端情况的想象是认识世界、认识自己的捷径，而太平年代只是模糊人性，好人显不出好，坏人显不出坏。

有一天晚上我甚至梦见了一个"道德极限"的场景：我梦见我的大学宿舍里有一只煤气罐，不知道为什么，煤气罐突然有一个接口松了，眼看着就要爆炸了，我飞快地往外面跑去，边跑就边想：楼上楼下还有那么多人呢，我应该去通知她们啊！可是来不及了，我得赶紧逃生。我多自私啊！我太自私了！

就这样，我被吓醒了，醒了之后为自己没有去救楼上楼下的姐妹们而深深自责，我已经暴露了，一个懦夫已经被自己的梦给暴露了！这事有没有真的发生有什么重要呢？运气并不是美德，这可是我自己说的。

　　当然我可以安慰自己说：只有当一个人能够面对自己的软弱时，他才能真正学会谦卑与宽容。极度焦虑中，我想到了《追风筝的人》里面的一句话：没有良知的人从不承受痛苦。就是说，如果我为此感到痛苦，那一定是因为我良知未泯。如果我甚至为还没有犯下但可能犯下的罪行而感到痛苦，那我肯定非常有良知。走投无路之下，我就是这样，悄悄把对自己的蔑视，转化成了对自己的赞美。

超越那一天

一直不明白为什么会把五四运动和"德先生"与"赛先生"联系起来。《苦涩的革命》(*A Bitter Revolution*)里面是这样描述 90 年前那天的情形的：大约 3000 个学生在天安门会合，聆听了抗议巴黎和会的演说。下午两点学生们听完了演说，举着标语向使馆区行进。当气氛变得更热烈时，他们向曹汝霖家走去。开始时队伍秩序井然，到曹家之后，示威者突然变得疯狂，开始叫骂卖国贼，有人把标语扔到房顶，有人开始砸窗户。当人们冲进曹家，曹汝霖乔装成警察从后墙逃跑。在曹家做客的驻日公使章宗祥跑得不够快，被愤怒的人群抓获。人们误以为他是曹汝霖，拆下铁床腿痛打，直到他遍体鳞伤，大家都认为他被打死了。曹家的一切都被砸烂，女眷的香水也被砸碎，空气中到处是香水的味道。

该描述说明，在 1919 年的 5 月 4 日那天发生的事情，是一群愤怒青年出于爱国义愤而举行的示威游行，其中还有暴力袭击。这件事情和 19 年前义和团伏击外国入侵者以及 80 年后炸南使馆事件后的大学生抗议，方式虽不尽相同，性质却类似。如果说它代表了一个传统，那就是爱国主义传统,和"德先生"、"赛先生"似乎没多大关系——很难想象当时愤青们是出于对民主或者科学的热爱而拆下那张铁床的腿。

爱国主义虽是一种美德,却未必有什么新意,也未必体现真正意义上的现代精神。从屈原到岳飞,从文天祥到袁崇焕,可以说都是爱国主义的先驱。正如从屈原到袁崇焕的爱国主义没能把中国推向民主和科学,五四青年的爱国主义同样未必将中国向那个方向引领。

《苦涩的革命》一书试图通过"五四精神"这个棱镜来透视整个中国的 20 世纪史:它的兴起和衰落、它的符号化和扭曲化、它的复兴和再次衰落,以及它如何成为中国整个 20 世纪的精神幽灵。但是通过把五四运动和"德先生"、"赛先生"、"文化解构"、"启蒙"联系起来,作者 Rana Mitter 像大多研究五四运动的人一样,将这个事件演变成了一个意义超载的神话。

当然,这场短短几个小时的抗议活动后来被称为运动、再后来被说成"新民主主义革命"的摇篮、再后来成为民主与科学的标志、最后成了一个 90 年后人们还在热情庆祝的节日,不是没有原因的:在时间上,它发生在一个叫新文化运动的内部。人们需要对这个时间边界模糊、内容复杂多元、人物谱系分散的新文化运动确定一个标志性事件,于是指认了五四运动。

但时间上的契合却未必说明精神上的嫡亲关系。如果说五四运动本质上体现的是爱国主义传统精神,新文化运动的初衷却更接近真正的现代精神——从陈独秀到胡适,从鲁迅到丁玲,不管最后他们的政治立场如何分道扬镳,在新文化运动中,至少在其早期,他们有一个共同点:要求重估一切价值。

重估并不一定意味着否定，重估意味着审视和追问、意味着从传统、从权威、从成见、从经典、从集体、从他人那里收复自己的头脑，对每一个塞给自己的信条问"为什么"。正是所有这些人当时所问的"为什么"，让20世纪初的中国成为一个向各种可能性开放的中国。回顾当时的中国，无政府主义、马克思主义、复古主义、自由主义、社会达尔文主义……可以说百家争鸣。辜鸿铭拖着辫子去北大讲课，丁玲跟胡也频好上了，就跑去跟他大大方方地同居。

　　当然今天来看，新文化运动的多数人将"重估"演化成了"否定"，而真正的启蒙精神不仅仅是否定，而且同样邀请否定之否定。与其说它是一群人向另一群人传播"德先生"与"赛先生"的信念，不如说是主张一种"我思故我在"的态度。在这里，主语是"我"，而不是"我们"，就是说，启蒙精神基石只能是个体主义。在这里，谓语是"思"，而不是"信"，就是说一切有效的观念，从怀疑开始，向可能性敞开。

　　可惜这种向可能性敞开的新文化精神后来逐渐凋零，对这个凋零过程最好的注释莫过于丁玲。1927年，也就是丁玲还是一位美女作家的时候，在《莎菲女士的日记》中，她写道："是的，我了解我自己，不过是一个女性十足的女人，女人只把心思放到她要征服的男人们身上。我要占有他，我要他无条件的献上他的心，跪着求我赐给他的吻呢……但他却如此的冷淡，冷淡得使我又恨他了。然而我心里在想：来呀，抱我，我要吻你！"而1979年，历经反右、监禁、流放之后，这位曾经的美女作家的文字已经变成一个庞大的国家机器的轰鸣。其晚期作品《杜晚香》这样写道："杜晚香的汇报，转到了革命胜利后带来的新的光辉天地。于是一阵春风吹进文化宫的礼堂，人们被一种崭新的生活所鼓舞，广阔的、五彩绚丽的波涛,随着杜晚香的朴素言辞滚滚而来,祖国!人民的祖国!你是多么富饶,多么广袤!……人们听到这里,从心中涌出一股热流,只想高呼:党呵!英明而伟大的党呵!你给人世间的是光明!是希望!是温暖!是幸福!"

丁玲的写作变迁史,就是个体逐渐隐退让位于集体、怀疑逐渐让位于信条的历史。她转折的关键时刻是 1942 年的 5 月。之前的《三八节有感》中,丁玲仍个性犹存,仍敢于嘲讽延安根据地的森严等级制和女性歧视;之后,在必须用自我批判来拯救前途时,她终于低头认罪:"在整顿三风中,我学习得不够好,但我自己开始有点恍然大悟,我把过去很多想不通的问题,渐渐都想明白了,大有回头是岸的感觉。"回头是岸之后,她像延安大多知识分子一样,投身于批判王实味的活动中,痛斥他"卑劣、小气、复杂而阴暗"。

如果说有一场运动与新文化运动呈对角线关系,那就是延安整风运动。新文化运动是要让"一"变成"多",而整风运动则是要让"多"重新变成"一"。思想的裁判不再是自己的头脑,而是领袖的旨意。思想的方式不再是怀疑与重估,而是消化和吸收。当经过整风"洗礼"的丁玲终于"回头是岸"时,那个"重估一切价值"的新文化运动之光终于彻底熄灭在时间的隧道里了。

相比之下,五四运动所体现的精神却在整个 20 世纪延绵不绝。观察 1919 年 5 月 4 日那天的历史场景,可以看到几个元素:青春;激情;集体性;破坏力甚至暴力。这几个要素叠加起来的场景,在 20 世纪的中国反复出现:三一八运动(1926)、一二九运动(1935)、一二一运动(1946)、红五月运动(1947)……而这个运动模式的顶点,大约就是 1966 年的红卫兵运动。虽然红卫兵运动并不是一场民族救亡的爱国主义运动，但是在激情、集体性、青春崇拜、破坏力方面，却可以说与五四运动一脉相承。这大约也是为什么 Mitter 认为红卫兵运动是五四运动"一个奇怪的孩子"。

在五四运动模式的各要素中，"青春"大约是最核心的要素，因为激情、集体性、破坏力一定程度上可以说都是"青春"的内在品质——青年充满激情、热爱抱团、而破坏则往往是证明力量最有效率的方式。"青春"无论作为一个象征符号，还是作为一种实际政治力量，对于塑造中国20世纪的作用影响巨大：一般来说青年倒向了哪边，历史就向哪个方向前进。因为站在"历史"的一边，青年成为被政治歌颂的力量。但是真正仔细想来，大约也正是因为青春所包含的那些内在品质，使得它始终无法引领中国走向真正的"德先生"和"赛先生"，因为相对于激情，"德先生"和"赛先生"更需要的是理性；相对于集体狂欢，"德先生"和"赛先生"更需要的是个体觉醒；相对于破坏力和暴力，"德先生"和"赛先生"更需要的是法治精神。

有趣的是，青年不但对于中国变迁起到关键作用，对于斯大林体制、德国纳粹运动、更不用说西方 60 年代新左派运动也起到了一个"先锋队"的作用。在斯大林展开"对农民宣战"的农业集体化运动时，大多普通农民不但不配合，反而奋起抗争，斯大林在哪里找到核心的"群众基础"呢？共产主义青年团。至于纳粹德国，臭名昭著的冲锋队（SA）和党卫军（SS）则可以说是希特勒的个人部队，而它们正是以自告奋勇的德国青年为主力。便是 20 世纪 60 年代西方青年，在为反战、平权发出正义呼声的同时，却令人遗憾地对另外一些国家更腥风血雨的红色恐怖保持了选择性沉默,甚至做起了啦啦队。

就是说,虽然青年对于历史进步的贡献卓然,一个同样不容忽视的现实却是:在整个 20 世纪,青年在充当强权的帮凶方面,却是难堪地功不可没。人们赞美青年的勇敢和叛逆,但另一面的现实则是,青年常常用隐身于群体的方式来追求个性,用为专制者冲锋陷阵的方式来表现叛逆,其勇气背后往往是选择性的沉默。当然可以为青年辩护的是他们单纯、易受骗、易被煽动。集体化运动多年以后,一个苏联前积极分子却说:我们被欺骗,是因为我们想被欺骗。

今天回头再去看五四运动,它更像是启蒙浪潮结束的开始,而不是开始的结束。90 年来的历史说明,引领我们突破政治瓶颈的不是激情、集体和破坏,而是理性、个体觉醒和制度改革。现在我们纪念那一天的最好方式可能恰恰是超越那一天。穿越 1919 年,回到 1915 年,那一年,一个叫陈独秀的人创办了一本杂志叫《新青年》,一个叫胡适的人坐在哥伦比亚大学的课堂上听杜威讲课,一个叫鲁迅的教育部公务员闲来无事正研究佛经,一个叫丁玲的小女孩还在念书识字,而那个叫毛泽东的湖南青年刚刚考上师范学校。那时候他们当然不知道未来会有怎样的刀光剑影。他们读书、思考,心怀虔诚,向未来敞开。我们多么希望他们将要面对的腥风血雨可以被抹去,历史重新交给他们一张白纸,让他们从头再来。

奢侈生活

　　这已经是一个再也无法掩藏的事实了，就是出国的人比留在国内的人土。为了表达对我这个"海龟"的同情和慰问，每次回国，国内的亲戚朋友都带我去吃喝玩乐，领略国内的奢侈生活，以此证明国内可以过得多么爽，而我们留学在外，是多么得不偿失的一件事。

　　这次朋友莉莉，带我去做身体的"精油护理"，因为她有某个美容院的包月会员卡。

　　刚一进去，几个穿粉色制服、戴护士帽的小姐就笑眯眯地迎了过来，左一个"姐"、右一个"姐"地叫开了。她们引我和莉莉穿过一个走廊，换了拖鞋，走到一个粉嘟嘟的房间，里面有两张床。在换衣服之前，小姐给我们端来两个大木桶，说是洗脚。洗脚就洗脚吧，里面还放了几块石头，问那是什么，说是"火石"，有"祛寒"的效果。洗完脚，换上他们发的纸内衣，躺下。

　　我叫小慧，给我按摩的小姐温柔地说，今天我给您服务。

　　又温柔地追问，音乐声音大小，您觉得合适吗？屋里的光线呢？

我们说好好好，没问题。刚趴下，小姐又端来一个小木桶，里面漂着一朵莲花，放在我们的脸下边，说是"清凉解乏"。

然后才开始按摩，小姐往我的身上涂上一种精油，然后揉开了。在舒缓的音乐、温柔的手指间，我很快睡着了。中间朦朦胧胧翻了几次身，再醒来时，已经过了半小时了。然后跟小慧小佳聊了几句。莉莉问小慧做这份工作，一个月多少钱。小慧说不一定，看每个月客户情况。莉莉追问到底多少，小慧说：好的时候有一千吧。

她怎么还能对我们这样和颜悦色呢？我心想，我们做一次按摩，据莉莉说，没有会员卡的话，一次就 400 块。一个月最多挣 1000 的人，怎么能对一次花 400 块来按摩一个小时的人，这样和颜悦色呢？

也许心里是有怨恨的吧，如果是我，肯定是有的。

如果来一次文革，小慧也许会给我挂上一个牌子，上面写着"资产阶级小姐××"，然后让我"坐飞机"，剪阴阳头，住牛棚，挨批斗。但是文革已经过去，而且看起来也不可能很快再来。何况文革带来的问题比解决的问题多得多。

阶级啊，这就是阶级，我心里叹息。所谓奢侈生活，前提就是阶级的差异。虽然阶级差异在世界各地无处不在，但在此时此地，它是如此明目张胆，有恃无恐，甚至不需要遮羞布。

按摩完毕，穿上衣服，小慧又笑眯眯地端来"为客人特制的冰糖银耳羹"，边看着我们喝，边介绍说：我们马上要搞一个活动，叫"植入金丝"展示会，29 号晚上，有一个晚宴……询问一番，原来是一种美容产品，一套9 万多人民币。

有人做吗？

有啊，已经有四五个了。

出去之后，莉莉问我：感觉怎么样？还是国内好吧？

嗯，还是国内好，我赞叹道，真奢侈！

当然，我真实的想法是：消费的乐趣，从来都是无力的乐趣，数量越大越无力。

坐在莉莉的车里，突然想起初中政治课本里那句话，那句小时候完全读不懂、稍大很反感、现在却觉得很触目惊心的话。它说：所谓国家，就是阶级统治的暴力工具。

政治的尽头

政治的尽头是同情心，马蒂奥和朱莉娅的尽头是尼古拉。

《灿烂人生》里有一个镜头是这样的：防暴警察马蒂奥的同事鲁伊奇被左翼示威者打成了瘫痪，马蒂奥在哥哥尼古拉家悲愤地说起这事，尼古拉的妻子朱莉娅，一个激进左翼分子，当时就不干了。

"太糟了，你站在错误的一方。"

"你肯定？那什么是正确的？穷人的一方算是正确的吗？"

"对。"

"鲁伊奇比你更懂什么叫贫穷。他是个穷人，把他打成植物人的人却不是。我们在这里吃蛋糕，他却躺在医院里。"

"我受够了你的垃圾言论！"

尼古拉只好出来调和："请你们都别说了！"朱莉娅转身弹琴去了，马蒂奥调侃道："你老婆不错。"尼古拉笑道："你俩相处的也不错。""她是那种永远正确的类型吧。""嗯，跟你类型一样。"于是两人会心地笑了。

《灿烂人生》里有好几个类似的情形：一场充满火药味的争论，最后以温情脉脉的谈笑收场。尼古拉的父母争吵时是这样。妹妹的婚礼上，尼古拉被解雇的工人好友和银行家好友之间的对话是这样。尼古拉父女在争论一个腐败官员是否值得同情时也是这样。对此女儿是这样解释的：我太爱你了，我不会真的跟你闹翻。

"我太爱你了，我不会真的跟你闹翻"，似乎道出了人世间喜剧和悲剧分叉的那个秘密。很多时候，你以为你的所作所为是出于爱，其实还是不够爱。另一些时候，你忙着轰轰烈烈地爱人类，却忘记了爱身边一个一个的人。

马蒂奥和朱莉娅都未曾深入这个道理。他们都试图通过政治斗争的途径去改变身边的世界，结果发现政治斗争的前提是对真理的掌握，而这个世界上没有谁确切地掌握了真理。朱莉娅在60年代的左翼运动中越来越激进，抛家弃子投奔了一个恐怖组织，从事暗杀工作，最后沦为阶下囚，世界却没有因此变得更好一些。马蒂奥终其一生都在和丑恶的制度作斗争，从僵死的考官到野蛮的精神病院，从等级森严的军队到黑幕重重的警察局，但他被碰得头破血流，在一个新年之夜，他迎着窗外绽放的烟花从阳台上纵身跳下。

而朱莉娅的丈夫、马蒂奥的哥哥尼古拉则不同。他温和而不消极，明辨是非但不急于求成。改造世界对他来说不是将一个制度连根拔起，而是从给予身边的人一点一滴的温暖开始。佐珍，片中那个被精神病院非法电击的女孩，最后不是被左翼朱莉娅或者警察马蒂奥拯救，而是在尼古拉几十年的照看下慢慢恢复。当佐珍完全将自己封闭起来时，他对她说：你每天来给我的植物浇水吧，它们需要你。

如果说改造世界是一场龟兔赛跑的话，马蒂奥就是那个兔子，而尼古拉则是那个跑得慢却跑得远的乌龟。马蒂奥在不断的碰壁中也逐渐认识到这一点，他多么希望自己也能有那样的耐心啊，在与可爱的姑娘美瑞娜相识之时，他这样自我介绍：我叫尼古拉。

也许为我们的行为守卫底线的，不是政治、不是宗教、不是法律，而是尼古拉的考官所说的"同情心"。读书读到文革时某派怎样毒打某派或者纳粹集中营里的暴行时，我总是惊骇不已，因为这全都是假真理的名义。若是人人心中都有一个同情心的底线呢？一个政治、法律、宗教都无法突破的底线呢？也许人世的希望不在于发现真理，而在于追问一句，发现真理又如何。

该电影给我最大的感触，就是片中每一个人都是那么美好，美好却不虚假。我想导演真是个善良的人，简直可以说是柔情似水。他让激进的朱莉娅弹得一手好钢琴，让暴躁的马蒂奥成为一个书迷，让美瑞娜在失去马蒂奥之后得到儿子，让尼古拉在女儿离开后重新得到爱情。他端详、雕刻、安抚每一个辗转反侧的灵魂，让你觉得世界可以变得更好，正在变得更好，还会变得更好——只要你像尼古拉的父亲所提醒的那样，不放弃身边的任何一个人，发掘他们的动人之处："你要让朱莉娅弹琴，告诉她她有多美好，你要说，朱莉娅，为我演奏吧"。

They Just Give Up

每当你情绪低落寻死觅活时,总有一些喜剧发生让你破涕为笑,重新鼓起生活的风帆,比如胡紫微同学发表输出价值观的重要奥运演说,比如重庆人民对求精中学的热情捍卫,比如恒源祥广告商破罐子破摔的决心。

有一次和 D 走在一起,那天刮大风下大雨,大街上好多人的伞都被吹得东拉西扯。我们走着走着,看到路上被丢弃的一把伞,散了架,半边支着,半边瘫软在地。D 说:They just give up。我们大笑。

恒源祥的广告就让我想起这种"they just give up"的大无畏精神,虽然我不明白为什么大无畏的"they just give up"精神这么具有喜剧效果,这么让人觉得人生如此有趣,死逑了多么可惜。

基本上满足于用简单重复来表达一腔＿＿＿(此处可填入"义愤"、"热情"、"热血"等等具有高温感的一系列褒义词)的行为都可以被称做"they just give up"的精神,比如在一个句子后面打上无数感叹号,比如上千沈阳球迷花半个小时重复呐喊"小日本,操你妈",比如把故宫造到 999 间,比如用一百万个小高炉来赶超英美，比如中学女教师用让男同学陆续到床上报道的方式来树立生活的信心。

这些行为表明，所谓自暴自弃，并不在于智力、想象力和勇气的枯竭，而在于当事人已经不打算对这种枯竭加以掩饰。

同理，当一个人放弃个体的具体性，比如关注自己是不是需要去生殖医院，转而融入集体的荣辱感中，关注重庆人民是不是需要去生殖医院，这也是一个"they just give up"的重大时刻。

They just give up me to become us.

但，自暴自弃的最高表现形式并不是枯竭或者对枯竭的不加掩饰，而是通过投入集体的怀抱来升华这种枯竭，赞美这种枯竭，顶礼膜拜这种枯竭。这种升华充分体现在重庆人民沈阳球迷以及恒源祥广告一腔＿＿＿＿＿＿＿的声音里。摆脱了智力想像力和勇气的负担，你就摆脱了自我，也就是，光荣地融入了人民群众的汪洋大海啦。

送你一颗子弹

Send You A Bullet 是一个巴西纪录片。影片分两个线索：一个是讲述一个巴西腐败政客 Jader 的贪污、被起诉、被释放、重新当选议员的故事；一个是讲圣保罗市蔚然成风的"绑架富人"现象，在这条线索上，导演采访了被割掉耳朵的一个女孩、撕过票的蒙面绑匪、专门做再造耳朵手术的外科医生、每天在胆战心惊中研究防身术的商人。

有点像我几年前看的另一个绑匪电影：*secuestro express*。只不过那是一个故事片，场景在委内瑞拉。看来绑架流行很可能不仅仅是巴西现象或者委内瑞拉现象，而是一个拉美现象。

那个胆战心惊的商人说他最吃惊的是，有一次他遭抢，抢劫犯在大街上抢了他的钱之后，竟然公然站在几米之外慢悠悠地数钱。"抢劫犯一点也不害怕，被抢的人胆战心惊，这就是巴西。巴西在向一个非常危险的方向前进，它可能会变得更糟。"

也是，有钱人随时随地可能被绑架，那谁还敢到你这个国家或者城市来投资？而投资萎缩伤害的仅仅是有钱人吗？有钱人不去圣保罗投资还可以去北京去孟买,而失去就业机会的巴西人却不可能随随便便移民到北京或者孟买。

但是绑匪不会或者不想明白这个道理。他说他抢来的钱有一部分分给贫民窟里的穷人看病,即使他说的是真的,他间接伤害的穷人可能比他直接帮助的穷人要多得多,这一点,他未必明白。

某经济学家说过,一个坏的经济学家和一个好的经济学家,区别就在于前者只计算看得见的经济成本,而后者还加上看不见的。那么,可不可以说,一个坏的绑匪和一个好的绑匪,区别就在于前者只计算看得见的行为收益,而后者还加上看不见的行为收益呢?好吧,绑匪哪有好坏之分,根据定义他就不可能好到哪里去,用康德的话来说,他的行为违反了"绝对律令"。

看不见的不仅仅是他,而是拉美大陆。拉美民粹主义成风,思想基础往往在此:民众往往愿意为了暂时的、直接的利益分配而牺牲长远的、间接的收益。这种"短视"也恰恰为腐败官员提供了机会。起诉 Jader 的检察官在 Jader 重新当选议员之后痛心地说:这样一个假公济私的人,竟然还能再当选议员,实在令人悲哀。仔细想想,为什么呢? Jader 玩的无非是民粹主义那一套:用短期的救济发放等等小恩小惠来笼络地方选民,小恩小惠是直接的、现实的、看得见摸得着并且有一个集中的受益群体的,而制度扭曲的代价却是间接的、长远的、看不见摸不着并且分散在全民甚至接下来几代人当中的。民粹主义式的救国,是饮鸩止渴。

改善贫困向来有两种方式:一种是直接的利益再分配,一种是间接的投资激励。前者往往可以成为政客发家的捷径。直接的小恩小惠,加上政客充满激情的民粹主义口号,可以造就查韦斯这种"拉美英雄"。问题只是,拉美人民热血也沸腾过了,有钱人也给诅咒过了,能国有化的都国有化了,也庇隆过了,也格瓦拉过了,他们所指望的繁荣富强以及均贫富等贵贱就是迟迟不肯来临。

当然,你永远可以诅咒美国。

对于失败的格瓦拉们来说,幸亏还有美国。

我想象,假设中国各大城市也开始绑匪成风,中国的经济萧条估计为时不远了。哦,忘了,这事其实几十年前早发生过了。

看完电影,同看电影的×有感于最后绑匪说自己给穷人医药费,说:"弄半天是个罗宾汉啊!"

我不以为然。穷人很多,但不是所有的人都用杀人放火去解决贫困问题,所以不能用社会根源来为个人暴行辩护。阶级当然是一个客观存在,但如果阶级可以为一个人的行为言论辩护,那么我们为什么还需要法院对案件一个、一个地做个案分析?只要是富人,就通通送进监狱,只要是穷人,就通通放走好了。

影片结尾的时候,记者问绑匪:"你绑架那些人,割掉他们的耳朵,事后会想起这件事这个人吗?"

"不想。"他说。

也许,他也只有通过"不想"来逃避这件事情的沉重,因为一个人认识论的飞跃恰恰就发生在"想"的那一刻,因为人道主义的起点在于"一个"人面对另"一个"受苦的人并且心里"咯噔"一声:如果我是他呢?

在祖国的怀抱里

1. 房地产广告

早上吃早饭时,铺在餐桌上的报纸,上面有一则房地产的大型广告,建议国外的同学们学习一下,了解一下国内广告媒体日新月异的语言:

大标题:梦是唯一的真实,WE 也包括在内(注:WE 是房产名称)

副标题:物质形态的 WE,影响意识形态的 WE,WE 是空间的费里尼

正文:事实 1:绝大多数 WE 的参观者,都因空间意态在现实与超现实之间自由游走,而产生多层梦境世界的可能性。

事实 2:试图藉着打破/拆解记忆碎片,再予以天马行空的混合重构,也许有益于探索 WE;但挣脱当今的主流生活经验,或者更有利于研判 WE 的诗意蒙太奇。

事实 3:擅长造梦的电影艺术家与深谙解梦的心理科学家,在意识形态也许阴差阳错,但是对 WE 却产生了跨界的相通感应。

说实话,有时候真想赖在国内不回美国了,如果说美国的情景喜剧只是在晚间几个小时内逗人一乐的话,在中国,全国人民都在向行为艺

术家进化,前后左右都是情景喜剧。上至新闻联播的主播,下至广告词写手,那种不动声色的幽默感,那种推陈出新的汉语"蒙太奇",对于我这样又喜欢看电影又不愿掏钱买票的人来说,真是一场不散的宴席。

2. 摇滚沙拉

在外面吃饭,有人点一道叫摇滚沙拉的菜,说是招待"国际友人"。

两个穿红旗袍的小姐,一个举着一个塑料圆柱体,里面装了一筒蔬菜。另一个托着一个盘子,里面放了无数小碟子。拿蔬菜的小姐,把碟子里的东西一样一样往蔬菜筒里倒:花椒、西红柿酱、蜂蜜……

然后,她关上盒子,先在左边使劲摇,边摇边说:"摇一摇,欢迎宾客到。"然后换到右边摇,说:"摇二摇,幸福自然来。"又换到前面晃,说:"摇三摇,身体健康最重要。"最后放下蔬菜筒,说:"摇四摇,财源滚滚来!"

大家热烈叫好。

我心里只是难过。真的有必要这样么?只是一个沙拉而已。我亲爱的祖国啊,真的有必要吗,只是一个沙拉而已。

没有你们就没有他们

又把《他人的生活》看了一遍，记忆中这是唯一一个我主动看第二遍的电影。重新看一遍的原因很简单：看第一遍时太囫囵吞枣了，没留心一个关键问题——那个"坏人"是怎么变成"好人"的。确切地说，我很想知道一个腐朽大厦的倒塌，是从哪个裂缝开始的。

《他人的生活》情节已经众所周知：1984 年，东德秘密警察 Wiesler 被派去监听一个剧作家 Georg，结果他不但没按计划搜集该作家的反动言行，反而被他和女友的爱情和勇气所打动，最后背叛组织暗中救助了他。

带着清晰的问题意识再看第二遍，我遗憾地发现，导演其实根本没有回答我的问题："坏人"并没有"变好"，他简直从来就是好的。电影开始不久，在其上司 Crubitz 表示要通过监听搞倒谁谁谁时，他就问："难道这就是我们当初为什么加入组织？"一个竟然追问为什么的人，怎么可能是一个好的秘密警察。在听 Georg 弹贝多芬时，他竟被感动得泪流满面。一个追问为什么的人，以及一个多愁善感的人。

所以该片最大的问题似乎并不是"坏人"怎么变成"好人"，而是"好人"怎么能允许自己做那么多年的"坏事"。Wiesler 在成为片中的英雄之前,做了 20 年的秘密警察劳模。如果他可以劳模 20 年而不羞愧,那么他应该也可以这样劳模下去;如果他会那么轻易被监听对象所打动,那么他也不可能这样劳模 20 年。

电影里真正的"坏人"似乎只有两个,一个是部长 Hempf;另一个是警察头子 Crubitz。区区二人可以对这么多人的命运翻手为云覆手为雨,原因就在于"他们"把"你们"也变成了"他们"。他们以保卫国家的名义吸纳了无数秘密警察,他们发展艺术家中的内奸,他们逼迫 Christa 告密,他们让 Georg 们保持沉默……如果没有"你们","他们"什么都不是,只是一群小丑而已。

但"你们"又是谁呢?"你们"可能周末带孩子去父母家尽享天伦之乐,"你们"路上看到车祸可能会打 911 帮助呼救,"你们"可能看到电视剧里坏人欺负好人时气愤填膺,然而你们在做着这一切的同时,也会像 Wiesler 那样爬到别人的楼顶阁楼上——当然不仅仅阁楼,还有可疑分子家门口,单位,言论的字里行间——说:看,这个混蛋,竟然拿民主德国的自杀率来做文章,把他给抓起来!

"他们的信念是什么?"有一次我试图和一个朋友讨论这个问题:"他们怎么说服自己,一个人把一件事情诚实地说出来,就应该被'抓起来'?"真的,他们是怎么说服自己的? 这事首先令人困惑,其次才令人沮丧。他们怎么能够在窃听骚扰跟踪袭击迫害诚实正直的人之后,一转身,对自己的孩子说:孩子,你要做一个好人。

那个朋友说:"不需要信念,就是个趋利避害的本能。"

我还以为道义感羞耻感内疚感也是人的本能呢。

可能也正是因此，Wielser 这个人物太理想化了：他作为国家机器的一部分，拒绝被彻底机器化，羞耻感犹存。电影甚至把他描述得很可怜，一个人住冷冰冰的单身公寓，在电梯里被小孩子当面骂成"坏蛋"，招来的妓女甚至不愿意多停留半个小时。而现实生活中，那些变成"他们"的"你们"，可能过得比谁都好：他们在饭桌上谈笑风生，在亲友中春风得意，在生意上左右逢源。也正因此你们还在趋之若鹜地变成他们。

如果该电影展示的是 1984 年东德现实写照的话，那么 5 年之后的巨变一点都不奇怪。当电梯里的孩子都可以羞辱秘密警察而他只能哑口无言时，只能说这个社会已经变心了。事实上从故事情节来看，当时东德的控制手段已经贫乏到完全依靠胁迫：听不听话？不听我就让你没饭吃。当统治者的统治手段已经贫乏到仅剩胁迫时，它就气数将近了。我们从小就说物质基础决定上层建筑，但也许历史唯物主义偶尔也会走神，物质基础也会被上层建筑拐跑。至于上层建筑又是如何变心的，那个 20 年的秘密警察是怎么突然从"他们"转变成"我们"的，电影没有说清，我没有找到答案，看来还得接着找下去。

匈牙利咖啡馆

我就坐在我们学校附近的一家咖啡馆里。这家咖啡馆叫匈牙利咖啡馆。匈牙利，这是一个多么神秘的国家啊，它地处东欧，1956 年曾经有过一场不成功的革命，它还……好吧，其实关于匈牙利我一无所知。

匈牙利咖啡馆可不仅仅是一个咖啡馆，而且是一个政治阵营。宣称自己常去匈牙利咖啡馆，就等于宣称了是自己的阶级成分——一个左派的进步知识分子，或至少也是一个文化嬉皮士。哥伦比亚大学附近的人，或进而整个世界的人，完全可以被区分成"去匈牙利咖啡馆的人"和"不去匈牙利咖啡馆的人"。一个小小咖啡馆，大大提高了划分敌友的效率。

咖啡馆看似一家乡间小学教室。昏暗的灯光，拥挤的桌椅，斑驳的墙壁，恶作剧地横亘在阳光明媚的阿姆斯特丹大街上，好像唇红齿白的笑容之间，一颗虫牙突兀在那里。令人费解的是，这里永远是人满为患。人们摒弃了门外的灿烂阳光和星巴克里的资产阶级光明，趴在匈牙利咖啡馆昏暗的灯光下，如同捉虱子一样费劲地辨认自己书上的文字。

我曾经猜想，这里有一个秘密的马克思主义社团。那些从 1960 年代的左派政治运动中败下阵来的人们在这里招兵买马，商讨颠覆资本主义大计。咖啡和草莓小甜饼只是幌子而已。我这样说不是没有道理的。证据之一就是那些奇形怪状的人们，比如那个头上扎着一个蝴蝶结的老太太，那个夏天还穿着皮衣服的长发青年……这些人成天驻扎在这里，哪里是喝咖啡，简直是每天在这个生产愤世嫉俗的作坊里值班。

证据之二就是这家咖啡馆的厕所。我一生中从来没有上过这么"左"的厕所。小小两平方米的厕所墙上，写满了各种政治宣言——支持巴勒斯坦运动的，呼吁布什下台的，打倒美帝国主义的……其慷慨激烈程度，足以把一个右派吓成便秘。

我这个猜想虽然非常振奋人心，但并不能得到证明。能得到证明的，只是身边这些琐碎的聊天而已。比如那两个女孩，在讨论爱的暧昧与道德修养的关系："三天都没有回信呢，这都不是爱不爱的问题，而事关基本的人品！"

一次次的窃取情报都是空手而归。我只好承认，人们喜欢光顾这个"左派"咖啡馆，并不是因为他们有什么"左"的意识，而是因为他们喜欢"左"的下意识。意识太多，无意识太少，下意识则刚刚好。正如那些左派的标语，占领大街太多，销声匿迹太少，而匿名地幽闭在一间咖啡馆的厕所里则刚刚好。在意识的层面上，左派已经溃散，等它在下意识里卷土重来时，一个体系完整的意识形态已经分解为支离破碎的意象，比如这些昏暗的灯，这些破旧的桌子，这些失魂落魄的人。人们在这破碎的意象中寻找一种美学上的刺激，却早已无法将它拼凑一个政治野心。当历史变得像一个宿命，政治也从现实主义走向了印象主义。

"左"的幽灵就在这家匈牙利咖啡馆里来回穿梭，招揽生意。这幽灵已失去语言，只剩下身体——它勾引我们，但并不企图征服。人们坐在这里，消费着这妖娆的眼神，而它也萦绕着人们，医治他们下意识里的那一点炎症。

　　想清楚了这一点，我在匈牙利咖啡馆坐得心安理得起来。这哪是什么左翼咖啡馆，它就是看上去有点"波西米亚"而已。我对波西米亚风格的理解是：当小资厌倦了自己，他就需要时不时地冒充无产阶级。中国的知识分子由于原罪感而发动了一场浩大的革命，西方的知识分子由于原罪感而发明了一个时尚流派。他们的救赎真是比我们的有效率。

昨天看了 BBC 纪录片 *Life after People*，真好看。它回答了一个已经困惑了我很久的问题：人类如果"突然"从地球上消失，人类文明的遗迹还可以在地球上存在多久？

答案跟我以前和蚊米讨论的结论差不多：两三万年。两三万年以后，我们人类"璀璨的文明"就会了无踪迹红楼梦逝了。

电视片说，现代钢筋建筑肯定不如古代石头建筑结实，石头建筑可能挺个上千年，钢筋建筑 300 年左右就基本玩完了——水会把钢重新腐蚀回铁，再把铁腐蚀回铁矿石。但是，石头建筑也难逃厄运，因为它们怕盐的腐蚀。

如果您想对下一拨进化成人的猴子聊表寸心的话，千万不要试图在地下深埋饭岛爱光盘，没有保温去湿环境，DVD 最多一两百年左右就歇菜了。跑到一个干燥无光的山洞里凿一幅芙蓉姐姐的壁画，倒是具有更高的可行性。如果猴子们进化得及时，会眉头紧锁地指着壁画上的芙蓉姐姐说：这幅壁画说明，史前文明里的那种智能生物身体是 S 型的。

电视片还说，人类一消失，地球就会重新变成动物的天堂了，"你可以踏着海龟的背从大洋的这一头走到那一头"。

就是说，没有了我们，地球会变得更美好，就是再也没有李白给它写情诗了而已。

学术辩论

1. 认同

开会时，大家说到"全球化"和"本土认同"的关系问题。照学术界的惯例，上来大家开始控诉"文化帝国主义"怎么样将全球化变成西化。然后，又有人跳出来反驳，说也不是所有的"本土意识"都值得保留，而且小国对大国也有文化输出，比如我们在美国四处可见的瑜珈、中国菜云云。

讨论所有这些问题时，突然想到闹同学以前说到的一个玩笑。一般美国女人嫁人之后都要随丈夫姓，但是一个女权主义者抗议说：我不跟你姓，我要捍卫自己的权利，姓原来的姓！但是丈夫回答道：可是你原来的姓，是你父亲的姓，跟他姓本身，不过是父权制度的另一种表现形式而已！

这个笑话，用到全球化和本土化的辩论中，恰如其分。全球化还是本土化，说白了，不过是"随夫姓"还是"随父姓"。

2. 历史

美国大学里革命小将非常多，昨天又碰上一个。

不知怎么就聊到中国的文革,他如所有的小将那样说:文革不能全盘否定啊,文革的时候经济还增长了呢。

我说:文革的时候经济的增长,可以有两种理解:一种是"因为有文革,所以经济增长",另一种是"尽管有文革,但是经济还是增长"。如果没有文革,没准经济增长更快呢。

他说:你看,你这是在假设历史,而历史是不能假设的。

我说怎么不能假设,有个叫邹至庄的普林斯顿教授,就写了一篇文章,就是计算"假如没有政治运动,中国现在的经济水平如何"。

他:那都是想象,我坚持认为历史是不能假设的。

当然是不欢而散。

后来越想越不对。像他这样的美国左派,肯定是反伊战、反种族歧视的,如果他说"没有伊战,世界更美好",那我也可以说"历史是不能假设的"。如果他说"没有种族歧视,美国更美好",我还是可以说"历史是不能假设的"。依此类推,所谓历史不能假设,不过是混淆是非的一个说法。我假设一下历史怎么了,又不偷又不抢。

我老觉得美国这个国家从来没有过革命的经历也不好,许多知识分子从来没有享受过社会主义的优越性,所以眼巴巴的,老惦记。对于渴望 M 的人,不 S 一下他,他就不消停。

制度主义

今天我觉得我解决了人类的一个重大难题。

长期以来,我一直担心如果外星人来突袭地球人怎么办? 今天边看着电视里关于发现新行星的报道边吃晚饭,打了两个苦闷的饱嗝之后,我突然豁然开朗:如果外星人的技术已经发展到了可以飞到地球来的地步,他们一定也有着高度的政治文明。根据制度主义的说法,技术的革新不可能脱离制度的发展而出现。没有文明的政治制度,就不可能有产权和专利的观念,没有产权和专利的观念,技术就不大可能持续高速发展。总而言之,如果外星人非常野蛮,他们肯定没有技术能力飞到地球来,如果他们已经飞到了地球,肯定和和气气文质彬彬。

想到这里,我破涕为笑,放心地朝沙发后背上靠了过去。人类的未来又少了一个不安定因素,多么叫人欣慰啊。

可是,然后,竟然,过了一小会儿,我又想到一个晴天霹雳的问题:如果外星人里面也有本·拉登,也有希特勒,也有斯大林呢?

悲哀啊。

我只好又从沙发靠背上坐了起来。

牛校牛在哪

　　我在哈佛做了一年博士后,这一年,除了领钱,基本也没有什么别的任务。为了防止自己整天缩在家里,把薄薄的那一沓钱翻来覆去地数,我决定去旁听几门课。

　　那天我去学校我所在的机构,跟机构里的秘书表达了此意。她非常干脆地说,没问题啊,只要教授同意,都可以呀。我问,有没有社科方面的课程清单,我看看有什么课可选。我问的时候,想象的是几页纸,可以站那顺手翻完。结果柔弱的女秘书掏出一个庞然大物,向我递过来,我伸手一接,胳膊差点因为不堪重负而当场脱臼。

　　定睛一看,这本 1000 多页的玩意儿的封面上,赫然印着几行字:

Courses of Instruction 2006 - 2007

Harvard University.

Faculty of Arts and Sciences.

Harvard College

Graduate School of Arts and Sciences.

就是说，仅仅就本科和文理学院的课程表及课程的简单介绍（一般3—5行的介绍），哈佛就一口气列了1000多页。我估计，把哈佛全校的课程名单一一排列出来，是不是得绕上赤道一周两周啊。

以前在哥大听课，我就觉得自己已经见过世面了。现在，捧着这个庞然大物，我有种慕容复突然路遇萧峰的悲凉感，过去六年建立起来的牛校感当即崩盘。

端着它回到自己的办公室，仔细研读起来。如同一个饥饿无比的人，捧着一个写满了各种山珍海味的菜单，边咽着口水边往下读。读到最后，就是《廊桥遗梦》里面女主角遇上男主角的感觉，之前和丈夫风平浪静的婚姻，原来不堪一击，这才是真正伟大的爱情。

当然，让我产生伟大爱情的，不仅仅是哈佛所提供的课程之多，更重要的，是它所提供的课程之人性化。国内的媒体，时不时地就会把"大学精神"这个话题拿出来讨论一下。基本上大家都会达成一个共识：大学不是职业培训机构，大学精神不应当仅仅是训练工作技能的精神。据说，大学应该熏陶的，是一种人文精神。虽然"人文"这两个字，因为靠"文人"两个字太近，已经臭大街了，我觉得，大家还是应该再给它一次机会。

哈佛大学之所以是一流的大学，当然是因为它最有钱，然后用这些钱买了最先进的设备和雇了最牛的教授。同时，也是因为它蕴含了丰富的人文精神，而这一精神，最集中地体现在它的"核心课程"上（哥大也有，但是跟哈佛比，是小巫见大巫）。

所谓"核心课程",就是学校提供给本科生的一系列基础课,学生必须从中选出几门作为必修课。这些基础课的目的,是让学生在进入知识的细枝末节之前,能够对他所置身的世界有一个框架性的理解和探索。这样当他置身于自己的专业时,能够知道自己所学习的,不过是一个巨大有机体里面的一个毛细血管。

哈佛的"核心课程"分成七个板块:外国文化;历史;文学;道德判断;数理判断;科学;社会分析。拿道德判断这个板块作为例子,所给的课程包括:

1. 民主与平等

2. 正义

3. 国际关系与伦理

4. 伦理学中的基本问题

5. 儒家人文主义

6. 有神论与道德观念

7. 自我,自由与存在

8. 西方政治思想中的奴隶制

9. 社会反抗的道德基础

10. 共和政府的理论与实践

11. 比较宗教伦理

12. 传统中国的伦理和政治理论

13. 古代与中世纪政治哲学史

14. 现代政治哲学史

拿科学这个板块来说，所给课程包括：

1. 光与物质的性质

2. 空气

3. 宇宙中的物质

4. 观察太阳与恒星

5. 时间

6. 爱因斯坦革命

7. 环境的风险与灾难

8. 现实中的物理

9. Cosmic connections

10. 音乐和声音的物理学

11. 看不见的世界：科技与公共政策

12. 能源、环境与工业发展

13. Life as a Planetary Phenomenon

其他板块，就不列了，太长。基本上，"核心课程"的目的，就是让学生们在开始研究树木之前，能够先看一眼森林。最好能够把这个森林地图印在大脑上，以后走到再细小的道路上，也不会迷路。

我再列一些"本科新生研讨会"的课程（freshman seminar），这个freshman seminar 的宗旨我不大清楚，但是有些课程名称非常诱人。名单太长，我只列上那些我感兴趣的课程，也就是如果我有三头六臂会去旁听的课程。

1. 人的进化

2. 翅膀的进化

3. 细菌的历史

4. 银河与宇宙

5. 象棋与数学

6. 疾病的话语

7. DNA 简史

8. 美国的儿童医疗卫生政策

9. 应然：道德判断的本质

10. 火星上的水

11. 医药公司与全球健康

12. 传染病对历史的影响

13. 非洲的艾滋病

14. 关于意识的科学研究

15. 什么是大学，它的目的是什么？

16. 俄罗斯小说中的爱情

17. 怀疑主义与知识

18. 一个社区的研究

19. 基督教与美

20. 怎样欣赏画

21. 浮士德

22. 黑人作家笔下的白人

23. 香蕉的文化历史

24. 乌托邦与反乌托邦

25. 苏格拉底及其批评者

26. 怎样读中国的诗歌

27. 互联网与法律

28. 美国的 1970 年代

29. 美国的信条：特殊主义与民族主义

30. 语言与政治

31. 信任与民主

32. 美国的总统选举

33. 1960 年代的青春文化

34. 盗版

35. 全球变暖与公共政策

36. 当代印度

37. 公共健康与不平等

38. 公墓的历史

39. 人权

40. 政治演讲与美国的民主

41. "犯罪"的概念

42. 现代欧洲国家的民族主义

43. 烟草的历史

44. 酷刑与现代法律

45. 大脑的测量：心理学实验的兴起

你看,随便这么一列,就有 45 个。对于一个求知欲很强的人来说,这些课程简直就是天上下起了珠宝的倾盆大雨。不知道国内的名校,能给那些刚刚背井离乡的 18 岁孩子,开出上述 45 门课中的几门?

我想大学精神的本质,并不是为了让我们变得深奥,而恰恰是恢复人类的天真。天真的人,才会无穷无尽地追问关于这个世界的道理。大学要造就的,正是这种追问的精神,也就是那些"成熟的人"不屑一顾的"呆子气"。

"成熟的人"永远是在告诉你:存在的就是合理的,而合理的就是不必追究的,不必改变的。"成熟的人"还告诉你:这个世界,无商不奸无官不贪,所以战胜坏人的唯一方式就是成为更坏的人。

真正的人文教育,是引领一群孩童,突破由事务主义引起的短视,来到星空之下,整个世界,政治、经济、文化、历史、数学、物理、生物、心理,像星星一样在深蓝的天空中闪耀,大人们手把手地告诉儿童,那个星叫什么星,它离我们有多远,它又为什么在那里。

前两天读一个朋友的文章,其中有句话说得挺好玩,说到国内某现象,他说:两个连大学都算不上的机构,竟然为自己还算不算一流大学而争辩得脸红脖子粗。这事我没怎么跟踪,所以也不太清楚。好像是香港几个大学挖了几个高考状元走,国内某些高校就开始捶胸顿足,觉得自己不再"一流"。这似乎的确有点滑稽,仿佛宋祖德为自己不再是一线男星而痛心疾首。其实,这些著名高校的确应该捶胸顿足,但不该是为了几个高考状元,而应当是为自己与天真的距离。

五个女博士

在美国这么多年，一直没有考察过资本主义最腐朽的一面：脱衣舞俱乐部。

今天和 ABCD 四个美女一块玩，说起怎么打发这个周末之夜，不知谁提议去看脱衣舞，大家立刻纷纷响应。

去！去！去去去！

都是些平时胆小如鼠就想靠着人多势众壮壮胆的好孩子。

五个女博士。

虽然整个社会都笑话女博士，说"女博士丑"，"女博士呆"，"女博士是第三性别"，我们却不以为耻，反以为荣。

靠，偏要是美女。气死丫们去。

而且大家决定直接超越资本主义初级阶段，进入它的高级阶段——直接去男脱衣舞俱乐部。

女的，裸体，见得多了。要看就看男的。

于是，走啊走，走了近一个小时。又等啊等，等了半个小时。入场券加最低消费，一人四十。

哇，进门就是一个猛男，穿着仔裤，光着上身，那胸肌，估计一头撞过去会被弹回来好远。

进门看一个大厅，音乐喧嚣，灯光迷离。椅子、沙发围成一圈一圈。然后是又一个猛男，更多的猛男，越来越多的猛男，穿梭于人群之间。观众全是女的，多半是准新娘带来开 bachelorette party 的。我们混在其间，好像也没个名分。话又说回来，我们是女博士，社会声誉已经这么低下了，我们怕谁。

节目一开始，A 就被第一个挑中，上台，被按一张椅子上，一个猛男靠过来，直接就坐她大腿上。左挤挤，右压压。观众尖叫。

A 心理素质真好啊，那个配合，真专业，一点不丢我们女博士的脸。

接着就是一群群的准新娘被请上台，猛男们一边跳舞，一边脱衣，一边挑逗这些女孩。可怜这些女孩，跟杂技演员手里的盘子似的，在舞台上被扔过来，甩过去。一会儿被倒吊着挂在猛男胸前，一会儿两手撑着桌子被悬在空中。一会儿猛男的嘴凑到了她们的"那儿"，一会儿猛男的"那儿"凑到了她们的嘴边。

主题就一个字：拱。

左拱右拱前拱后拱悬空拱倒吊拱。当然都是假动作。

与此同时，观众席上，猛男们开始穿梭服务，lap dance 二十，massage 十五。不一会儿，就见前后左右的沙发上，全是猛男在拱美女。

我没敢要服务，老胳膊老腿，经不起人家当盘子甩。

我那小胆，也就够趁乱尖叫几声。

阿弥陀佛。15 年前，我们坐在高中课堂上背诵社会主义精神文明的优越性，15年后，我们往一个个几乎赤身裸体的猛男内裤里塞钱。

猛男们好像也没怎么表演，就是把全场几乎一半的女人给拱了一遍之后，就收场了。

哦，还有照相，合影一张，10块。

钱钱钱，反正进去了，每走一步都是钱。要不说资本主义社会里都是赤裸裸的金钱关系呢？一分钱一分裸，一点都不含糊。

为了把我们赔进去的钱赚回来一点，临走之前，我们充分利用他们的音乐，蹦了一会儿的。A再次展示了她的专业素质，蹦得那个专业，简直是"业内"水准。我和B主要是绿叶衬红花来着。C和D比较矜持，在一旁观望。尤其是D，整个晚上，一直如坐针毡。看我们几个在这种场合这么肆无忌惮、群魔乱舞，估计心里一直在嘀咕：这几个疯子，当年怎么考上博士的？

后来，就出来了。

深秋的深夜大街上，五双高跟鞋，咔咔咔，咔咔咔。

A觉得没玩够。D觉得玩得太疯了。B在想这个经历可以给她的研究课题提供什么新的灵感。C在算这一晚上下来，她欠了每个人多少钱。我在想，自由这个东西的神奇，不在于它会带来多少洪水猛兽，而在于，这些洪水猛兽出现以后，你发现它其实也不过如此。

还有什么？其实再也没有什么。

这个结论，让我如释重负。从一堆猛男的优美肉体中，我找到了自由主义是一种安全的政治哲学的依据，非常地如释重负。

在不可能与不可能之间

当意识到为了看这个话剧，我已经花了 30 镑票钱、35 镑交通费和 15 镑额外的午饭钱之后，我在心里暗暗祈祷：千万别让人失望啊，这 80 英镑本来可以用来买 30 盒鸡蛋或两顿火锅或一条连衣裙的呀。

《Burnt by the Sun》没有让人失望。

看到一半的时候，还是有点失望的。当 Mitya 义正词严地讥讽 Sergei 的时候，我又看到那种熟悉的"正义者谴责堕落者"的黑白分明。但是该话剧的第二部分戏剧化打了一个 U-turn，整个故事骤然立体了起来。

故事发生在 1936 年的苏联。Sergei 是个苏联将军，Marousia 是他的年轻妻子，Nadia 是他们可爱的女儿。他们一家，以及 Marousia 的众多亲友，到湖边度假。快乐的假日被一个突然的来访者打断：Mitya，Marousia 的旧情人，在消失了 12 年之后突然造访。他指责 Marousia 背叛了他们的爱情，卖身求荣投靠了将军。Marousia 则指责他当年不辞而别。一个丑陋的事实逐渐浮现出来：当年 Mitya 不辞而别是 Sergei 暗下的命令：

为了得到她，Sergei 秘密将他派往巴黎做情报人员，Mitya 为了"回到故乡的机会"而接受了任务，却一走 12 年。然而 Mitya 真的是"不得不"做特务吗？Sergei 质问他：你这些年都做了些什么？你出卖朋友，做秘密警察，双手沾满了鲜血，根本不是为了什么"回到故乡的机会"，你才是卖身求荣的刽子手。然后一个更丑陋的事实浮现出来：Mitya 此行，是以秘密警察的身份来逮捕 Sergei 的——1936 年，正是斯大林党内清洗的前夜。

如果说该剧有个中心思想的话，它可以用 Mitya 和 Sergei 之间的这段简短对话来概括：

Mitya：你比任何人都清楚我是被迫的！

Sergei：不存在所谓的被迫，每个人都有机会选择，只要你愿意为之付出代价！

"每个人都有机会选择"。也就是说，不是，或不仅仅是，斯大林的邪恶，不是，或不仅仅是，克格勃的淫威，不是，或不仅仅是，古拉格群岛的恐怖，造就了肃反清洗的恐怖，是每个人——每个普普通通的人——当时作出的选择。专制能够得逞，不可能靠一个人的伎俩，它一定是成千上万人合力的结果：是他们的"协助"，或至少他们的沉默，为专制者铺好了台阶。

就是说，虽然 Mitya 当初无奈做了特务，他不是无辜的，因为 12 年的浸染已经使他成了制度本身；虽然指控 Sergei 是"德国间谍"完全是污蔑，他也不是无辜的，因为清洗之前他是那个制度最大的既得利益者和捍卫者之一。甚至 Marousia 和家人也不是无辜的，正是他们十几年的沉默让这个制度越来越坚固。当 Marousia 的奶奶不断追忆"解放前"的音乐多美好时，Sergei 问：如果你们真觉得过去的时光多么美好，你们为什么不站出来捍卫它呢？你曾经有机会选择。

"你曾经有机会选择"，道出自由主义的要义。作为一种政治哲学，自由主义是关于政府角色的理论，但是另一方面，它也是关于个人责任的理论——因为正是个体在其日常生活中对自由的实践，使得限制政府专权变得可能。一个自由制度就像一条公路，没有无数清洁工、修路工持之以恒的清扫修补，它将很快在风吹日晒中退化为荒野。也正是在这个意义上来说，一个"最小政府"的前提恰恰是"最充分的个人"。人类通过左翼或右翼极权主义逃避自由的冲动也由此可以理解，因为越大的自由意味着越大的责任，因为一个自由的人注定是一个精神上的孤儿，他无依无靠，除了自己的头脑和心灵。

看这个话剧，不能不想起中国曾经的残酷政治运动。从 20 世纪 80 年代到现在，"伤痕文学"层出不穷。上至老右派，下至红卫兵，几乎人人都自称是牺牲品。也许所有这些人都应该去看看《Burnt by the Sun》，那么他们也许会明白：如果你曾经在文革早期曾积极批斗过别人，那么你在文革后期被赶下去就不再无辜；如果你曾经在大跃进中强迫农民交出不存在的藏粮，那么你在四清中被批斗就不再无辜；如果你曾经暴力剥夺"地富反坏右"的财产，那么你在公社化运动中眼睁睁地看着自家粮食被村干部抢走时就不再无辜；如果你曾经心安理得地接受这个委员称号那个职务待遇，那么你被打成右派时就不再无辜……如果你在这一切运动中一直保持沉默，那么当你被卷入政治斗争的机器中血肉横飞时，你要知道，不是别人，你，你自己，是自己的掘墓人。

当然，今天去苛责历史人物也许太奢侈。在肉体毁灭和精神毁灭之间的选择，也许根本就不是自由。专制制度的残酷，就在于它让个体在这种"不可能"和那种"不可能"之间进行选择。从这个角度来说,生长于今天这个时代的人未必更好,只是更幸运而已。也许任何时代的人可以做的,只是在"可能"变成"不可能"之前,及时地说不。

后　记

我记忆力很坏，背不出几首完整的古诗，不记得 sin、cos 有什么用处或者根号 5 等于几，常常看电影看到快结束时突然想起来看过这个电影，号称某个人是自己的偶像却想不起他的名字，回忆对于我，完全是蹩脚的侦探遇上了狡猾的罪犯。

但好在我爱写。对于记录生活和世界，我有一种强迫症式的癖好。在一定程度上，文字不是我记录生活的方式，而是我体验生活的方式，因为是书写的过程拉近了我和被书写对象的距离，使最微小的事物都呈现出五官和表情。多年的书写，使"回忆"对我来说变得可能：重读以前的文字，发现自己原来还读过这本书，还认识那个人，还有过这样奇怪的想法……沉没的世界重新浮现，我像捡到满大街的钱包一样捡回无数个过去的自己。

这次整理书稿时，我就有这种"捡到钱包"的惊喜。了解我的人都知道，我写两类文章。一类是政论时评，这类文章一般比较冷硬，没有什么情绪和色彩，确切地说是反情绪和反色彩。另一类则是生活随笔，这类文字比较个人,捕捉一些瞬间的感受,把这些花花绿绿的感受像萤火虫一样收集到一个玻璃瓶子里去。这本书里收集的后一类文字,记录的是我2005—2009年左右(尤其是2006—2007年)生活里的点点滴滴。对于记忆力短路的我来说,如果没有这些文字,这几年的生活很可能人去楼空,查无实据。但因为这些记录,我有了一个小小的个人历史博物馆。要说历史博物馆有什么用,好像也没什么用,就是供参观者指指点点,说,哦,原来那些人在那个时候是那样生活的。

当然我希望这本书不仅仅对我个人有纪念意义。过去这些年,我的生活非常稀薄,没有多少人物、事件或催人泪下的经历。这很可能跟我生活在国外这件事有关,也可能跟我沉闷的性格有关,如果要上纲上线的话,还可能跟我身处的时代或者阶层有关。如果说丰富的生活是红军在与敌人的激战中爬雪山过草地的话,那么我的生活更像是一只骆驼无声无息地穿越撒哈拉。这场穿越中没有敌人、没有雪山草地、没有尽头处光明的延安,只有倾听自己呼吸的耐心、把一只脚放下去之后再把另一只脚抬起来的耐心。

我积攒这种耐心的方式,是用感受来弥补事件的贫瘠。在一定程度上,我相信这不是度过有意义人生的一种方式。它是度过有意义人生的唯一方式。我相信是一个人感受的丰富性、而不是发生在他生活中的事件的密度,决定他生活的质地;是一个人的眼睛、而不是他眼前的景色,决定他生活的色彩。这样说似乎很唯心,但经济学家说,一个事物的价值取决于它的效用,而效用永远是主观判断。所以我想,至少我希望,这本书能带动读者和我一起响应苏格拉底先生的号召,去实践这样的人生态度:不被审视的人生不值得度过。这句话的山寨版说法是:没有无聊的人生,只有无聊的人生态度。

在这本书里,被"审视"的东西杂七杂八,有街上的疯老头,有同宿舍的室友,有爱情、电影和书,大到制度,小到老鼠。由于我写这些东西的时候,出发点并不是写一本书,所以不同文章往往风格迥异,长短不一,质量不均,随着社会形势、荷尔蒙周期以及我逃避生活的力度而起伏。这给编排此书带来一定难度,因为简直是把摇滚、民歌、歌剧编进一张CD。我一度不知道如何给它们分类,最后按照主题大致分成了"论他人即地狱"、"论自己作为他人"、"论人生意义之不可知"、"论爱情之不可能"、"论社会之既不可知又不可能"。这些标题听上去简直像是恶搞,但是阅读这些年的文字,我惊奇地发现焦虑还真是自始至终的主题——好吧,我并不惊奇。作为"当事者",我是这种焦虑的作曲、作词、演唱者以及早就腻味了却无处退票的倒霉听众。我想我实在过分热衷于"审视"人生了,习惯于把任何事物都倒吊起来,稀里哗啦抖落其中暗藏的秩序。从这个角度来说,一切焦虑都是咎由自取。

但作为一个无限悲观的人,我常常以嬉皮笑脸的语气来描述这种悲观,以掩饰自己还死皮赖脸活在这个世界上所带来的尴尬。别人往往记住了说话的语气,却忘记了这语气之下的信息。事实是我觉得人生的确充满了不可知与不可能,对此我心意难平,一气之下唠叨出这么多文字。"送你一颗子弹",还真就是这么回事。

从这个角度来说,也许读者可以把这本书看作人类学笔记而不是"心灵随笔",或者看作一部精神疾患大全也行。有一天我在别人的博客上看到一句话:人尚未丧失自知性的几种表现——忧郁、自闭、强迫症、交流障碍、妄想、躁狂、焦虑……听听,"尚未丧失自知性",有精神疾患的人简直应该弹冠相庆了。那么这本书,也可算是寄给所有"尚未丧失自知性"的人的一封秘密贺信。

这本书里的很多内容选自我的博客"情书",当然最后成书的时候也做了不少改动。博客里那些过于琐碎、过于私人的内容没有收入;时政内容也基本没有收入;此外这本书里加入了一些平媒上的文章。在这 4 年里,我生活经历了很多变化,从纽约搬到波士顿又搬到了剑桥,从学生到老师,从剩女到结婚,因此有些文字现在已经过时,不能代表我现在的观点、心情和状态,只是作为"文物"的一部分"展出"。

这些年里我通过网络和纸媒积聚了一批读者,其中很多给过我鼓励、安慰或批评,更多的只是默默的关注。在此我想感谢一下我的读者们,是他们的关注,让我在表达感受的同时,虚荣心还能得到一点满足,让我知道自己的焦虑狂躁抑郁妄想悲观或更多时候仅仅是面对无边无际沙漠时的惊恐,也可以是生产力。

图书在版编目(CIP)数据

送你一颗子弹/刘瑜著. —上海:上海三联书店,2016.6 重印
ISBN 978 - 7 - 5426 - 3166 - 4

Ⅰ.①送… Ⅱ.①刘… Ⅲ.①随笔－作品集－中国－当代
Ⅳ.①I267.1

中国版本图书馆 CIP 数据核字(2009)第 197858 号

送你一颗子弹

著   者 / 刘 瑜

责任编辑 / 彭毅文
装帧设计 / 余 音
监   制 / 李 敏
责任校对 / 张大伟

出版发行 / 上海三联书店
　　　　　(201199)中国上海市都市路4855号2座10楼
网   址 / www.sjpc1932.com
邮购电话 / 021 - 22895559
印   刷 / 上海展强印刷有限公司

版   次 / 2010 年 1 月第 1 版
印   次 / 2016 年 6 月第 53 次印刷
开   本 / 890×1240　1/32
字   数 / 350 千字
印   张 / 10.875
书   号 / ISBN 978 - 7 - 5426 - 3166 - 4/I·451
定   价 / 25.00 元

敬启读者,如发现本书有印装质量问题,请与印刷厂联系 021 - 66510725